기억 연구소

효과적인 기억사용법

기억 연구소

효과적인 기억사용법

How Memory Works-

and How to Make It Work for you

ROBERT MADIGAN, PhD
박 은 선 옮김

圖書出版 하나醫學社

How Memory Works-and How to Make It Work for You
by Robert Madigan, PhD

Published by arrangement with The Guilford Press and Agency One

이 모든 시간동안 나를 지지해준 조디에게
이 책을 바칩니다.

감사의 글

책이 나오기까지의 그 오랜 기간 동안 내 아내 조디의 꾸준한 지지가 없었더라면 이 책은 나오지 못했을 것이다. 아내는 컴퓨터 앞에 오랫동안 앉아있는 나를 참아주었으며 이 책의 첫 번째 독자였다. 그녀가 이 책에 실린 많은 삽화들의 아이디어를 제공하였고 이를 정교하게 만들었다. 예전 동료였던 딕 브루스는 항상 교정본을 읽어봐 줄 준비가 되어 있는 또 다른 충직한 친구였다. 내가 진정으로 쓰고 싶어 하는 책이 무엇인지 알 수 있게 도와주었고 책의 모든 부분이 더 나아지도록 조언과 아이디어를 제공한 편집자 조 안 밀러에게 특별한 감사를 보낸다. 키발리나 그로브는 몇 몇 그림을 수정해주었다. 길포드 출판사의 식구들, 특히 키티 무어, 크리스 벤튼, 캐롤린 그레이엄은 언제나 도움을 아끼지 않았고 같이 일하기 좋은 친구들이었다. 그리고 마지막으로, 다양한 기억기술에 대해 피드백을 주었던 내 기억수업의 학생들에게 감사를 전한다. 이들의 피드백은 발전과 새로운 적용으로 이어졌다. 그들에게 행운을 빈다.

역자 서문

이 책은 알래스카 앵커리지 대학의 심리학과 명예교수인 로버트 매디간 박사의 기억에 관한 다년간의 연구와 실제 적용의 노하우가 담겨 있는 책입니다. 심리학을 전공하기는 하였으나 조금 다른 분야에 있는 저에게 이 책의 내용은 친숙하면서도 일견 새로웠으므로 번역의 과정은 매디간 교수에게 일대일 강의를 듣는 느낌이었습니다. 더 나아가 출근할 때 몇 번씩 집으로 되돌아오고, 중요한 것을 너무 잘 둔 바람에 어디에 두었는지 온종일 뒤지는 저에게는 더 솔깃한 내용이기도 하였습니다. 같은 처지의 사람이 많다는 것이 위안이기는 해도 이렇게 어딘가가 계속 풀리는 느낌으로 살아가는 것이 과연 괜찮을까 슬슬 궁금해지던 참이었습니다.

이런 일말의 불안, 혹은 의문을 가진 사람들에게 이 책은 일상을 차근차근 다시 자신의 통제권 안에 둘 수 있는 구체적인 방법을 제안합니다. 책의 첫 부분은 기억에 대한 기본적인 지식으로 구성되어 있습니다. 다양한 기억의 형태와 주의력이 미치는 영향, 기억을 강화시키고 인출하는 방법들에 대한 지식들은 기억술의 적용을 좀 더 효과적으로 만들어주는 기본기에 해당합니다. 책의 두 번째 부분은 이런 기억술을 특정 상황에 어떻게 적용시키는 지에 대한 내용을 담고 있습니다. 즉 사람이나 숫자, 약속, 이름, 쇼핑목록, 할 일 목록 같은 것을 잘 기억하기 위한 기억술을 말합니다. 각 장의 마지막에 있는 기억연구소에는 기억술 혹은 기억술을 적용시키기 위한 연습문제가 제시되어 있는데 이는 책 내용에 대한 점검 뿐 아니라 실제 연습을 위한 기회를 제공합니다.

번역의 과정에서 가장 어려웠던 점은 아크로스틱과 아크로님, 그리고 주요시스템 같은 기억술이 기본적으로 영어 알파벳과 단어를 기본으로 구성되었다는 것입니다. 그것을 우리말로 바꿀 경우 전혀 다른 것이 되어버리고 영어단어와 그 번역을 병기하면 가독성이 떨어질 가능성이 있었습니다. 조선의 임금 이름을 '태정태세문단세…'식으로 외우듯이 우리가 사용하는 예로 대체하는 경우도 생각하지 않은 것은 아니나 그렇게 바꾸는 것에도 한계가 있고 번역의 범위를 넘는 것으로 여겨져서 접었습니다. 그러므로 기억술은 영어를 기본으로 번역을 병기하여 정리하였으니 그를 통해 원리 자체를 이해하는 방식으로 접하기를 권하는 바입니다. 그 이후 원리에 따라 나만의 기억술을 만들어보는 것이 더 효율적이고 빠른 방법일 겁니다.

책의 내용을 반복적으로 접하면서 어떤 기억술은 자연스럽게 익히게 되었습니다. 주요시스템은 아직 미숙하지만 시각적 연상술이나 기억궁전은 꽤나 자연스러워졌습니다. 책상 달력, 휴대폰의 캘린더, 그것도 모자라 강박적으로 다이어리를 챙기는 동지들에게 이런 미숙한 연습만으로도 삶이 얼마나 가벼워지는지 전하고 싶습니다. 좀 더 쾌적한 삶을 위해서 연습이라는 도전을 기꺼이 받아들일 생각입니다. 저자가 말했듯이 엘리베이터를 타는 대신 기꺼이 계단을 선택하는 사람이 되고자 합니다. 그리고 이는 일상을 적어 내려가는 것을, 손가락 사이로 빠져나가는 무언가를 놓치지 않겠다는 일념이 아니라, 소소한 즐거움의 영역으로 남겨놓고자 함입니다.

충실한 번역을 바랐으나 바람만큼 되지 않은 부분, 생각보다 너무나도 많이 늦어진 일정에 대해 독자들과 출판사에 뭐라 할 수 없을 만큼 죄송한 마음을 전합니다.

2019년 5월
박은선

차 례

서론

INTRODUCTION

기억의 기술과 과학

방금 만난 사람들의 이름을 좀 더 잘 기억했으면 하고 바란 적이 있는가? 혹은 전화요금 내는 것 같은 일들을 그렇게 쉽게 잊어버리지 않았으면 하고 바란 적이 있는가? 쇼핑목록 없이도 슈퍼마켓에 갈 수 있는가? 계좌 비밀 번호는 어떤가? 대부분의 사람들이 기억술 전략을 연습한다면 이러한 상황들에서 더 잘 기억할 수 있다는 것이 밝혀졌다.

현대 과학은 어떻게 기억이 작동하고 또 어떻게 우리가 더 잘 기억할 수 있는지 그 이해의 지평을 확대시키는 데 중요한 발전을 이루었다. 이 책에서 당신은 인간 기억의 여러 국면을 조명하는 흥미로운 새로운 연구들을 접하게 될 것이다. 그리고 당신은 내가 "기억술(memory arts)"이라고 부르는 것에 대해 알게 될 것인데 이는 과학적 근거를 가지고 있으며 과거에 일어난 사건이나 사람들의 이름 같이 쉽게 잊어버리는 상황들을 다루기 위해 창의적으로 적용될 수 있다.

모든 것이 말 그대로 손 끝에서 해결되는 구글과 스마트폰, 소셜 미디어의 세상에서 기억 증진에 관한 책이 왜 필요하냐고 물을 수도 있다. 이러한 혁명적인 발명이 불과 10년 전에는 상상할 수 없을 만큼의 정보를 처리할 수 있는 능력을 만들어낸 것은 사실이다. 그러나 흥미롭게도 그 기술력 자체가 기억 증진을 매우 중요하고 가치 있게 만든다. 우리가 점점 머리 쓰는 일들을 전자 도구에게 맡길수록 중요한 기술들이 쇠퇴하고 있다는 느낌, 즉 우리의 머리가 점점 나빠진다는 느낌을 받는다. 2011년 남성 스타일 및 건강 잡지인 GQ의 편집장 댄 룩우드Dan Rookwood는 이렇게 말했다.[01)]

> 예전에 나는 중요한 숫자들 예를 들면 은행계좌에 관련된 것, 여권 번호, 신분 인증시 사용하는 가짜생일 등을 모두 기억하고 있었다. 그런데 어떤 일이 일어났나. 내가 점점 인공기억에 과하게 의존하게 되었다는 것이다. 아침에 일어나서 가장 먼저 하는 일은 전자수첩에서 그날의 약속을 점검하는 일이다. 차에 타면 목적지를 GPS에 친다. 그렇지 않으면 길을 잃어버릴 것이다. 글을 쓸 때는 컴퓨터의 맞춤법 검사에 과도하게 의존하고 암산은 계산기가 대신한다. 웹메일이 모든 사람의 이메일을 기억하고 있는 지금 예전의 우편 주소를 기억할 필요가 없다.

룩우드만이 아니다. 3,000명의 영국인을 조사한 결과[02)] 30세 이하의 1/3이 자신의 전화번호를 기억하지 못했고 가족의 생일을 기억하는 것이 매우 어려워졌다고 보고하였다. 사실 그렇지 않은 것이 더 놀라운 일일 것이다. 정보나 약속을 기억하는 데는 정신적인 노력이 요구된다. 그러니 기계가 우리를 위해 이런 정보를 쉽게 간직하게 될 때 우리가 왜 굳이 그런 수고를 해야 하는가? 세탁기나 식기세척기, 전동톱, 모터 잔디깎이 등이 얼마나 많이 우리의 일상적인 신체적 활동을 변화시켰는지를 기억해보라. 운동하러 체육관에 갈 필요가 없던 시절이 있었다. 그러나 노동을 감축시키는 기계들이 생겨난 이후 우리는 덜 걷고 덜 들어올리고 덜 움직였다.

21세기 기술은 신체적 노동이 아니라 정신적 과제에 영향을 끼친다. 컴퓨터화된 기계와 영리한 소프트웨어는 그것 없이 할 수 있었던 것보다 더 많은 지적인 일을 가능하게 하고 상대적으로 쉽고 빠르게 그 일을 수행할 수 있게 만들었다. 당신이 전자 스프레드시트를 사용하는 사업가든, 대용량 데이터베이스를 통해 조사를 하는 학자이든, 컴퓨터 기록에 의존하는 의사이든, 또는 워드프로세서로 글을 쓰는 작가이든 간에 우리 대부분은 20세기의 방식으로 돌아가고 싶지 않을 것이다.

마침내 이러한 발명품들은 지적활동에서 우리의 파트너가 되었다. 우리는 세부적인 일을 다루고 과제를 순서대로 배열하고 정보를 요약하는 일을 그들에게 맡긴다. 우리가 이런 기계들과 밀접하게 관계 맺고 있기 때문에 이제 GPS 없이 운전해야 하거나 컴퓨터 없이 편지를 쓰거나, 특별한 소프트웨어 없이 세금을 계산해야 할 때 마음이 편치 않게 되었다. 이제 룩우드처럼 우리도 어쩌면 뭔가가 어긋난 것이 아닌지 의심을 품기 시작한다.

기억술은 특별한 자료들의 기억을 증진시키기 위해서 즉 사실, 숫자, 이름, 사건 등을 기억하기 위해서 이런 손실을 다시 교정하는 방법을 제공한다. 이 전략은 동기, 창의력, 기억 원리에 관한 지식 등에 기초하여 잊혀진 자료들을 외부의 도움 없이 좀 더 쉽게 기억할 수 있도록 만든다. 이 전략을 사용하는 것은 차를 타기보다는 걷고 엘리베이터 보다는 계단을 이용함으로써 지속적으로 운동하는 것과도 같다.

기억 전략은 많은 것을 요구하지 않는다. 당신이 새로운 동료 브래드를 소개받는다면, 그리고 그의 이름을 기억하고 싶다면, 동료 브래드 바로 옆에 배우 브래드 피트가 그와 팔짱을 끼고 서 있는 모습을 상상해볼 수 있다. 이는 시각화와 연상이라는 강력한 두 개의 기억도우미(memory aids) 장치를 작동하게 하는 것이다. 그 과정에서 당신은 기억을 돕는 접근을 선택하고 이미지를 만들어내고 연상을 창조하는 높은 수준의 정신과정을 활성화시킨다. 이러한 정신활동은 오로지 당신의 통제 하에서 당신의 정신적 자원을 사용하므로 컴퓨터화된 기계들에 대한 의존을 상쇄시킬 수 있다.

기억전략은 단순한 정신활동이 아니다. 전략은 중요한 정보를 기억하고 사용할 수 있는 능력을 증진시키는 실제적이고 증명된 방법들이다. 이는 기술적 도구들이 정보를 조절하는데 크게 도움이 되지 않는 상황, 즉 브래드의 이름을 기억하는 것, 집에 가는 길에 세탁소에서 옷을 찾아가는 것, 사업 미팅을 위한 일들을 기억하는 것, 아주 중요한 비밀번호와 PIN 번호를 기억하는 것 같은 상황에서 도움이 된다. 여기에는 정신적 노력과 창의성이 요구되지만 이로써 일상적 요구를 매우 유용하게 다룰 수 있다.

기억술의 실제 예 Memory arts in action

특별한 기술을 사용해서 기억수행을 얼마나 많이 증진시킬 수 있을까? 스캇 해그우드Scott Hagwood의 경우를 살펴보자.[03] 그의 삶은 1999년, 그가 36세에 암 진단을 받았을 때 뒤흔들어졌다. 종양 제거 수술 후 의사는 방사선 치료를 권했는데 이때 인지적 혼란과 기억 문제가 동반될 수 있음도 경고하였다. 이 소식을 들은 그는 자신의 기억이 아주 좋아봤자 평균 수준이라고 생각했기 때문에 낙담했다. 그는 자신의 기억을 낮은 성적으로 고등학교를 졸업하고 간신히 대학에 입학할 수준의 SAT 점수를 얻은 정도라고 설명하였다.

해그우드는 방사선 치료를 시작하기 전 어느 날 서점을 둘러보다가 영국의 기억훈련가 토니 부잔Tony Buzan이 쓴 기억 향상에 관한 책을 샀다.[04] 그는 한 묶음의 카드 순서를 기억하는 방법에 매료되었는데 이는 내가 14장 "기억 궁전(memory palace)"에서 논하는 방법과 유사한 것이다. 그는 이 기술을 연습해서 한 번 보고도 카드를 순서대로 쌓을 수 있을 정도까지 되었다. 가족 모임에서 그는 새로 익힌 이 훌륭한 솜씨를 동생에게 보여주었고 10분 안에 한 묶음의 카드를 기억하여 내기에서 이겼다.

52개의 카드를 기억하여 거침없이 말하는 기술은 처음 보는 사람에게는 매우 놀라운 일이다. 해그우드의 동생도 그랬고 더 자세히 알고 싶어했다. 해그우드는 동생에게 매년 사람들이 카드를 비롯해 다양한 자료를 빠르고 정확하게 기억하는 것을 겨루는 미국 기억 챔피온쉽 대회에 대해 말하였다. 열정으로 가득 찬 그의 동생은 해그우드에게 2001년 대회에 참가할 것을 강하게 권하였다. 아이디어가 서서히 뿌리를 내리기 시작했다. 대회에서 경쟁하기 위해서 그는 다섯 종류의 자료를 탁월하게 기억해야 했는데 이는 카드, 이름, 얼굴, 임의의 숫자, 단어 목록이었다. 그는 기억기술을 찾아보고 훈련 프로그램을 시작하였다. 대회가 임박했을 때 그도 준비를 끝냈다.

점수가 공개되고 해그우드는 전체 대회의 그랜드 챔피온으로 선언되었다. 그는 2002년, 2003년, 그리고 그가 마지막으로 참가했던 2004년에도 우승을 했다. 그는 2003년에는 전미 기록을 세웠는데 이 때 15분 안에 107개의 단어를 외워서 완벽하게 순서대로 다시 기억해내었다. 이 기록은 2011년 소피아 후Sophia Hu가 같은 시간 내 120 단어를 기억해내었을 때 깨졌다.

2003년에 해그우드는 또 다른 도전을 했는데 런던의 한 단체가 제시한 기준을 충족시킴으로써 기억의 그랜드마스터라는 국제적인 상을 받게 된 것이다. 이를 위해서는 한 시간 안에 임의의 숫자 1,000개, 한 시간 안에 카드 10 세트, 그리고 2분 이내에 카드 한 세트를 외워야 했는데 그는 이를 다 해내었다. 자신의 기억에 대해서 걱정을 했던 스카트 해그우드는 41세에 공인된 기억 명인이 되었다.

해그우드가 기억력에서 보인 놀라운 수행은 개인적인 성취였다. 많은 사람들이 기억력 장인이 되고 싶은 열망을 갖는 것도 아니고 이 책은 그런 훈련에 관한 책도 아니다. 그보다 해그우드의 이야기는 기억기술이 연습과 노력과 결합될 때 얼마나 강력할 수 있는지를 잘 보여준다. 이후의 장에서는 해그우드가 사용했던 종류의 전략들을 어떻게 일상에서 기억력을 향상하는데 적용시킬 수 있는지를 살펴볼 것이다.

기억의 과학 The science of memory

이 책에 설명된 기술들은 여러 흐름에서 유래하였다. 일부는 기억을 연구하는 현대 과학자들에게서 왔다. 일부는 스카트 해그우드 같은 기억 명인들에게서 얻었다. 또 어떤 것들은 그리스나 로마시대까지 거슬러 올라가 수 세기 동안 사용되었던 것이다. 사실 다수의 강력한 기억기술은 학생들이 활자화된 자료가 적어 교재 없이 공부했던 시대, 기억기술이 칭송받고 훈련되던 시대에서 유래하였다. 그러나 그 근원과 상관없이 이 기술들은 역사 속 어느 시대보다도 오늘날 더 잘 이해될 수 있는데 이는 현대의 기억 과학 때문이다. 기억에 관한 서구의 생각은 지난 50년간 급격히 변하였다. 인지심리학과 뇌과학 같은 전문분야는 컴퓨터를 이용한 검사, 뇌 스캔, 그리고 정교한 통계분석들로 마음연구를 위한 신선한 방법을 소개하였다. 다양한 종류의 기억, 기억체계가 작동하는 법, 어떻게 단기기억이 작용하고 어떻게 기억이 상기되는지 등에 관한 놀랄만한 발견들이 이루어졌다. 우리는 지금 마음의 연구에 관해서 황금기 한 가운데 있다고 해도 과언이 아니다. 그리고 여기서도 기억 연구는 중심을 차지한다.

이 새로운 지식은 기억 향상에 관심 있는 사람 누구에게나 많은 것을 알려준다. 연구결과들은 시각적 이미지 같이 더 우수한 기억기술과 이들을 잘 이용하는 방법을 명료하게 보여준다. 과제를 수행하거나 사실들을 오랫동안 기억하는 것 같은 일반적인 상황에서 기억을 증진시키는 새로운 방법들도 발견되었다. 과학의 발전은 왜 잊어버리는지, 기억향상에 어떤 기억전략이 제일 좋은지 등을 분석하는 더 나은 방법을 제시하였다. 나는 이러한 발전들을 통틀어 제시하였다.

이 책에 관하여 This book

이 책은 지난 30년간 알래스카 앵커리지 대학의 심리학 교수로서 대학과 지역사회에서 기억을 가르친 나의 경험에 기초하고 있다. 나는 사람들이 기억체계의 기본원리를 이해할 때 다른 기술들을 가장 효과적으로 적용할 수 있음을 알게 되었다. 기억을 이용하는 가장 좋은 방법은 기억 작동 원리를 아는 것이다. 그래서 이를 이 책의 첫 번째 주제로 삼았다. 당신은 기억의 종류, 어떻게 주의가 기억을 돕거나 또는 방해하는지, 쉽게 잊어버리는 기억들을 얼마나 잘 강화시킬 수 있는지, 그리고 어떻게 기억을 다시 떠올리는지 등에 대해 알게 될 것이다.

두 번째 부분에서 당신은 배운 기술들을 특정 상황, 즉 이름, 약속, 사실, 숫자, 쇼핑 목록, 미래의 의도, 그리고 수행기술 등을 기억하는 데 어떻게 적용하는지를 배울 것이다. 나의 목표는 스마트폰, 태블릿, 포스트잇 없이 당신의 정보 기억 능력이 향상되는 것을 돕는 것이다.

기억증진기술을 스스로 사용하고 다른 사람에게 가르치면서 나는 이를 습득하는 유일한 방법이 그것을 직접 사용하는 것임을 깨달았다. 요리법을 아는 것과 음식을 맛있게 요리하는 것은 사뭇 다르다. 이 깨달음은 이 책의 중요한 주제 중의 하나로 연결 된다: 기억기술을 정기적으로 연습할 기회를 갖는 것.

어떻게 하느냐고? 각 장의 마지막에 나는 주요 아이디어를 선택하여 이를 기억기술을 사용해서 어떻게 기억하는지를 설명한다. 이 부분을 나는 '기억연구소'라고 부르는데 여기서 사용가능한 기억전략을 소개한다. 각 장마다 다른 기술들을 제시하였고 모든 일반적인 기억도우미들을 하나씩 기억연구소에서 다룬다. 다양한 기억전략들을 시도해보면 이들이 실제 상황에서 얼마나 잘 작동하는지 알게 된다. 게다가 당신은 이 책의 중요한 정보를 기억하는데 필요한 기억도우미도 얻게 된다. 기억기술이 기억 향상에 관한 정보 기억에 사용되는 것은 자연스러운 일이다.

당신이 이 책을 통해 궁극적으로 무엇을 얻을 수 있는가는 어떻게 기술 공부와 연습을 하는가에 달려있을 것이다. 다른 기술들과 마찬가지로 기억기술에 능숙해지는 데 지름길은 없다. 그러나 기억기술의 교사와 실행가로서의 나의 경험상 당신이 할 일을 한다면 실제 향상을 경험할 가능성이 높다는 것을 확신한다. 그리고 그 길에서 당신은 기억향상이 가져오는 실제적인 혜택이라는, 정신적 노력에 대한 보상을 즐기게 될 것이다.

PART
01

기본지식
The Basics

1장 네 가지 암기 방법

Four ways of remembering

기억에 관한 현대적인 이해는 한 무모한 신경외과 의사가 간질로 고통 받던 코네티컷의 27세 남성에게 파격적인 수술을 한 1953년 8월 25에 시작되었다. 55년 후 그가 사망할 때까지 헨리 모레이즌Henry Molaison이라는 그의 이름은 알려지지 않았지만 그의 이니셜인 H. M.은 기억 연구자들에게 오랫동안 알려져 왔다. 그는 전 의학 환자 중 가장 유명한 환자 중의 하나로 큰 타격을 준 이 수술 결과가 인간 기억의 성격에 관한 혁명적인 통찰을 주었기 때문이다.

H. M.의 간질은 어린 시절 자전거 사고의 결과[01]였는데 점점 더 심해져서 수술 당시에는 일주일에 10번씩 졸도하고 때때로 발작도 일어났다. 그의 주치의는 그를 코네티컷 하트포드에 있는 병원에 의뢰하였고 거기서 그는 유명한 외과의사인 윌리엄 스코빌William Scoville에게 치료를 받았다.

스코빌은 특히 뇌의 앞부분을 오가는 신경섬유를 절제하는 뇌전두엽 절제술(lobotomy) 전문가였다. 그는 조현병 같은 심각한 정신장애를 가진 환자들에게 300회 이상 이 수술을 실행하였다. 논란의 여지가 있는 이 방법은 폐기되기 전까지 오랫동안 사용되었다. 비록 이 수술이 흥분한 환자들을 진정시키긴 했지만 이는 또한 이들을 일상적 활동을 정상적으로 수행할 수 없는 좀비같이 만들었다. 그랬기 때문에 스코빌은 H. M.이 그의 치료를 받을 시점에는 일반적인 뇌전두엽 절제술에 변화를 주었다.

스코빌은 뇌의 변연계(limbic system)를 수술하면 전통적인 뇌 전두엽 절제술보다 부작용이 덜할 것이라고 믿었고 해마(hippocampus)라는 구조에 특별히 관심을 가졌다. 그 당시에는 명확하지는 않지만 해마는 정서나 후각과 관계가 있을 것으로 여겨졌다.

이러한 추측에 근거해 스코빌은 H. M.의 치료에서 해마에 초점을 맞추었다. 간질을 위한 외과적 치료는 뇌의 특정 부위를 제거하거나 고립시킴으로써 발작을 일으키는 통제할 수 없는 신경신호를 차단하는 것이었다. 간질 치료 경험이 있는 한 동료는 스코빌에게 그 수술이 환자에게 도움이 되지 않고 심각한 위험을 초래할 수 있음을 경고하였다. 그러나 스코빌은 단념하지 않았다.[02)]

뇌의 양측에 하나씩 존재하는 두 개의 해마 중 하나를 제거하는 것은 그렇게 큰 재앙이 아니었을 것이다. 그러나 어떤 이유에선지 스코빌은 두 개를 다 그 주변 조직까지 제거함으로써 이 구조들이 더 이상 기능을 수행하지 못하게끔 하기로 결심하였다. 처참한 결과는 H. M.이 회복실에 도착하자마자 분명해졌는데 그는 바로 매우 심각한 기억 결손을 보였다. 그리고 더 나쁜 소식이 있었다. 그 다음 날 비록 자주는 아니지만 발작이 다시 시작되었다.

스코빌은 자신의 실수를 감추려고 하지 않았다. 그는 간질 치료에 명성이 높은 신경학자 윌더 펜필드Wilder Penfield에게 연락해 수술에 대해 말하였다. 펜필드는 처음에는 화가 났으나 이내 이 사례가 과학에 중요한 함의를 가짐을 깨달았다. 그는 기억상실증을 연구한 적 있는 심리학자 브렌다 밀너Brenda Milner에게 연락을 했고 그녀는 즉시 H. M.을 연구하기 위한 약속을 잡았다.

그녀의 검사결과는 명료했다. H. M.은 새로운 것을 기억할 수 없었다. 나중에 밀너는 보고서[03]에 "그는 지적이고 친절하고 유쾌한 사람이지만 새로운 지식은 조금도 습득할 수 없었다. 그는 과거에 묶인 오늘, 일종의 어린이 같은 세상에 산다. 그의 개인사는 수술과 함께 멈추었다고 할 수 있다."고 썼다. H. M.의 장애에 대한 첫 번째 상세한 보고서는 1957년 Journal of Neurology, Neurosurgery and Psychiatry에 실렸다. 여기에 H. M.의 장애에 관한 놀라운 설명이 제시되었다.

> 이 환자의 기억 결손[04]은 현재까지도 향상 없이 지속되고 있으며 그 심각성에 대한 사례는 수 없이 많다. 10개월 전 그의 가족은 같은 거리의 몇 블록 떨어진 새 집으로 이사했는데 그는 옛 주소는 완벽하게 기억하고 있었지만 여전히 새로운 주소를 익히지 못했고 혼자서 집을 찾지 못했다. 게다가 계속 사용하는 물건들을 어디에 두었는지 기억하지 못한다. 예를 들어 그의 어머니는 비록 그가 바로 전날 사용했다 해도 잔디 깎이가 어디 있는지를 계속 말해줘야 한다. 또한 그의 어머니는 그가 매일매일 똑같은 퍼즐을 마치 처음 하는 것처럼 하고, 같은 잡지를 처음 읽는 것처럼 반복적으로 읽을 것이라고 말했다. 이 환자는 브렌다 밀너 앞에서 점심을 먹었는데 불과 30분 후 단 하나의 점심 메뉴 이름도 댈 수 없었다. 사실 그는 점심을 먹은 것조차 전혀 기억

하지 못하였다.

그러나 놀랍게도 밀너의 주의 깊은 검사 결과 기억력 외 H. M.의 다른 지적 기능은 변하지 않았음을 알게 되었다. 그의 IQ는 112로 전형적인 대학생 수준이었다. 수술 전 사건에 대한 기억은 선명하였고 손상되지 않았으므로 그는 이 시기의 이야기를 종종 했다. 그는 어려움 없이 추상적인 아이디어를 이해하고, 추리문제를 풀고 숫자를 계산하였다.

게다가 H. M.의 단기기억—전화를 거는 동안 전화번호를 기억하는 능력, 생각을 이야기할 동안 기억하는 능력—은 다치지 않았다. 이로써 연구자들은 단기기억체계가 해마와는 분리되어 조절됨을 알게 되었다. 근본적인 건망증에도 불구하고 기능하는 단기기억으로 인해 그는 언어를 사용하고 정상적으로 대화할 수 있었다. 그는 제한적이기는 하지만 상황을 이해하고 파악할 수 있었다. 그는 수술 때문에 자신에게 기억장애가 생긴 것을 알고 있었고 사람들이 자신에게 기대하는 것이 뭔지, 그리고 그것을 하기 위해 무엇이 필요한지 등을 파악하기 위해서 주변에서 단서를 찾는 것이 항상 도전임을 알고 있었다.

H. M.에 관해 계속 연구하면서 밀너[05]는 그의 장애에서 다른 놀라운 사실을 발견했다. 1960년대 초반 그녀는 H. M.이 새로운 수작업을 배울 수 있는지 알아보기로 결심했다. 그녀는 그에게 자신의 손을 거울로 보면서 기하학적인 모양을 따라 그리는 과제를 주었다. 거울상은 좌우가 바뀌므로 좀 어려운 과제지만 연습을 하면 그릴 수 있다. 밀너는 H. M.이 만일 이 과제를 수행해내면 눈-손 운동기술을 기억할 수 있다는 것을 보여줄 수 있다고 생각했다. 그녀는 3일에 걸쳐 따라 그릴 수 있는 기회를 여러 번 제공했다.

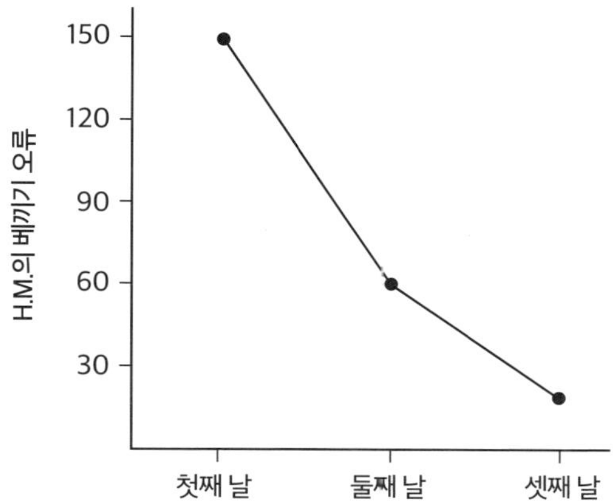

매일 이 과제를 하면서 그의 수행이 나아졌으며 3일이 지나자 도형을 더 정확하게 더 빨리 따라 그릴 수 있게 되었다. 그러나 기술이 나아짐에도 불구하고 H. M. 에게는 그것을 그렸다는 의식적인 기억은 없었다. 매일 그는 마치 이전에는 본 적이 없는 것처럼 그 과제에 임했다. 일상사건에 대한 기억은 거의 없었지만 그의 눈-손 협응 기억은 정상적으로 작동했다.

이 실험은 인간의 경험에 따라서 분리된 기억시스템이 존재함을 극적으로 보여줬다. 그 자체가 새로운 것은 아니었다. 심리학자들은 전통적으로 단기기억과 장기기억을 구분했었다. 그러나 그 이상 어떤 다른 특별한 형태의 기억에 관한 강력한 증거는 없었는데 이제 그것이 나타난 것이다.

처음에 연구자들은 운동기술은 특별한 경우로, 과거의 다른 모든 종류의 경험을 저장하기 위한 일반적인 장기기억시스템에 대한 보상이라고 믿었다. 그러나 수 십 년에 걸쳐 연구에 연구를 거듭할수록 다른 내용들이 나타났는데[06] 그 중 하나는 장기기억이 일상생활에서 뚜렷이 드러나는 주요시스템들에서부터 특화된 상황을 다루는 미묘하고 내밀한 시스템들에 이르기까지 여러 형태라는 것이다. 이런 시스템 중 4개는 다음 장에서 중요하게 다루어지는데 이 다른 형태의 장기기억들이 과거를 보유하는 방식은 다르다.

H. M.의 수술은 4개의 기억시스템 중 2개에 영향을 미쳤다. 하나는 '일화적 기억(episodic memory)'으로 새로운 에피소드나 점심을 먹거나 잡지를 읽는 것 같은 일상적 사건들을 기억하는 능력이다. 다른 하나는 '어의적 기억(semantic memory)'으로 H. M.이 자신을 도와주는 사람들의 이름이나 자신의 집 구조 같은 부분에 관한 새로운 사실을 기억하는 것이다.

경험 기억과 사실기억
Remembering experiences and remembering facts

이 두 시스템 간의 구분은 1970년대 독보적인 기억 학자 엔델 털빙Endel Tulving에 의해 처음 제시되었는데 이때부터 인간 기억에 대한 현대적 관점의 토대가 마련되었다. 털빙은 일화적 기억시스템과 어의적 기억시스템은 기억[07] 하는 정보 뿐만 아니라 다시 생각해내는 방식까지 서로 다르다고 주장했다.

일화적 기억의 경우 기억한다는 것은 과거로 돌아가서 이전에 일어난 일을 다시 경험한다는 것이다. 어제 저녁 식사를 생각해보라. 그 시간으로 돌아갈 수 있는가? 당신은 식탁에 앉아있는가? 무엇을 먹었는가? 음식이 맛있었는가? 충분히 먹었나? 냅킨을 사용했었나? 다 먹은 후에 접시는 어떻게 했는가? 이러한 질문에 대답하기 위해서 당신은 머릿속으로 다시 그 장면으로 들어가서 본 것, 들은 것, 맛본 것, 그리고 느낌 등 기억 속에 남아있는 것을 찾으면서 특별한 일화적 기억에 접근해야 한다. 당신이 식탁, 접시, 음식에 집중하면서 저녁 식사의 여러 측면을 다시 불러일으킬 때 얼마나 쉽게 기억해내는지 주목해보라. 털빙에 따르면 이전 사건으로 돌아가 그것을 다시 경험한다는 개념이 일화적 기억의 정의적 속성으로 저장소에 해당하는 어의적 기억과는 구별된다.

이제 미국의 첫 번째 대통령의 이름을 스스로에게 말하면서 어의적 기억을 생각해내려고 해보자. 1 달러는 몇 페니인지 아는가? 프랑스의 수도는? 미국 국기의 색깔은? 이러한 사실들은 아마 어제 저녁 식사 기억보다 더 빠르게 의식에 나타나면서 즉각적으로 떠오를 것이다. 이런 기억을 소환하는 것은 매우 다른 경험이다. 이는 그것을 습득한 특별한 시간, 장소와 연결되어 있지 않은 일반적인 정보로, 그래서 일화적 기억에서 보이는 풍부한 감각적인 정보가 없다. 성인인 미국인에게 정확히 어떻게 조지 워싱턴이 첫 번째 대통령인지 알게 되었는지를 물어본다면 멍한 표정을 지을 것이다. 이런 것은 그냥 아는 것이다. 우리는 모두 풍성한 어의적 기억이라는 저장소를 가지고 있다. 여기에는 사실, 개념, 이름, 용어, 그리고 그 외에도 잠재적으로 유용한 지식의 파편들이 습득된 시간과 공간과는 멀리 분리되어서 필요할 때 즉시 의식으로 편입된다.

기억을 통한 시간 여행

일화적 기억이 어의적 기억과 질적으로 다른 느낌을 주는 것은 그것이 정신적인 시간 여행이기 때문이다. 과거의 경험을 현재로 가져오는 것은 정교한 인지적 성취이다. 이는 우리의 시간 개념에서 시작하는데 그 자체가 진보된 능력인 것이다. 아이들은 거의 학교 갈 나이가 되어서야 과거와 미래의 사이인 한 지점을 현재로 확고히 인식한다. 그러나 일화적 기억은 한 단계가 더 필요한데 이는 좀 더 인상적인 정신적 추정으로 과거의 한 지점으로 돌아가 개인적 관점에서 그것을 재구성하는 능력이다. 이것이야말로 정신적 시간 여행에서는 중요한데 실제로 여행이 무엇인지를 명확하게 하기 때문이다. 원하는 기억으로 시간대를 이동하는 것은 바로 자기(self)라는 개념이고 우리는 현재의 시점을 잃지 않고도 이 여행을 할 수 있다. 당신의 일화적 기억은 당신이 지난 여름 여행 사진들을 볼 때 잠시 멈춰서 그 때의 모험들로 돌아가 특별한 경험을 기억하며 했던 일, 느꼈던 것, 보았던 것, 들었던 것을 생생하게 경험하게 하고 다시 현재의 일상으로 돌아올 수 있게 한다.

자기(self)는 과거로의 여행에만 국한되지 않는다. 미래로도 여행을 떠날 수 있다. 결국 털빙의 관점에서 일화적 기억시스템은 과거를 다시 사는 것처럼 미래로 상상을 투사할 수도 있다. 우리는 이전 여행을 기억할 뿐만 아니라 새로운 여행을 계획할 수도 있다. 계획하기, 예측하기, 백일몽은 회상하기, 다시 돌아보기, 추억하기 등과 유사한 것이다. 그리고 이 두 시스템은 연결되어 있다. 어린이는 대략 5세쯤 두 방향으로 시간 여행을 할 수 있는 능력[08]이 발달된다. 최근에 일어난 사건을 기억하는 게 어려운 성인은 미래를 상상하는 것도 어렵다.[09]

일화적 기억은 우리의 가장 정교한 기억시스템이다. 이것은 복잡하게 작동하는데 그래서 아마 아동기 끝에 나타나고 노년기에 가장 먼저 사라지며 병이나 머리 외상, 산소결핍에 가장 취약한 시스템인 것 같다. 일화적 기억의 복잡성은 과학자들에게 다른 동물들도 이를 경험할지 의문을 품게 한다. 털빙은 이런 종류의 기억은 오로지 인간에게서만 충분히 발달되었고 다른 동물[10]들은 좀 더 제한적인 방식으로 과거를 안다고 믿었다.

사실들을 연결하기

일화적 기억의 가치가 독특하다고 해서 어의적 기억이 미치는 영향을 깎아내릴 수는 없다. 어의적 기억은 우리의 지식기반이고 사전이며 개인용 구글이다. 이는 단지 사실의 저장고 이상이다. 이는 또한 지식들을 연결시키는데 이로써 하나의 사실이나 개념을 기억해낼 때 그것과 연결된 정보에 접근할 수 있는 것이다. 어의적 기억은 최근 경험에서 시작하는 것으로 알려져 있다.[11] 자는 동안 이러한 새로운 일화적 기억들은 과정 안에서 다시 재연되는데 이 과정은 기억들을 강화시키고 어의적 지식이 되는 연상, 관계, 패턴들을 확인한다. 이는 마치 조지 워싱턴과 첫 번째 대통령 간의 연상 같은 것이다. 그러나 이게 끝이 아니다. 새롭게 밝혀진 사실은 우리 지식망에서 인접한 정보에 연결된다. 일단 '조지 워싱턴'을 떠올리면 당신은 즉각적으로 그에 대해서 다른 시간대에 배운 다른 사실들에 접근할 수 있다. 당신은 그가 독립전쟁 때 미군 장군이었고 벚나무에 대해서 거짓말을 하지 않은 어린 소년이며 1달러 지폐에 있는 얼굴이라는 것을 안다. 이것은 어의적 기억의 위대한 기여이다. 이는 단지 사실에 관한 것만이 아니다. 그들 간의 관계에 대한 것이기도 하다.

명시적 기억

우리가 '기억'이라고 말할 때는 보통 일화적 기억과 어의적 기억을 의미한다. 심리학자는 이 두 기억을 '명시적 기억(explicit memory)'이라고 부른다. 왜냐하면 우리가 이를 바로 기억이라고 이해하기 때문이다. 이 둘은 예외 없이 과거의 정보이다. 다른 형태의 장기기억은 비록 과거의 반영이기는 하나 기억 같이 보이지 않는다. 자전거 타기를 생각해보라. 비록 이전 경험에 기초하기는 하지만 이는 기억같이 보이지는 않는다. 이는 단지 어떻게 하는지 아는 무언가에 해당한다. 어떻게 타는지에 관한 정보가 기억되면 당신의 몸은 자동적으로 기술을 작동시키고 조용히 움직이게 된다. 이러한 기술기억은 당신의 첫 불안한 자전거 타기, 회전과 정지 기술, 그리고 잘 타기까지의 연습시간에 뿌리를 두고 있다. 그러나 지금 자전거를 탈 때 당신은 아무 것도 기억하지 않는다. 당신은 자연스럽게 움직인다.

과학자들은 사람들에게 기억을 물어보는 것보다는 그들의 행동을 관찰함으로서 이런 종류의 기억을 알게 된다. H. M.이 새로운 운동 기술은 배울 수 있다는 것을 발견한 것도 이러한 행동 관찰 때문이었다. 이러한 기억은 '암묵적(implicit)'인데[12] 이것이 행동으로부터 추론되었기 때문이다. 앞으로 살펴보겠지만 두 형태의 암묵적 기억—파블로프 연상과 기술, 습관들—은 일화적 기억과 어의적 기억만큼 우리 생활에서 중요하다. 다음 페이지의 그림은 이 장에서 논의되는 명시적, 암묵적 기억시스템을 보여준다.

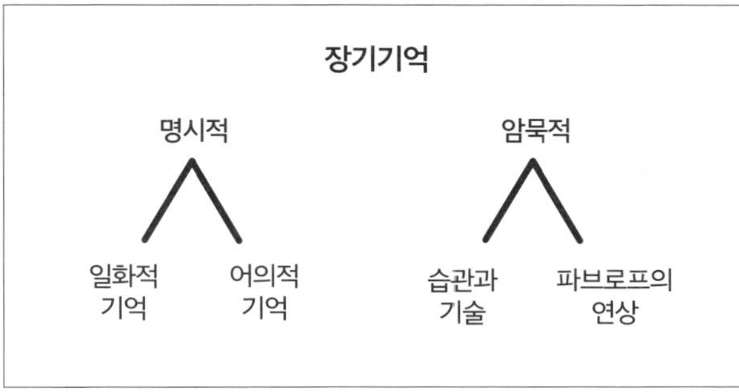

암묵적 기억: 기술과 습관
Implicit Memory: Skills and Habits

우리가 매일 하는 일들 대부분은 명시적 기억을 요구하지 않는다. 신발 끈을 매고 요리하고 운전하고 장해물을 피하는 것은 생각하고 하는 일이 아니다. 이러한 절차적 기술과 습관들은 수 년에 걸쳐 형성된 암묵적 기억에 기초하고 있고 필요한 순간에 이를 바로 꺼내어 사용한다. 성공과 실패가 행동패턴을 정교하게 하고 효율적으로 최적화시키는 것처럼 이는 시도와 실수를 통해 서서히 형성된다.

이러한 과정은 최근에 내가 낡은 신발보다 조금 더 긴 신발을 샀을 때 우리 집에서 일어났다. 발가락이 계단에 걸려서 비틀거렸을 때 나는 그동안 얼마나 내가 계단 오르는 동작을 잘 조율했었는지를 깨달았다. 명백히 나는 옛날 신발이 요구하는 정도의 높이로만 다리를 들어올려왔다. 그러나 몇 번의 경험 후에 내 시스템은 좀 더 높고 안전한 동작으로 조정되었다. 우리는 다른 차를 운전하거나 새로운 휴대전화를 사용하거나 새로운 요리를 배울 때 같은 과정을 경험한다.

암묵적 기술기억이 명시적 기억들과 구별되기 때문에 일차적으로 일화적 기억과 어의적 기억에 영향을 미치는 치매의 초기 단계에도 그대로 유지된다. 이는 로날드 레이건Ronald Reagan의 알츠하이머 병 투쟁에서도 발견된다.[13) 40번째 대통령인 그는 1993년 그의 병을 밝혔고 이후 3년 간 병세는 악화되어 매일 무엇을 했는지를 기억하지 못했고 수 년간 같이 일한 사람들을 알아보지 못했다. 이러한 심각한 명시적 기억 문제에도 불구하고 그는 정기적으로 골프를 치고 스스로 양복을 차려입었고 그의 특징인 신사적 행동을 보여주었다. 방문객이 도착하면 누군지는 몰라도 따뜻하게 환영하였다. 엘리베이터에 들어갈 때는 여성에게 먼저 들어가라는 신호를 보이며 뒤로 물러섰다. 이렇게 잘 연습된 행동 패턴은 여전히 유지되었다.

정신적 기술

중요한 기술들 중 다수는 정신적인 것이다. 외과전문의는 다년간의 실습을 통해 무엇을 보고 무엇을 물어야할지 배움으로써 복잡한 병을 즉시 진단한다. "책을 통한 학습" 만으로는 이러한 실제적인 상황을 헤쳐 나가지 못한다. 이러한 정신적 기술은 운동기술처럼 경험을 통해 학습된다. 경험은 실무자들에게 사실 외에 말로 설명하기는 어려운 것들, 문제에 접근하는 방식에 관한 것들을 제공한다. 예를 들어 방사선과 전문의는 초보자와 달리 X-ray[14)] 필름에서 정상적으로 보이는 부분은 건너뛰어 즉각적으로 비정상적인 부분에 집중함으로써 임상적으로 주목 해야할 영역에 완전히 집중할 수 있다. 이와 유사하게 숙련된 컴퓨터 프로그래머[15)]는 소프트웨어 디자인 문제의 해답을 직관적으로 알 수 있는 능력이 발달되었는데 초보자들의 경우에는 단계를 밟아가는 선형적 방법으로만 이를 알 수 있다. 성공과 실패를 통해 전문가들은 강한 암묵적 기술과 절차 목록을 갖게 되었는데 이들은 명시적, 사실적 정보와 잘 결합된다. 암묵적으로 "어떻게 할지 아는 것(knowing how)"과 명시적으로 "그 사실을 아는 것(knowing that)"을 잘 통합시킨다는 점이 전문가들의 고유특징이다.

암묵적 기억: 파블로프 연상
Implicit memory: Pavlovian Associations

다른 암묵적 기억시스템은 유명한 러시아 생리학자 이반 파블로프Ivan Pavlov에 의해 밝혀졌다. 다음 페이지의 그림은 유명한 심리학 실험을 설명하고 있는데[16] 여기서 종소리는 굶주린 개에게 주어지는 음식과 결합된다. 몇 번의 연합 후 모두가 아는 것처럼 개는 종소리를 들었을 때 침을 흘리기 시작하는데 이 반응은 종소리와 음식 간의 연결에 대한 동물의 암묵적인 기억을 보여준다. 이것은 동물세계 전체에서 발견되는 원시적인 기억시스템으로 상대적으로 먼 종류인 개미와 조개에서도 발견된다. 이는 크고 작은 생명체에게 그들 환경의 중요한 사건을 예측하게 해준다.

운동기술처럼 파블로프 연상은 명시적 기억이 심각하게 훼손되었을 때조차 학습될 수 있다. 초기의 예는 1911년 스위스 심리학자 에두아르드 클라파레드Eduarde Claparede에 의해 보고되었다. 그는 흥미로운 기억상실증 환자의 사례를 제시하였는데[17] 그 환자는 다음 약속 때까지 클라파레드를 전혀 기억할 수 없었다. 매번 의사는 마치 처음 만나는 것처럼 자신을 소개해야 했다. 환자의 기억문제는 만성적인 알콜 남용에 의한 것으로 명시적 기억을 급격하게 저해하는 코르사코프 신드롬으로 알려진 증상이었다. 어느 날 클라파레드가 자기 소개를 마친 후에 손가락 사이에 핀을 껴서 환자의 손을 만질 때 환자를 찔렀다. 환자가 나중에 이 일을 잊어버린 후에 그가 손을 만지려고 다시 다가가자 이번에는 뒤로 물러섰다. 환자는 왜 의사의 손을 조심해야 했는지를 알지는 못했지만 핀으로 찌르는 것과 의사의 접촉 간의 연상에 대한 기억은 유지되었다.

파블로프 연상은 종종 현실적이고 본능적이며 원시적이라 사실적이고 지적인 명시적 기억과 매우 다르다. 매우 심각한 자동차 사고를 당한 사람은 이후 날카로운 브레이크 소리에 가슴이 뛰고 손바닥에 땀이 나며 아드레날린이 솟구치는 반응을 보일 수 있다. 이러한 연상은 무의식적이고 자동적인 반응으로 나타나는 암묵적 기억들이다. 파블로프 연상이 주로 명시적 기억과 연계되어 일어나기 때문에 날카로운 브레이크 소리는 의식적인 일화적 기억으로서 사고의 상세한 부분들을 불러일으킬 수 있다. 그러나 이런 경우 기억을 공부하는 학생으로서 경험을 자세히 분석하여 본능적 수준의 반응이 좀 더 원시적인 시스템에서 가져온 기억임을 깨닫는 것은 도움이 된다. 좀 더 원시

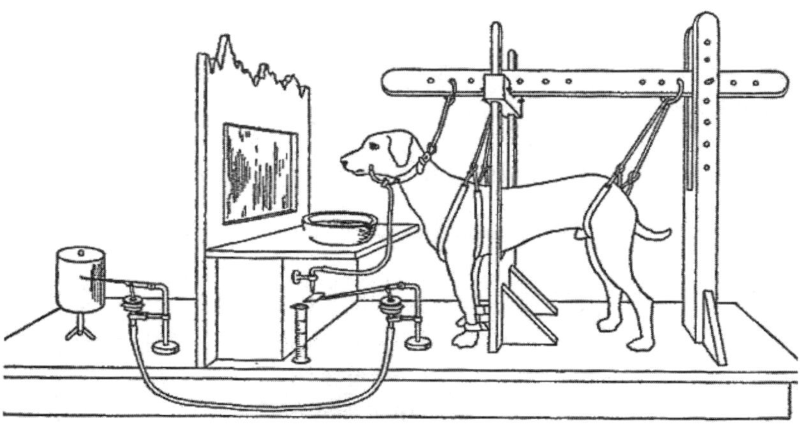

파블로프가 "파블로프 연상"을 밝히는데 사용한 실험도구

적인 기억은 동물들에게 의식적 기억이 진화되기 훨씬 전에 복잡하고 위험한 세계와 타협하는데 중요한 것이었다. 그리고 이런 고대의 기억시스템은 우리 같이 진화된 생명체의 삶에서도 중요한 역할을 담당한다. 우리는 의사가 바늘로 찌르기 전에 움찔하고 좋아하는 음식점에서 메뉴를 고르면서 침을 삼키고 친구의 목소리에 미소를 지으며 사이렌 소리에 불안해진다. 이러한 자동적 연상은 곧 일어날 중요한 사건들을 준비하게 한다.

다중기억시스템: 중요한 통찰
Multiple Memory Systems: A Major insight

독특한 장기기억시스템의 발견은 혁명적인 과학 발전으로 기억에 대한 현대적 연구의 기초를 마련했다. 이로써 연구자들은 좀 더 정교한 질문을 던질 수 있었고 특별한 종류의 기억에 대한 독특한 기억원리를 발견할 수 있었다. 과학자들은 이제 새로운 경험에 대한 일화적 기억은 30세부터 천천히 감소하지만 사실에 관한 어의적 기억은 60세까지 나이에 따라 실제로 증가함을 알게 되었다. 그리고 강한 어의적 기억을 발전시키는 최고의 방법과 훌륭한 기술기억을 발전시키는 최고의 방법은 매우 다르다.

이러한 새로운 관점은 인간의 기억을 다루는 틀을 제공하였는데 이는 정신적 능력에 대한 진화적 견해와 일치한다. 예를 들어 절차적 기억과 파블로프의 연상은 과거를 기억하는 원시적 시스템에 기초한다. 이 두 가지 기억은 동물 전체에서 발견된다. 그러나 명시적 기억은 좀 더 발전되었다. 이는 최근에 진화된 신경능력에 의존하며 언어, 추론, 문제해결 같은 좀 더 세련된 형태의 행동을 지원한다.

다중기억시스템의 발견은 인간에 대한 이해를 돕는데 이것이 우리가 기억할 수 있고 관심사를 발전시키는데 사용할 수 있는 과거의 여러 측면들을 밝혀내기 때문이다. 각 기억시스템은 고유의 목적을 위해 각기 다른 종류의 정보를 모은다. 어떤 기억은 의식적이고 어떤 것은 그렇지 않다. 어떤 것은 특별한 사건들을 기억하지만 어떤 것들은 사건들을 전체적으로 섞어버린다. 어떤 시스템은 대부분의 동물에서 발견되는 것과 유사하지만 어떤 것은 오로지 진화된 생명체에서만 나타나고 심지어 한 종류의 기억은 오로지 인간에게만 있다.

이후의 장에서는 이런 시스템들이 어떻게 작동하고 이들을 어떻게 향상시킬 수 있는지에 대해 알게 될 것이다. 그러나 장기기억시스템만 있는 것은 아니다. 2장의 주제인 단기 또는 "작업"기억(working memory)은 생각을 표현하는 것에서부터 식사를 준비하는 것까지 그 순간의 활동을 다루는데 필요한 정보를 기술적으로 잘 다룰 수 있게 한다.

기억연구소에 대한 소개: 두 가지 종류의 시각적 기억술

각 장의 마지막에 있는 기억연구소에서는 다른 기억기술을 시험해볼 수 있는 기회를 제공한다. 먼저 나는 시각적 이미지에 기초한 기억도우미인 시각적 기억을 소개하고 네 개의 다른 장기기억시스템을 기억하는 방법을 가지고 이를 설명할 것이다.

시각적 기억술은 역사적으로도 적합한 기억술 공부의 시작점이다. 고대의 기억술사는 시각적 기억술의 위력을 알았고 그 중요성을 강조했다. 그래서 대부분의 고전적인 기억기술은 시각적 이미지를 집중적으로 사용한다. 대표적으로 키케로Cicero는 기원전 55세기[18)]에 "모든 우리의 감각들 중에 가장 예민한 것은 시감각으로 귀나 다른 기관으로 전달되는 지각은 시각의 중재에 의해 우리 마음에 전달될 때 가장 쉽게 기억될 수 있다"고 말했다.

키케로의 충고를 실행에 옮기는 첫 번째 단계는 기억지원에 필요한 정보를 밝히는 것이다. 나는 35페이지에 있는 명시적, 암묵적 기억을 정리한 네 개의 기억시스템에 관한 도표에 집중할 것이다. 그 도표만으로도 기억하기는 쉬우나 나는 그래픽 이미지를 좀 더 사용하여 다시 작업할 것이고 이것으로 시각적 기억술을 구성하는 두 개의 강력한 방법을 소개할 것이다.

• 직접적인 시각적 연상에 근거한 기억

아래에 있는 시각적 이미지는 기억 도우미로 두 개의 암묵적 기억시스템을 기억하는데 도움이 된다. 개는 파블로프의 실험장치에 매여있고 프리스비를 잡으려고 한다. 프리스비는 기술과 습관 기억에 대한 단서이고 개는 파블로프의 연상에 대한 단서이다. 이 이미지를 기억할 수 있으면 두 개의 시스템을 기억할 수 있게 된다. 시각적 기억술을 만드는 이 접근에서는 기억하고자 하는 내용과 직접적으로 연상이 되는 이미지를 찾는 것이 관건이다.

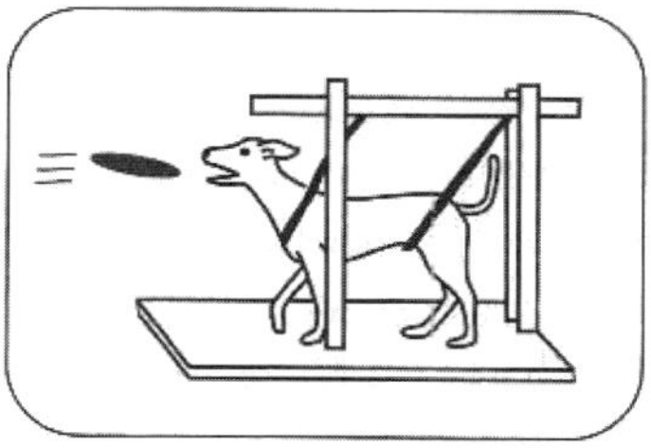

기술과 직접연상에 기초한 파블로프 연상에 대한 시각적 기억술

• **대체 단어에 근거한 기억**

두 개의 명시적 기억 즉 일화적 기억과 어의적 기억에 대한 시각적 기억 도우미는 어떠한가? 우리는 즉시 직접적 접근의 한계에 부딪친다. 어떤 이미지가 "일화적 기억"에 대한 단서가 될 수 있을까? 일화적 기억은 추상적인 용어인데 시각적 기억술은 구체적인 이미지를 이용하기 때문이다.

이 점이 시각적 이미지를 사용할 때 나타나는 일반적인 문제이다. 우리가 기억하고자 하는 모든 것이 시각화될 수 없기 때문에 직접적 연상이 항상 가능한 것은 아니다. 그러나 차선책으로 '대체 단어 기술'[19]이라고 불리는 전략이 있는데 이는 '주요단어 기억술'로도 알려져 있다. 수 세기동안 기억술사가 애용하던 이 방법을 적용하기 위해서 우리는 추상적 단어와 유사하게 들리는 구체적인 단어를 찾고 그 구체적인 단어에 대한 시각적 단서를 만든다. 이 시각적 이미지로 우리는 구체적인 단어를 기억하고 그 소리가 또 추상적 단어를 기억하는 것을 돕는다. 이는 다음과 같이 이루어진다:

시각적 이미지를 기억함 →

구체적인 단어를 기억함 →

추상적인 단어를 기억함

이 전략을 적용하기 위해서 나는 'exotic salmon(이국적인 연어)'을 그 발음의 유사성에 기초해 'episodic(일화적)'과 'semantic(어의적)' 기억의 대체 단어로 선택했다. 그 다음 나는 다음 페이지에 나오는 이미지를 만들었다. 두 개의 명시적 기억시스템을 기억하기 위해서 exotic salmon을 상상하고 이 단어의 발음이 episodic과 semantic을 기억하도록 돕는다.

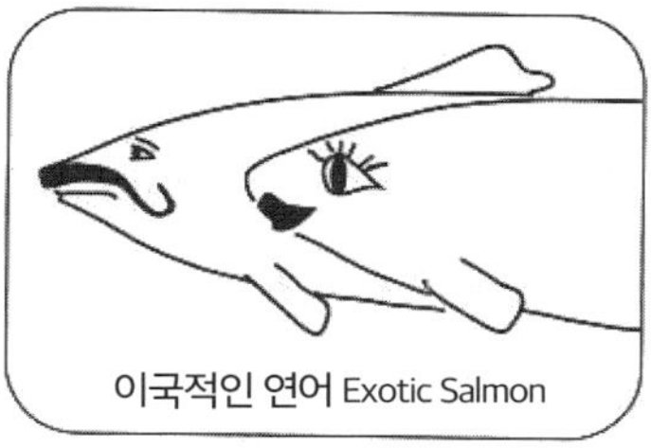

대체단어를 사용한 일화적(episodic),
어의적(semantic)기억에 대한 시각적 기억술

• 기억술의 사용

나는 44페이지에 있는 대로 두 이미지를 하나의 기억술로 합했다. 이것을 잘 살펴보기 바란다. 왜냐면 다음에 내가 상상 속에서 이것을 다시 그려내고 기억에 신호를 주기 위해 사용하라고 요청할 것이기 때문이다.

준비가 되면 눈을 감고 이미지를 기억하라. 전체 이미지를 볼 수 있도록 멀리서 두 부분을 나란히 놓고 시각화하기 시작하라. 그 다음에는 연어를 가까이 보고 머릿속으로 조사하라. 대체 단어를 떠올리고 이를 두 개의 명시적 기억시스템을 기억하는데 사용하라. 연상의 범위를 넓혀서 이 두 시스템의 특징을 검토하라. 다음에 뒤로 물러나 개 이미지로 옮겨가서 위의 과정을 반복하라. 이미지들이 흩어지거나 약하거나 모호한 것은 괜찮지만 가능한 한 두 이미지는 구별되게 하라. 다음 장에서도 훈련을 계속하면 당신의 정신적 이미지가 나아질 것이다.

이 기억술이 기억에 얼마나 많은 도움이 될 것인가? 이는 시각적 단서들이 얼마나 잘 작용하는가 그리고 당신이 기억술을 얼마나 잘 기억하는가에 달려 있다. 이 조건들에 대해서는 다음 장에서 더 설명할 것이다.

• **시각적 이미지에 관해서**

정신적 이미지를 얼마나 생생하게 보고하는가는 사람마다 매우 다르다. 어떤 사람은 밝게 채색된 이미지를 매우 자세히 묘사하지만 어떤 사람의 시각적 이미지는 빈약하고 조각나 있으며 금방 사라진다. 다행히 연구결과는 이 책에 설명된 시각적 기술을 위해서 높은 수준의 이미지 기술이 필요하지는 않음을 보여준다. 약한 이미지로도 생생한 이미지로부터 얻는 만큼의 기억 향상을 얻을 수 있다.[20] 머릿속으로 이미지를 시각화하는 것은 실제로 사물을 볼 때 사용하는 그 뇌에 그림을 그린다는 것임을 명심하라. 그러므로 기초적인 도구는 가지고 있는 것이다. 문제는 사용법을 배우는 것인데 이는 해볼 만한 가치가 있다. 정신적 이미지는 유용한 기억 도구를 제공할 뿐 만 아니라 자칫하면 놓칠 수도 있는 풍부한 정신적 경험을 제공한다.

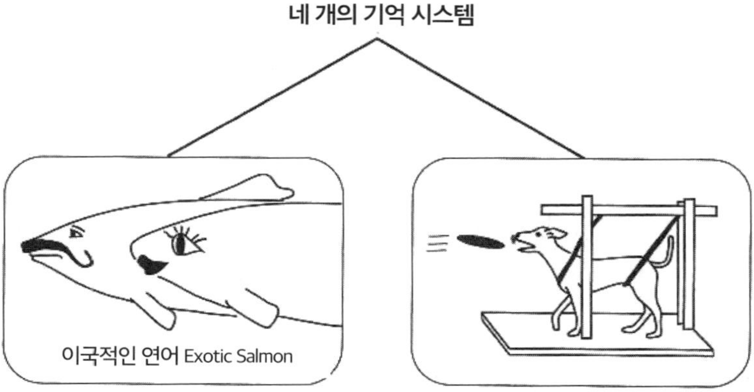

기억 시스템에 관한 종합적인 시각적 기억술

2장 작업기억: 단기기억과 그 외

Working Memory: It's short-term memory and more

일상의 요구를 다루기 위해서는 지난 장에서 다룬 장기기억시스템 뿐 아니라 단기기억도 필요하다. 단기기억은 전화기에서 들리는 긴 안내를 들으면서 어떤 번호를 눌러야 하는지 기억할 수 있게 한다. 또한 새로 산 책꽂이를 조립하기 위한 지시에 따를 때 필요하다. 단기기억은 일에 필요한 세부사항을 기억한다. 단기기억은 과제 수행과 매우 밀접하게 연결되어 있기 때문에 심리학자들은 이 둘을 더 이상 따로 다루지 않는다. 그래서 그들은 세부를 기억하고 과제를 수행하는 전체 과정을 '작업기억(working memory)'이라는 단어로 설명한다. 이 작업기억이 어떻게 작용하는지 보기 위해 짐 대니얼Jim Daniels의 시에 등장하는 바쁜 요리사를 함께 보자. 요리사는 많은 요리를 주문받았는데 이 뜻은 그가 정보를 다루고 과제를 수행해야 한다는 것이다.

즉석 요리 주문[01)]

조Joe라는 사람이 들어와
치즈버거 30개와 감자튀김 30개를 주문한다.

나는 그가 계산할 때 까지 기다린다.
그가 계산한다.
그는 이제 더 이상 그냥 조Joe가 아니다.

10개짜리 그릴이 3열, 충분하다.
버거를 내려놓고
튀김통에 감자튀김 두 버킷 던져넣는다.
타닥타닥 튀겨진다.
<u>츠츠츠</u>.

계산대의 아가씨가 웃는다.
나는 집중한다.
지금이 중요한 순간이다.
치즈를 맞을 준비가 되었다:
한 겹 벗길 때마다 내 손가락이 흔들린다.
치즈를 버거 위에 던지고/감자튀김은 다 되었다/담근다/
버킷을 다시 채우고/버거는 준비되었고/빵 위로 올린다.
녹은 치즈를 누르고/버거를 종이로 싼다.
종이봉투 안에/감자튀김이 다 된다/집어 넣는다/30개의 봉지를 채운다/
카운터로 가져온다/소매의 설탕을 닦는다.
카운터의 아가씨를 보고 웃는다.
나는 가슴을 두드리며 말한다:

"치즈 버거 30개, 감자 튀김 30개!"
사람들이 재미있다는 듯 나를 본다.
나는 얼음을 한 주먹 집어 입에 넣는다.
살짝 춤을 추면서 주방으로 돌아간다.
스트레스, 책임감, 성공,
치즈버거 30개, 감자튀김 30개.

이 많은 주문에 맞추기 위해서 시의 주인공은 단기기억, 주의, 계획이 필요하다. 다시 말해 기억은 그 중의 한 부분이다—주문, 행동계획, 고기의 상태, 빵, 감자튀김, 치즈를 위한 기억. 그러나 그간큼 계획하는 것, 세심하게 주의를 기울이는 것, 그리고 이를 유지하는 것이 중요하다. 이러한 기능들은 즉각적인 도전에 맞도록 특화된 아주 잘 통합된 작업기억시스템에서 수행된다.

작업기억은 전화번호를 보고, 전화를 거는 동안 그것을 기억하는 데 사용된다. 작업기억은 피자를 주문할 때 "버섯 2개, 페퍼로니 1개, 그리고 앤초비 1개"를 기억할 수 있게 돕는다. 단기기억은 가게를 돌아다니며 다른 물건들의 가격을 비교하고 가장 좋은 물건을 고를 수 있게 한다. 또한 이는 인터넷을 검색하면서 주의를 유지하고 지금까지 찾은 것들을 기억할 수 있게 해준다. 새로운 영화를 선전하는 화려한 광고나 금융정보를 제공하는 팝업창에 주의를 빼앗기지 않고 자신의 목적을 확고하게 유지할 수 있게 해주는 작업기억시스템의 능력 때문에 일정부분 검색에 성공할 수 있다.

작업기억은 특히 언어 이해에 중요한데 이는 글을 읽거나 말을 들을 때 단어들이 한 번에 하나씩 들어오는 바로 그 언어 자체의 성격 때문이다. 작업기억은 단어들을 모으고 유지해서 듣거나 읽은 것의 뜻을 이해할 수 있게 해준다. 문장을 말할 때도 생각을 모으고 문장을 만들고 말할 때까지 단어를 기억하게 하는 것은 작업기억이다. 이것이 안 되면 말하고자 했었던 것을 잊어버렸다고 말하는 난처한 상황에 처한다.

작업기억시스템은 계획을 세우고 주의를 조절하고 행동을 수행하는 과정에서 사용하는 모든 정보들을 일시적으로 기억하기 위한 저장소를 제공한다. 작업기억의 특징 중 하나는 유연성으로 다양한 일처리 방법에 필요하다. 흥미롭게도 유연성은 정보를 기억하는 다양한 방법으로 확대된다. 나는 기억 수업에서 학생들에게 일정한 숫자를 몇 초 동안 기억하고 다시 적으라고 했을 때 이를 찾아볼 수 있었다. 학생들에게 "1081359"라는 숫자를 보여주었다고 하자. 대부분은 그 숫자를 발음하는 대로 외운다: "일, 공, 팔, 일, 삼, 오, 구". 그러나 10% 정도의 사람들은 이를 마치 마음속으로 사진을 찍듯이 시각적으로 외운다. 그리고 때때로 휴대전화로 누를 때 손가락의 움직임으로 기억한다. 작업기억을 사용할 때 사람들이 다양한 방법을 사용한다는 것은 명백하다.

그리고 이런 다양한 형식들이 가능성을 감소시키지는 않는다. 사람들은 숫자를 다른 정보들과 결합하여 외우기 쉽게 만든다. 한 여성은 이 숫자에서 어머니의 생년월일을 찾는다(1959년 8월 13일). 그러므로 그녀에게 1081359는 10 더하기 8/13/59가 되고 이는 곧 "10 더하기 어머니의 생년월일"이 되는 것이다. 일단 이런 연결이 완성되면 이것을 기억하는 데는 문제가 없다. 이 예는 작업기억이 수동적인 기억 저장소가 아니라는 것을 보여준다. 작업기억이 정보를 다루는 데 개개인은 적극적으로 관여한다. 이 중 어떤 방법을 특별하게 사용하는가는 개인의 강점—예를 들어 시각적이거나 언어적이거나—혹은 유사한 재료에 대한 과거 경험에 달려있다.

어떻게 작업기억이 작동하는가
How Working memory works

과학자들은 작업기억이 각기 다른 두 수준의 정신활동에 의해 나타난다고 믿는다. 하나는 "집행과정(executive processes)"으로 작업기억이 어떻게 사용되는지를 조절한다. 여기에는 앞의 요리사의 예처럼 주의, 계획, 전략, 끝까지 마무리하기가 포함된다. 집행과정은 인간 두뇌의 가장 진화된 부분인 전두엽을 활성화시킨다. 작업기억의 두 번째 수준은 정보가 기억되고 조작되는 기억 저장 요소(memory storage component)이다. 여기서 작업기억은 숫자를 머릿속의 소리나 이미지, 그리고 다른 정보들로 기억하는 것이다.

아래 그림은 영향력 있는 영국의 과학자 앨런 배들리Alan Baddeley의 이론[02]으로 이 두 수준을 보여준다.

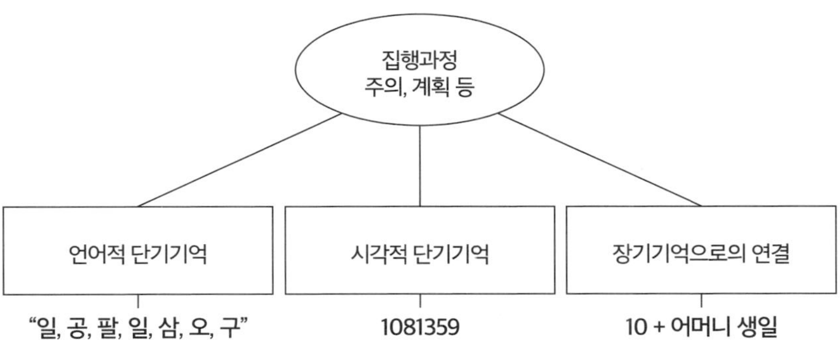

작업기억시스템

위에 집행과정이 있고 아래에는 다른 기억장치가 있다. 언어적, 시각적 단기기억은 정보를 언어나 시각적 이미지의 형태로 저장한다. 근육 운동 기억 같은 다른 형태의 단기 저장 형태도 있지만 언어적, 시각적 장치가 가장 많이 연구되었기 때문에 여기서 강조하였다. 장기기억으로의 연결 또한 중요하다. 비록 작업기억이 그 순간의 작업을 위한 단기적인 정보 처리에 관한 것이기는 하지만 앞에서 숫자를 기억하는데 어머니의 생일을 이용한 경우처럼 장기적인 지식과 매우 관계가 깊다.

이 시스템이 일상생활에서 어떻게 작동하는지 보기 위해 30개의 치즈버거와 감자튀김을 준비한 요리사로 돌아가도록 하자. 그는 아마 말로 ("삼십, 삼십"하며) 주문을 기억하였을 것이다. 어떤 세부적인 사항들은 시각적으로 기억되었을 것이고—예를 들어 얼마나 많은 감자튀김이 남아있는지, 또 다른 사항들은 근육운동으로 기억되었을 수 있다—예를 들어 언제 뒤집개로 누르는지. 집행과정이 주문을 처리하기 위해 이 모든 것을 조절하고 배치하는 동안 일반적인 작업을 위해서 그는 장기기억을 소환했을 가능성이 높다.

이 과정에서 그의 순간적이고 의식적인 경험은 작업기억시스템의 작동을 그대로 반영했다. 그가 주의를 그릴에서 튀김통으로 옮겼을 때 부글거리고 뜨거운 튀김바구니가 그의 정신세계의 중심이 되었고 고기가 다 익었는지 보기 위해 다시 그릴로 주의를 옮길 때까지 이는 계속되었다. 작업기억의 조절은 그 순간 어떤 것을 인지하고 있는지에 달려있으므로 의식의 세계에 속한다.[03)]

작업기억은 얼마나 기억할 수 있는가?
How much can working memory hold?

작업기억에는 제한이 있다. 만약 1-514-619-4358 같은 번호로 전화를 걸기 위해서는 대부분 한 번 이상을 봐야만 한다. 제한이 없다고 여겨지는 장기기억과 달리 작업기억은 한 번에 처리하는 정보량이 제한되어 있다. 영어권 대학생 대부분은 예닐곱자리 숫자를 기억할 수 있다. 식료품 쇼핑 목록을 한 번 보면 대개 서너 개의 품목을 기억할 수 있고 우크라이나의 도시 노보모스코브스크Novomoskovsk 같은 복잡하고 낯선 이름을 기억하는 것 모두 작업기억이 잘 다룰 수 있는 것이다.

이 한계는 자료만이 아니라 사람에 따라서도 다른데 사람마다 작업기억 용량이 다르기 때문이다. 그리고 이러한 차이는 중요한 의미를 갖는다. 심리학자들이 이 용량을 측정하는 방법 중의 하나는 사람들에게 숫자를 들려준 뒤 이를 거꾸로 이야기하게 하는 기억력 과제이다. 만일 "78056"이라는 숫자를 들려줬다면 그것을 "육, 오, 공, 팔, 칠"이라고 다시 말하게 하는 것이다. 이는 숫자를 단순 반복하는 것보다 훨씬 어려운 것으로 작업기억에게 힘든 일을 시키는 것이다. 이 테스트는 두 자리 수부터 시작해서 그 사람의 용량을 찾을 때까지 숫자를 늘려가면 진행한다.

숫자를 거꾸로 말하는 테스트는 종종 지능검사의 한 부분으로 제공되기 때문에 그 결과에 대한 방대한 데이터를 모을 수 있다. 다음 페이지의 그래프는 그 중 한 자료에서 가져온 것이다.[04] 숫자 거꾸로 말하기 테스트의 평균 점수는 검은 실선으로 되어 있다. 이 선의 위아래에 있는 점선은 이 테스트에서 사람들이 보여준 용량의 범위를 보여주는데 상위 10%에 해당하는 사람들

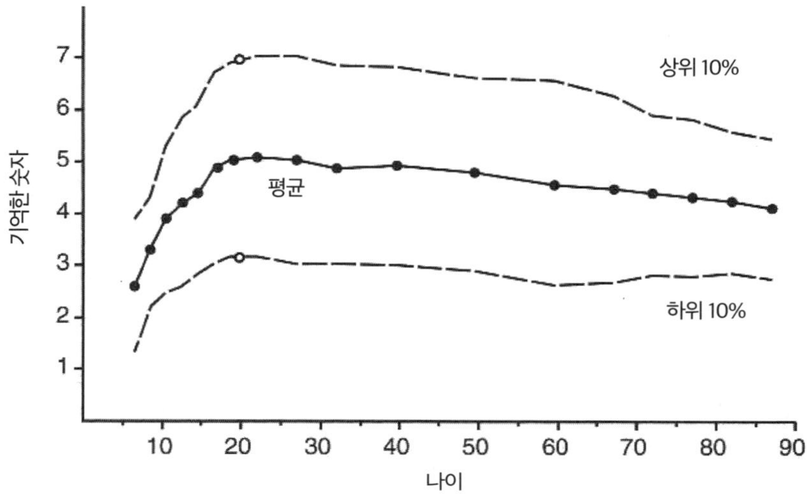

나이에 따라 거꾸로 암송할 수 있는 숫자의 갯수. 검은 동그라미는 모든 피검자들의 평균을 나타낸다. 두개의 흰 동그라미는 20대 피검자의 상위 10%와 하위 10%의 측정치를 강조한다.

은 위 점선 이상의 작업기억을 가지고 있고 하위 10%에 해당하는 사람들은 아래 점선 이하에 해당하는 작업기억을 가지고 있다.

"평균" 곡선은 연령에 따른 차이를 보여준다. 이를 보면 작업기억 용량은 아동기 동안 증가하고 20대에 정점에 이르며 80대에 이를 때까지 천천히 감소하는데 숫자 5자리까지 가능했던 거꾸로 말하기가 4자리로 떨어진다. 연령은 동시에 두 가지 과제를 수행하는 것 같은 좀 더 어려운 기억 상황에서 더 큰 영향을 미치지만 그래도 전 생애에 걸쳐 이런 과제들에서 감소하는 작업기억 용량은 중간 수준이다.[05]

그런데 노인들이 호소하는 단기기억 문제를 보면 감소가 이 정도에 불과하다는 것이 더 놀라운 일일 것이다. 이 그래프는 노인들이 경험하는 문제가 단지 기억저장용량 그 자체에서 오는 것이 아닐 가능성이 많음을 보여준다.

그들의 문제는 다른 작업기억의 특징에서 유래하는데 그것은 바로 주의력이다. 책상에서 공과금을 계산하다가 오렌지 주스를 마시려고 부엌으로 갔는데 냉장고 앞에 서서 왜 여기 왔는지 잊어버린 한 여성을 생각해보자. 문제는 부엌으로 향해가면서 그녀의 주의가 오렌지 주스에서 다른 주제로 분산되었을 가능성이 높다. 아마 그녀는 물을 주어야 하는 화분을 보았거나 걸었어야 하는 전화를 생각했을 수 있다. 이런 의식적인 생각이 작업기억에서 일어났고 오렌지 주스를 대체한 것이다. 그러나 냉장고 앞에 일단 가면 왜 왔는지가 다시 떠올랐어야 한다. 그러나 다른 여러 생각들이 이미 시스템을 차지하였기 때문에 오렌지 주스를 기억하는 것은 작업기억이 아닌 다른 데서 찾아야 한다. 운이 좋다면 장기기억에서 가져올 수도 있지만 그렇지 않다면 그녀는 다시 책상으로 가서 냉장고로 간 목적을 다시 생각할 수 있는지 봐야 한다. 일단 자신이 원하던 것이 무엇이었는지 기억해내면 오렌지 주스는 다시 작업기억으로 들어오고 다시 한 번 의식된다. 이렇게 작업기억 용량이 아니라 분산된 주의가 단기적 건망증으로 고생하는 노인들을 괴롭히는 것이다.[06] 이 주의력에 대해서는 다음 장에서 살펴보도록 하겠다.

이 그래프에서 연령에 따라 일어나는 변화 자체가 중요한 메시지는 아니다. 그보다 그래프는 같은 나이에도 사람들이 갖는 용량의 차이가 매우 크다는 것을 보여준다. 20세 때의 기억을 잘 살펴보라. 상위 10%와 하위 10%는 동그라미로 표시하였다. 이 둘 간의 기억용량 차이는 매우 커서 두 배 이상이다! 이 큰 차이가 중요한 문제이다.

작업기억 용량의 차이는 인지적 노력이 요구되는 다양한 상황에서의 수행과 연관되어 있다. 대학생들의 독해능력은 작업기억 테스트로 직접적으로 예측되는데[07] 문단의 세부내용을 자세히 기억하는 학생들은 작업기억 테스트에서 높은 점수를 받은 학생들이었다. 이 학생들은 낯선 단어의 의미를 이해하는데 문맥을 더 잘 이용한다. 강한 작업기억을 가진 성인들은 추론 능력 검사[08]에서 대개 다른 사람들에 비해 더 빨리 더 많은 정답을 제시한다. 작업기억 용량에서 높은 점수를 받은 학생들은 컴퓨터 언어를 더 빨리 습득한다.[09] 항공기 조종사에 관한 연구를 보면[10] 높은 작업기억 용량을 가진 사람들이 더 나은 "상황인식"을 보여주었는데 이는 비행기 주변 지역의 파악, 다른 항공기의 위치, 기계 판독, 그리고 항공조종장치 등을 포함한다. 조종사의 경험이 적을수록 작업기억은 더 중요하다.

작업기억 용량과 수행 사이의 관계는 이제 기초 지능과의 연관성에 관한 궁금증으로 이어졌다. 실지로 연구결과를 통해 작업기억이 논리적으로 사고하고 새로운 문제를 푸는데 필요한 지능지수의 한 특별한 요인과 놀랄 만큼 밀접한 관계가 있음이 알려졌다. 이 능력은 "유동지능(fluid intelligence)"으로 다음에 나타난 검사질문을 통해 측정된다. 유동지능과 작업기억의 관계는 너무 강해서 이 둘이 결국은 같은 것이라고 추정[11]되었었다. 대부분의 학자들이 너무 성급한 결과라고 하였긴 해도 특징적으로 공유되는 부분이 있는 것은 의심할 여지없는 사실이다. 밝혀진 증거들로 인해 작업기억 검사에서 뛰어난 점수를 보여준 사람들은 문제를 잘 해결하고 새로운 기술을 쉽게 습득하며 지능검사에서 높은 점수를 보여줄 것이라는 예측이 가능하다.

비록 작업기억 용량이 중요해도 일상에서는 이것이 그렇게 문제가 되지는 않는다. 즉석 주문 요리사처럼 우리 대부분은 책임을 다하기 위한 노력을 계획하고 조정할 수 있다. 작업기억 용량이 가장 문제가 되는 상황은 소설책을 읽거나 혹은 생애 처음 까다로운 절차와 정확한 시간을 지켜가며 치즈 수플

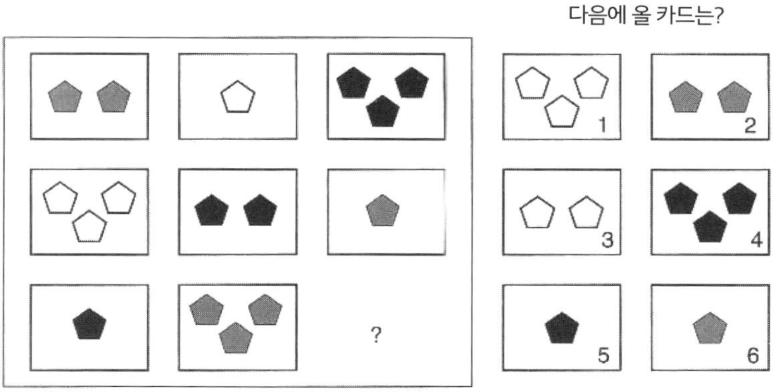

전형적인 유동지능검사 문제

레를 요리하는 것 같이 정신적인 노력이 요구되는 상황이다. 그리고 비록 높은 기억용량을 가진 사람이 이러한 상황을 쉽게 느끼긴 해도 다른 사람들도 성공적으로 적응한다. 경험과 지식이 쌓일수록 작업기억 용량은 덜 문제가 된다. 대부분의 상황에서 작업기억은 기본적인 용량보다 지식, 경험, 기억기술에 의해 더 많은 영향을 받는다.

작업기억의 덩이짓기와 조직화
Chunking and Organization in Working Memory

연구자들이 실험실에서 작업기억 용량을 측정할 때 숫자 거꾸로 외우기 같은 낯선 과제들을 사용하는데 이는 이전 학습 경험과는 상관없는 기본 정신능력을 결정하기 위해서이다. 그러나 일상적 상황에서는 낯선 것이 거의 없으므로 수행을 향상시키는 데 경험이 이용된다. 예를 들어 18002753733

이라는 전화번호가 있다고 할 때 사람들은 이것을 11자리 수로 통째로 다루기 보다는 4개의 덩어리 즉 1-800-275-3733 으로 나누어 다룬다. 이렇게 숫자를 여러 덩어리로 만드는 것은 전화 번호, 사회보장번호, 카드 번호를 다룬 경험에서 알게 된 기억 전략이다. 이렇게 정보를 다시 만드는 것을 '덩이짓기(Chunking)'라고 하는데 작업기억 용량을 확대시키는 방법으로 밝혀졌다.

덩이짓기는 장기기억의 도움을 받을 때 더 강력해진다. 이를 어머니의 생일로 숫자를 기억한 여성의 경우에서 확인하였다. 이렇게 기억하고자 하는 정보를 다른 지식과 결합시키는 것은 기억술의 일반적인 원리로 새로운 정보를 기억하는데 도움이 된다. 1-800-275-3733로 기억하는 것이 18002753733으로 기억하는 것의 향상된 형태라면 그보다 더 효과적인 덩이짓기는 1-800-ASK-FRED*가 된다. 그러면 11자리 숫자는 두 개의 덩어리 즉 "1-800"과 "ASK FRED"로 줄어들게 되는데 앞의 숫자는 무료전화번호에서 따온 것이고 뒤의 것은 우리가 아는 단어로 뜻을 가진 문구를 만든 것이다. 이러한 기술은 작업기억에서 숫자를 기억하는 것을 도울 뿐만 아니라 장기기억에 그 기억을 확립함으로써 이 숫자를 기억하려고 할 때 더 이상 작업기억에 의존하지 않아도 되게 한다.

덩이짓기는 전화번호나 생일같이 의도적으로 만들어 지기도 하지만 자동적으로 일어나기도 한다. 전문가가 자신의 전문 분야에서 새로운 것을 알게 되면 이를 자신이 이미 알고 있는 것에 자연스럽게 연결시킴으로써 기억을 위한 동력을 얻는다. 야구경기를 관람하고 있는 한 열렬한 팬을 생각해보자.

---

* 2-A, 7-S, 5-K, 3-F, 7-R, 3-E, 3-D처럼 전화기 숫자판에서 각 숫자마다 지정된 알파벳으로 숫자를 전환하여 문장의 형태로 만든 것, 역자 주.

그의 행동은 무에서 나오지 않는다. 그가 가진 경기에 대한 풍부한 지식은 새로운 정보와 이미 알고 있던 지식을 연결시킴으로서 많은 덩이짓기를 가능하게 한다. 이 팬은 야구 초보자와 비교할 때 야구에 관한 풍부한 기억을 가지고 있다.

데이비드 햄브릭David Hambrick과 랜달 잉글Randall Engle은 전문적 지식에서 기억의 영향을 보기 위해 야구에 대한 지식수준이 매우 다양한 18세에서 86세까지의 성인 181명을 대상으로 실험하였다. 참여자들의 작업기억 용량과 야구에 관한 지식을 평가한 다음에 연구자들은 가상의 팀 들 간의 야구 중계를 몇 분간 청취하도록 하였다. 그 내용은 다음과 같다:

> 지금 래리 자코비가 타석[12]에 들어서고 있는 장면으로 돌아갑니다. 래리의 타율은 .300으로 올해의 100RBIs입니다. 신인치고는 나쁘지 않습니다. 유격수는 견제를 위한 위치로 가고 외야수들이 왼쪽으로 움직입니다. 자, 이제 투수가 던졌습니다— 땅볼입니다. 내야 왼쪽으로 떨어집니다. 유격수가 몸을 던져 외야로 공이 빠지는 것을 막습니다.

밑줄 쳐진 문구들은 나중에 평가된 정보를 나타낸다. 참여자들이 얼마나 기억하는지에 영향을 가장 많이 끼친 것은 무엇이었나? 그들의 작업기억 용량이었나? 아니면 그들이 가지고 있는 야구경기에 대한 지식인가? 나이인가? 햄브릭과 잉글은 통계적 기술을 사용하여 각각의 요인들이 기억수행에 미친 독특한 기여를 측정하였는데 그 결과는 다음 막대그래프와 같다.[13] 이를 보면 야구에 대한 지식이 기억수행에 가장 큰 예측자임이 분명하다. 작업기억 용량과 연령도 영향을 미치기는 하지만 야구 지식과 비교할 때 그 영향력은

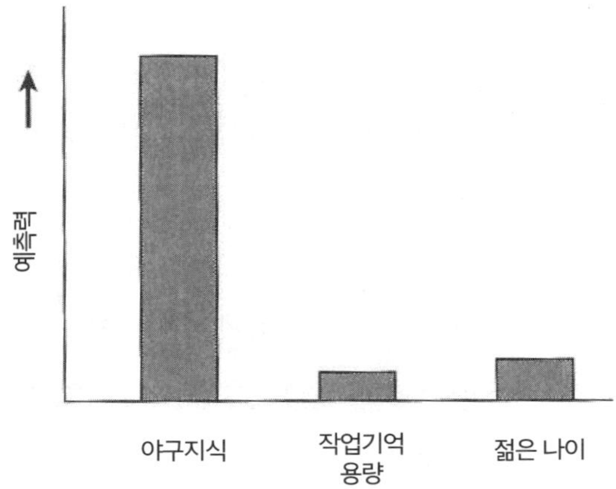

야구경기에 관한 정보를 기억하는 능력의 예측자들

미비하다.

관련지식이 기억에서 큰 역할을 담당하는 것은 납득할 만하다. 경험 많은 야구팬은 신인인 자코비의 타율이 그냥 나쁘지 않은 수준이 아니라 훌륭하다는 것을, 그래서 그가 안타를 치는 것이 놀랄 일이 아니라는 것을 알았을 것이다. 야구팬에게는 자코비가 신인이라는 것, 타율, 안타가 의미 있는 덩어리로 모아진다. 이 팬은 '유격수(pickoff)'의 뉘앙스를 이해했을 것이고 선수들이 어떻게 자리 잡는지 머릿속으로 그려보았을 것이다. 이 모든 것은 야구에 대한 깊은 지식이 세부적인 사항들을 포착하고 기억하면서, 즉 새로운 정보를 저장된 지식과 자연스럽게 결합시킴으로써 일어나는 것이다.

또한 야구팬이 유리한 것은 사실들과 덩어리들이 그 자체로 의미가 있을 뿐만 아니라 그 사람이 잘 아는 경기의 전체적인 구조 즉 이닝, 점수, 아웃, 득점과 잘 맞기 때문이다. 각 사건들은 야구경기의 익숙한 드라마 안에서 역할을 맡고 있고 여기서 나온 것들은 의미 있는 이야기로 구성된다. 그래서 기억을 재생할 때 야구광은 경기 그 자체가 제공하는 구성을 통해 사실에 쉽게 접근한다. 이는 야구 초보자에게는 해당되지 않으므로 초보자들은 독립된 정보의 조각들을 기억해야 한다.

이와 유사하게 숙련된 기술자가 문제가 있는 차의 배기구 아래를 들여다보고 호스, 전선, 부품들을 조사할 때는 섬세하게 연결되어 있는 익숙한 시스템 전체를 본다. 이러한 관점은 작업기억의 일을 줄이고 대신 진단과 문제해결을 위한 정신적인 자원들을 열어놓는다. 이는 신참 기술자에게는 가능하지 않은 일이다. 숙련된 요리사는 초보자와는 다른 수준으로 복잡하고 새로운 요리법을 이해하는데 이들의 작업기억은 더 우세할 것이다. 체스 전문가는 초보자보다 더 세련된 수준으로 체스판의 상태를 코드화하는데 이 더 나은 기억이 이후 말을 움직이는데 더 나은 결정을 하게 한다. 각각의 경우 과거의 경험은 작업기억의 짐을 덜어주고 불가능한 상황에서도 성공할 수 있는 길을 초보자에게 제공한다.

몇 개의 덩어리가 좋은가?

덩이짓기와 조직화는 작업기억과 장기기억 모두의 기억 보유를 증진시키지만 작업기억의 경우 전문가에게조차 상한선은 항상 존재한다. 한 권위 있는 연구에서 기억 연구자 넬슨 코완Nelson Cowan[14)]은 성인의 최대 작업기억이 자료의 종류에 상관없이 3~5개의 덩어리라고 밝혔다. 정보를 어떻게 묶느냐 자체가 도움은 되지만 동시에 의식에서 얼마나 많이 기억할 수 있는지 그 근본적인 한계는 변화하지 않는다. 사람들은 대개 4개 혹은 그 이하의 덩어리를 기억한다. 이는 대부분의 사람들이 1-800-275-3733은 기억할 수 있지만 1-800-275-3733-3283은 어려워할 것이라는 뜻이다.

작업기억의 특성과 향상
The Nature and Nurture of Working Memory

우리는 작업기억의 두 측면을 살펴보았다. 그 하나는 새로운 환경에서 나타나는데 낯선 문제를 만나거나 정신적인 요구가 많은 기술을 배워야 할 때이다. 높은 작업기억 용량을 가진 사람들은 이런 세팅에서 유리하다. 이러한 측면은 잘 변화하지 않고 어느 정도는 타고난 것으로 보인다.[15)]

작업기억의 또 다른 측면은 지식과 경험에서 이득을 보는 것으로 좀 더 유동적이고 익숙한 환경에서는 타고난 용량보다 훨씬 더 중요한 역할을 담당한다. 이러한 이점의 중심에는 덩이짓기와 조직화의 운용이 있다. 이는 우리의 정보 보유 능력을 증가시킨다. 즉 작업기억이 원래의 능력에 의해 결정된 한계를 넘어서 4개의 덩어리로 포장될 수 있는 정보량에 의해 정해진 새로운 한계를 가진다.

기억 향상 기술 또한 기억을 돕기 위한 덩이짓기와 조직화에 의존한다. 이것의 예는 다음 페이지에 나와 있는 것처럼 1장에서 네 개의 장기기억시스템을 기억하기 위한 방법으로 소개했던 시각적 기억술이다. 기억시스템은 2개의 덩어리로 만들어졌고 이들을 조직화하기 위해 시각적으로 배열되어 제시되었다.

작업기술은 이러한 기억기술을 만들어내고 사용할 때 핵심이 된다. 형성단계에서 집행과정은 어떤 종류의 기억 도우미를 만들지 결정한다. 집행과정은 계획하고, 상상하고, 덩어리를 결정하기 위해 노력하고 이를 형상화하는 이미지를 찾는다. 작업기억의 시각적이고 언어적인 영역에서 사용 가능한 디자인이 평가되고 다듬어진다. 기억술을 사용해야 할 때가 되면 작업기

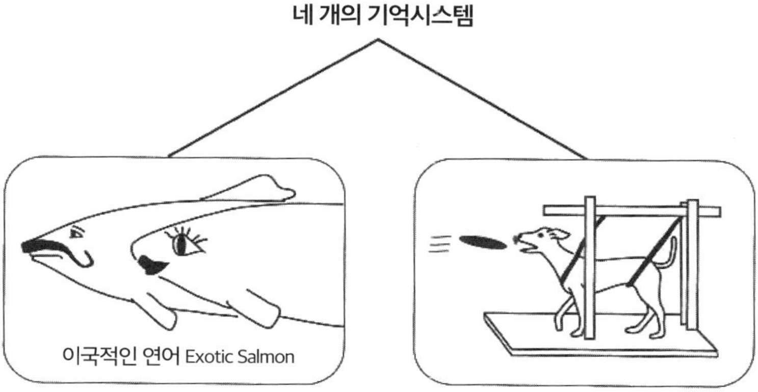

1장에서 소개된 4개의 기억시스템을 위한 시각적 기억술.
정보의 덩어리로 조직화됨.

억은 이미지를 단서로 장기기억에서 정보를 가져오는 동안 그 이미지를 보유한다.

다음 장에서 우리는 작업기억의 가장 중요한 관리 과정인 주의에 대해서 다룰 것인데 이는 초점이 분산되지 않고 한 과제에 유지되는 능력을 말한다. 주의는 일상생활에서의 기억의 핵심적인 요소인데 기억기술에서도 그렇다. 주의가 기억과 연관되어 있다는 사실은 놀라운 일은 아니나 이 관계가 나타나는 방법을 보면 아마 놀랄 것이다.

기억연구소: 그림 우월성 효과(the picture superiority effect)[16)]

전 시대에 걸쳐 시각적 이미지가 기억술과 기억교사들에게 인기가 많은 이유 중의 하나는 시각이 인간의 강한 감각이기 때문이다. 우리의 놀라운 시각적 능력은 영장류 조상들과 직접적으로 연결된다. 연구자들은 약 50%의 영장류 뇌피질이 시각적 정보 처리에 관여하고 있다고 추정하는데[17] 이는 시감각이 특별히 좋은 하드웨어를 가지고 있음을 보여준다.

우리의 시각적 강점이 실제적으로 적용되는 예가 심리학자들이 말하는 "그림 우월성 효과"이다. 기억정보를 언어적 형식에서 시각적 형식으로 바꾸는 것만으로도 종종 기억을 돕는다. 전형적인 예로 사람들한테 넥타이, 실꾸러미, 기차, 돼지, 바늘 같은 구체적인 단어들의 목록을 주고 일정 시간동안 외우도록 한다. 이 목록들은 글자로 제공되거나 그림으로 제공되는데 사람들이 목록을 그림으로 본 경우 더 잘 기억한다는 결과가 일관되게 나타난다.

이 기억연구소에서 나는 이 장에서 제시한 작업기억의 이론을 좀 더 시각적인 형식으로 기억함으로써 그림의 효과를 시험해볼 것을 제안한다. 먼저 다음 페이지의 도표를 보라. 이는 중요한 정보를 단어로 정리한 것이다. 그림 우월성 효과는 이것이 좀 더 시각적이라면 기억하기 더 쉬울 것이라는 것이다.

시각적인 형태는 그 아래에 있는데 기호들이 이론의 주요 요인들을 나타낸다. 손전등은 주의를 나타내고 도표는 계획을 나타낸다. 귀, 눈, 그리고 플러그는 장기기억 이론의 세 개의 다른 저장소를 묘사하는 것이다. 그러나 이 새로운 도표에는 중요한 전제가 있다. 내가 선택한 특별한 기호들은 내 기억을 돕는 데 효과가 있어야 한다. 그림 우월성 효과를 제대로 얻기 위해서는 기호들이 자신에게 의미 있는 것이어야 한다. 그래서 그것들을 떠올릴 때 무엇을 의미하는 것인지를 알게 되는 것이다. 만일 내가 제시한 기호들이 당신에게 맞지 않는다면 당신에게 맞는 것으로 얼마든지 바꿀 수 있다.

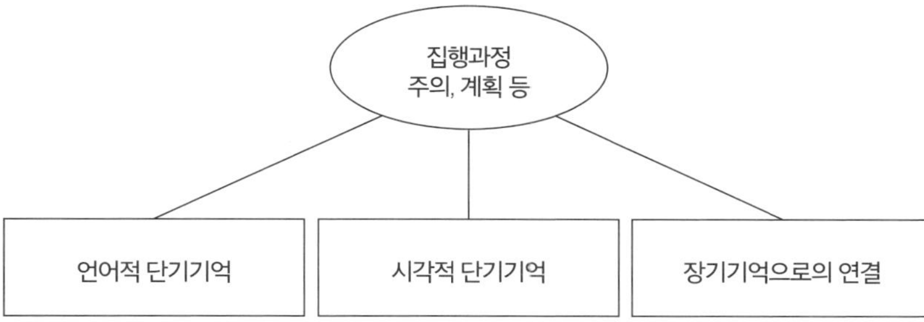

단어로 제시된 작업기억시스템

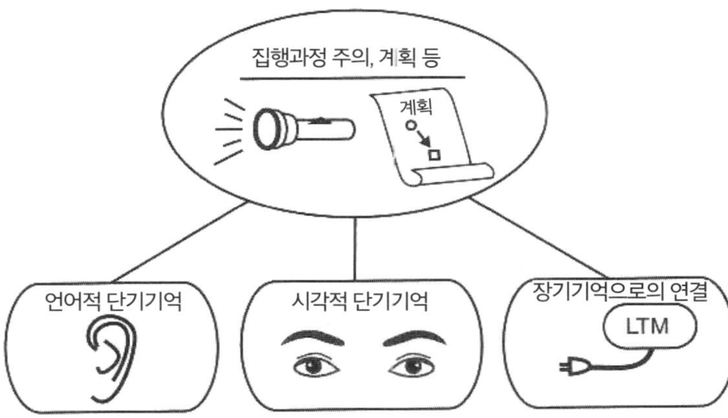

그림으로 표현된 작업기억 시스템

그림 형식의 이용

이론 기억을 돕기 위해서는 이 도표를 당신의 기억시스템에 단단히 심어야 한다. 가장 좋은 방법은 이것을 기억해내는 것을 연습하는 것이다. 새로운 도표를 열심히 본 다음에 눈을 감고 다시 떠올려라. 이 기억 도우미가 더 오래 지속되게 하려면 몇 번이고 반복해서 연습할 필요가 있을 것이다. 어떻게 하는 것이 더 나은지는 이후에 또 설명하도록 하겠다.

3장 주의력: "좋은 기억의 비결"

Attention: "The Secret of Good Memory"

1967년 8월의 어느 저녁,[01] UCLA의 로스 현악 사중주팀의 바이올린 연주자인 데이비드 마겟츠David Margetts는 저녁 10시경 베토벤의 곡을 여러 번 연습한 뒤 집으로 가기 위해 차로 향했다. 그는 UCLA 음악대학에 기증되었던, 80만불 정도의 가치를 지닌 18세기 스트라디바리우스를 가지고 있었다. 집으로 가는 길에 가볍게 뭔가 먹기 위해 파사데나 남쪽에 있는 식당 Gus's Barbeque로 가기 전에 그는 우유와 오렌지 주스를 사기 위해 편의점에 잠깐 들렀다. 15분 쯤 후 차로 돌아왔을 때 그는 바이올린이 차에 없는 것을 발견했다. 그는 패닉에 빠졌다.

그를 힘들게 한 것 중의 하나는 바이올린이 처음부터 그의 차에 있었는지 없었는지조차 확신할 수 없었다는 것이다. "바이올린을 잃어버린 후 얼마나 시간이 흘렀는지 모르지만," 그는 나중에 말했다. "별별 생각이 다 들었다."

새벽 12시 40분 경찰에 신고했을 때 그는 바이올린을 차 지붕 위에 올려놨었을 가능성이 높다고 말했다.

그러나 나중에 자꾸 생각할수록 그는 바이올린을 차 안에 두었었다는 생각이 들었다. "나는 문을 열기 위해 물건들을 바닥에 둔 기억이 나요" 그는 나중에 증언했다. "나는 가방을 넣고 의자 뒤에 활 가방을 놓고, 보면대를 넣고, 그리고 나서 스트라디바리우스를 차 안에 넣었어요." 가능성은 두 가지로 하나는 도난당했거나 다른 하나는 움직이는 차에서 우연히 떨어졌거나인데 이는 매우 다른 경우였다. 그가 차문을 잠그지 않고 있었던 유일한 곳은 편의점이었기 때문에 도난이 일어났다면 편의점에서 일어났을 것이다. 만약 바이올린이 차에서 떨어졌다면 주차장에서 나올 때 그랬을 것이다. 그러나 당황한 마겟츠는 그가 다른 물건들을 싣는 동안 바이올린을 차에 두었는지 아니면 차 지붕에 올려놓았는지에 대한 명료한 기억이 없었다. 그 결정적인 행동은 사용할 수 있는 기억이 되지 못하였다.

마겟츠와 UCLA 대학은 이 악기를 되찾기 위해 그들이 할 수 있는 모든 일을 했다. 뉴스에 광고를 내기도 했고 전당포와 악기점에 이 사실을 알려놓았으며 경찰과 FBI와도 연락을 취했다. 그러나 27년 동안 바이올린은 실종상태였다. 그런데 1994년의 어느 날 어떤 바이올린 선생님이 한 학생의 악기를 바이올린 수리로 저명한 악기점으로 가져왔다. 가게 주인은 즉각적으로 이 바이올린이 매우 특별하고 어쩌면 진짜 스트라디바리우스 일 것임을 알아보았다. 지금까지 남아있는 많은 스트라디바리우스를 사진을 찍어 카탈로그로 만들었는데 이 바이올린 역시 이 카탈로그에 실려 있었다. 이 바이올린은 초기 소유자들 이후로 "알칸타라 백작(Duke of Alcantara)"으로 알려져 있었다. 일단 악기가 확인된 후에 이것이 거의 30년 전 UCLA 대학에서 실종된 그 바이올린임이 이내 밝혀졌다.

그 학생은 그 바이올린을 자신의 전남편에게서 받았는데 전남편은 이를 바이올린을 연주했던 은퇴한 스페인어 교사인 그의 이모에게서 받았음이 밝혀졌다. 1979년 그의 이모는 사망할 즈음 바이올린을 침대 밑에서 꺼내서 자신의 조카에게 주면서 바이올린을 고속도로 진입램프 옆에서 찾았다고 말했다. 계속되는 협상과 합의금을 치룬 후 그 스트라디바리우스는 UCLA로 돌아가서 지금까지 그곳에 있다.

우리의 질문은 마겟츠가 그 8월의 어느 날 저녁 스트라디바리우스를 차 안에 두었는지 아닌지를 기억하는 것이 왜 그렇게 어려웠는가이다. 그는 어디를 갔는지 무엇을 샀는지 차를 잠궜는지 아닌지 어디에 주차를 했는지 같은 다른 세부적인 사항은 분명하게 기억하고 있었다. 그러나 그가 매우 소중하게 생각하는 물건에 이르러서는 기억이 흐려졌다.

마겟츠의 기억착오에 관한 가장 설득력 있는 설명은 이 장의 주제인 주의(attention)와 관련 있다. 이동 중 그가 주의를 기울였던 사항들은 나중에 충분히 기억되었지만 주의가 분산되었을 때 일어난 일들은 약하고 믿을 수 없는 기억으로 연결된 것이다. 그리고 그의 주의는 그가 운전할 때, 거의 자동화된 익숙한 행동에서 쉽게 흐트러졌었다. 그는 아마 다른 생각을 했었을 수 있다. 그가 연주회를 위한 리허설 시간 안에 매끄럽지 않은 부분을 고칠 수 있었을 것인가? 그가 기름을 넣기 위해 멈추었어야 했나 아니면 아침까지 기다렸었어야 했나? 물론 우리는 알 수 없다. 그러나 행동으로부터 주의를 이동시키는 모든 일은 우리의 기억에 영향을 미친다.

열쇠를 어디에 두었는지, 가스를 잠궜는지, 혹은 약을 먹었는지 기억할 수 없을 때 이를 이해하게 된다. 우리가 비록 예사로 "열쇠를 어디에 두었는지 잊어버렸어." 라고 말하지만 잊었다는 것은 틀린 말이다. 왜냐면 애초에 잊을 것이 없었기 때문이다. 그 행동이 일어났을 때 주의를 기울이지 않았기 때문에 기억 자체가 처음부터 형성되지 않은 것이다.

주의와 기억의 관계는 새로운 것이 아니다. 19세기 말 유명한 '생각 사전(The dictionary of thoughts)'의 저자인 타이런 에드워드Tyran Edwards는 이렇게 말했다. "좋은 기억의 비결은 주의력이다."[02] 그 이후로 주의력에 관한 연구가 진행되었고 나타난 결과들은 에드워드가 생각한 것만큼 간단한 것은 아니었다. 중요한 발견 중의 하나는 다른 종류들의 주의가 존재하고 이들은 각각 기억에 다르게 영향을 미친다는 것이다. 에드워드가 생각했던 주의는 우리가 "하향식 주의(top-down attention)"라고 부르는 것이다. 그날 밤 마겟츠의 여러 행동에는 이것이 필요했다—편의점에 간 것, 차문을 잠그지 않은 것, Gus's Barbeque로 운전한 것. 이 행동들 중 어느 것도 생각하지 않고 하는 습관이 되기에는 일상적이지 않은 일들이었다. 각각 집행 행동, 의식적인 목표, 그리고 하향식 주의가 필요했는데 이는 명시적 기억을 만들기 위해 필요한 조건들이다. 마겟츠가 바이올린을 차에 싣기 전 뒷좌석의 물건들을 다시 정리할 필요가 있었다면 그의 기억은 혼동되지 않았을 것이다. 매끄럽게 진행되는 습관이 아니었으므로 그는 악기를 위한 공간을 만들기 위해 필요한 계획을 세우고 자리를 재조정하기 위해서 작업기억의 집행과정을 사용했었어야만 했을 것이다. 이는 정교한 주의력을 필요로 했었을 것이고 그 일을 기억했었을 것이다.

그러므로 마겟츠가 겪은 곤경을 피하기 위한 가장 좋은 방법은 하향식 주의를 전경으로 불러오는 방법을 찾는 것이다. 이는 열쇠를 내려놓으면서 "열쇠는 탁자 위에"라고 일부러 혼잣말을 하거나 가스밸브를 잠근 후에 손가락을 흔들거나 혹은 약을 먹은 후 약통을 다른 곳에 넣는 것만큼이나 쉬운 일이다. 요점은 일상적인 일의 최소한 한 단계라도 의식적이고 의도적인 행동으로 만드는 것이고 그래서 하향식 주의를 활성화시키고 기억을 강화시키는 것이다.

하향식 주의는 작업기억과 장기기억에 모두 도움이 되지만 작업기억의 기초가 되기 때문에 특히 작업기억과 밀접하게 연결된다. 정보는 하향식 주의를 통해 작업기억으로 들어오고 작업기억이 보유할 수 있는 정보의 양은 주의를 유지할 수 있는 능력에 달려있다. 길을 묻기 위해 차를 멈출 때 이 점을 기억하라. 만일 가는 방법이 복잡하다면 들을 때 주의를 기울이는 것이 좋다. 그렇지 않으면 들은 내용이 기억나지 않을 것이다.

인지학자인 랜달 잉글Randall Engle, 마이클 케인Michael Kane, 그리고 그의 동료들은 주의와 작업기억 간의 관계에 대한 최고의 증거를 제공하였다. 그들은 대학생들이 가진 작업기억 용량이 다르다는 것을 알았고 이것이 그들의 주의 통제력과 얼마나 밀접하게 연관되어 있는지 보기 위한 연구를 진행하였다. 그들이 사용한 주의력 검사 중의 하나가 아래 그림에 있다.[03] 학생들은 신호가 X 마크의 왼쪽 또는 오른쪽에서 깜빡거리기 전까지 컴퓨터 스크린 중앙의 마크를 쳐다보다가 신호가 깜빡거리면 그들의 눈을 즉각적으로 스크린의 반대쪽으로 이동해서 깜빡거리는 신호를 보지 말아야 하는 것이었다. 눈은 자

주의 통제 과제

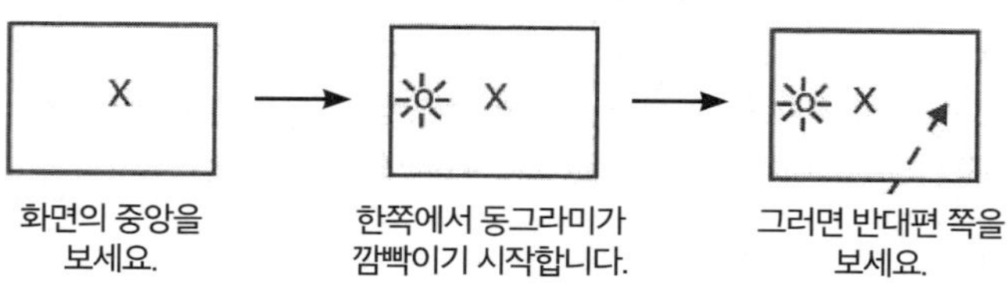

연스럽게 깜빡거리는 물체를 따라가기 때문에 이 과제는 쉬운 일이 아니었고 다른 방향을 보기 위해서는 주의를 엄격하게 통제하는 것이 필요하다. 겉으로 보기에 이 실험은 작업기억과 상관없는 일처럼 보이지만 만약 주의가 작업기억의 기초라면 시선을 조절하는 능력은 기억력 검사의 수행을 예측할 수 있어야만 한다. 그리고 그와 같은 결과가 나왔다. 주의 조절에서 나은 수행을 보인 학생들은 더 높은 작업기억 용량을 가지고 있었다.

왜 이렇게 되는가? 주의조절과 작업기억간의 관계는 정확히 무엇인가? 설득력 있는 설명은 주의력이 작업기억 자원들을 소비하는 산만함을 방지한다는 것이다. 좋은 주의조절을 가진 사람들이 숫자 거꾸로 외우기 같은 작업기억 검사를 받을 때 그들의 우세한 주의기술이 숫자에 집중할 수 있게 함으로써 모든 기억 용량을 검사에 쓸 수 있게 유지시킨다. 그 결과 검사에서 좋은 수행을 보인다. 그러나 주의조절이 약하면 방의 소음이나 잡생각 같이 관련없는 자료들이 작업기억에 들어오고 이것이 숫자를 기억하는 용량을 감소시킨다. 그러므로 검사결과에서 낮은 점수를 보인다. 많은 연구들이 이 아이디어를 지지하는데 작업기억에 남아있는[04] 유용한 자료들의 양이 주의를 유지할 수 있는 능력으로 연결되고 작업기억의 제한적인 용량은 관련 있는 자료들만을 위해 전적으로 사용될 수 있다.

스타벅스에서 라떼를 마시며 소설을 읽고 있다고 생각해보면 이를 더 잘 이해할 수 있다. 다른 손님들이 수다를 떨고 그 배경에 음악이 흐른다면 당신의 주의는 요동칠 수 있다. 옆 테이블에서 순간적으로 대화가 이동하면 당신이 들은 대화의 한 부분이 작업기억으로 들어와 그 제한된 용량을 소모하며 소설의 단어를 대체하므로 방금 읽은 문장을 다시 읽어야 함을 알게 된다. 당신의 작업기억을 가장 잘 이용하는 방법은 주의를 유지하는 것이다.

하향식 주의는 사건들과 사실들에 관한 새로운 장기기억을 만들기 위해서도 필요하다. 그런데 장기기억에서 이것이 담당하는 역할은 작업기억에서와는 다른데 왜냐하면 주의는 장기시스템으로 진입하는 데에만 필요하기 때문이다. 다른 요인들 즉 그 기억의 중요성, 이와 연관된 정서, 기억의 이용 빈도 같은 내용은 새로운 기억이 얼마나 견고할 지를 결정한다. 당신은 일상 대부분의 일에 주의를 기울인다. 오늘 무엇을 먹었는지, 어제 어떤 옷을 입었는지, 당신이 집을 나설 때 당신의 배우자가 무슨 말을 했는지. 그래서 이들은 처음에는 장기 시스템에 등록되지만 이 사건들은 개별적이고 인과관계가 없으므로 나중에 잊혀 진다. 주의가 이들이 새로운 기억으로 남을 지를 보장하지는 않지만 하향식 주의 없이는 기억 자체가 없을 것이다.

주의의 다른 형태들
The other forms of Attention

하향식 네트워크만이 주의의 유일한 형태는 아니다. 다른 주의 네트워크들 역시 우리 세계에 영향을 미친다. 이 네트워크들이 하향식 네트워크와 경쟁하면서 이것이 지원하는 기억운용을 방해할 수 있다. 이 침입자들을 조사하기 전에 먼저 우리의 주의를 이끄는 것이 단지 하향식 시스템만이라면 그것은 재앙에 가까울 것이라는 것을 기억하라. 이를 이해하기 위해서 잠깐 시간을 거슬러가서 열매를 따고 있는 선사시대 조상 중의 한 명에게 맹수가 다가가고 있는 장면을 상상해보라. 수상한 소음이나 그림자가 그의 주의를 열매로부터 다가오는 위협으로 이동시키지 않는 한 그는 이 맹수의 점심식사가 될 운명에 처해 있다. 바로 여기에서 상향식 주의(botton-up attention)가

드러난다. 상향식 시스템에서 감지된 의심스러운 소리는 즉각적으로 열매를 따는 행동을 방해하고 사람의 정신적 자원을 그가 직면한 위험으로 재집중시킨다.

이 두 가지 형태의 주의가 서로 다른 목적을 만족시키기 위해 함께 진화되었다.[05] 한 편으로 주의는 하루의 식사를 위해 충분한 열매를 따는 것처럼 그 순간의 과제에 묶여있어야 한다. 그러나 다른 한편으로는 만일 위험한 동물의 출현 같이 운 나쁜 일이 일어나게 된다면 주의를 즉각적으로 이동해야만 한다. 이는 까다로운 균형이다. 만일 하향식 주의가 너무 쉽게 방해받는다면 우리의 선조는 뿔뿔이 흩어지고 무력해졌을 것이다. 그러나 만일 상향식 주의가 너무 약하면 맹수의 먹이가 되었을 것이다. 주의 시스템은 이 두 가지 요구를 조화롭게 유지하기 위해 진화적으로 정교하게 이루어진 조율의 결과이다.

광고인들은 상향식 시스템이 그 순간 당신이 하고 있었던 모든 일로부터 당신을 끌어당기는데 주효하다는 것을 잘 안다. 스크린 위에서 당신이 읽고 있던 기사의 가장자리에 갑자기 나타나는 광고들은 당면한 과제들로부터 주의를 끄는데 인상적인 기록을 세웠다. 이러한 접근은 라스베이거스 같은 환경에서 극대화되는데 광고 문구와 이미지들이 춤을 추고 색이 바뀌고 저항할 수 없는 주의력 자석을 만들기 위해 소음을 만든다. 우리는 주의를 기울일지 결정하지 않는다. 저절로 주의가 간다.

기억 문제를 일으키는 것은 바로 상향식 주의의 침입적인 성질이다. 파티에서 누군가를 소개받던 때 옆에서 들리는 웃음소리에 주의를 빼앗기면 나중에 그 이름을 기억 못한다는 것을 알게 된다. 예기치 않은 상향식 사건들은 새로운 기억 생성에 필요한 하향식 주의를 방해함으로써 기억 생성을 잠재적으로 방해할 수 있다. 만일 요리법을 보며 스프를 만들려고 할 때 어린아이가 울거나 전화벨이 울리면 기억을 새롭게 하기 위해 요리책을 다시 봐야할 지도 모른다. 나는 이러한 주의분산을 다루기 위한 제안들을 몇 페이지에 걸쳐서 설명할 것인데 그 전에 최근에 발견된 세 번째 주의 네트워크에 대해서 살펴볼 필요가 있다.

세 번째 네트워크는 신경학적으로 다른 두 시스템과 구별되고 완전히 다른 형태의 주의[06]를 담당하며 이 역시 잠재적으로 하향식 시스템을 방해할 수 있다. 이 네트워크는 외부 세계를 향하는 것이 아니라 내부에 초점을 맞춘다. 이는 멍해지거나 주변에서 일어나는 일을 파악하지 못할 때 경험된다. 과학자들은 이를 "디폴트 모드 네트워크(default-mode network)"라고 부르는데 이는 우리 몸 바깥의 세계에 초점이 맞춰지지 않을 때의 주의를 조절한다. 이는 백일몽을 꾸거나 어떤 문제로 노심초사 하거나 무슨 일을 할지 계획을 세우거나 추억에 잠길 때 활성화된다. 즉 우리가 우리 내부의 세계에 있을 때 활성화되는 것이다. 다음 페이지에 있는 도표는 이 디폴트 모드 네트워크가 각기 다른 세 주의 시스템의 하나로 어떻게 자리 잡고 있는지를 보여준다. 이는 인지적 장치가 아무 일도 하지 않을 때 정신적 활동을 채우는 특별한 역할을 담당한다. 즉 외부 세계가 우리의 주의를 끌지 않으면 이 특별한 네트워크가 차고 들어와서 우리의 주의를 내부로 끌어들인다.

이 디폴트 모드는 때때로 문제를 신중히 생각하거나 미래의 계획을 세우는 것처럼 유용한 목적과 연결되지만 종종 자유로운 연상이나 백일몽, 상관없는 생각들을 만들어낸다. 우리 모두 "거기 있지 않은" 사람의 멍한 모습을 잘 안다. 이 사람은 정신적으로 멀리 가 있는데 자신의 내부 생각이 외부 세계를 이긴 것이다. 그 순간 디폴트 모드 네트워크가 쇼를 펼친다.

주의의 세 가지 모드

이 디폴트 모드는 상향식 사건을 방해하는 것처럼 하향식 활동도 분산시킬 수 있다. 잡지 기사를 읽는 동안 많은 생각들이 떠올라서 방금 읽었던 문장이 무엇이었는지 전혀 알지 못했던 적이 있었는가? 연구자 조나단 스몰우드Jonathan Smallwood는 이런 종류의 기억 착오를 "멍 때리기(zoning out)"[07]라고 부르는데 우리 모두 이를 직접 경험해 본 적 있다. 디폴트 모드가 작동하면 의미 있는 책읽기는 멈춘다. 이 멍 때리기는 사람들의 눈 운동으로도 알 수 있다. 한 연구에서는 참여자들에게 눈 추적장치(eye tracking device)를 달고 이들이 책을 읽을 때[08] 각 순간에 정확하게 어떤 단어에 초점을 맞추는지를 기록하였다. 연구자는 정기적으로 참여자들에게 그들이 멍하게 있는지 아니면 충분히 집중하고 있는지를 물어보면서 방해를 하였다. 참여자들이 읽기에 충분히 집중하고 있다고 보고했을 때 방해를 받기 직전 그들의 눈 운동은 일정하지 않게 나타났는데 어떤 단어에서는 빨라지고 어떤 단어에서는 느려지곤 했다. 이것은 정상적인 읽기의 특징이다. 우리는 예를 들어 "ascertain(명백히 하다)" 같이 잘 쓰지 않는 단어에서는 좀 더 머무르고

"accepted(수용되었다)" 같이 익숙한 단어에서는 빨리 넘어간다. 그런데 책을 읽는 사람이 멍해지면 그들의 눈은 단어에 상관없이 좀 더 고른 수준으로 움직이는데 이는 그들이 읽은 것의 의미를 파악하지 못한 채 읽는 행위만 반복하고 있다는 것을 보여주는 표시이다.

멍 때리는 것은 그동안 읽은 특정 부분을 기억하는데 영향을 줄 뿐 만 아니라 전체적 문맥의 이해를 저하시킨다. 이는 읽기가 정보의 여러 조각들을 다 모아서 전체적인 내러티브로 모으는 것이기 때문이다. 더 자주 멍해질수록 특정부분 만이 아니라 전체적인 의미에 대한 이해는 더 빈약해진다.

멍 때리는 것은 하향식 과정들과 디폴트 모드 사이에서 주의가 어떻게 이동하는지를 보여준다. 이는 순간순간 우리의 의식적인 경험의 초점을 결정하기 위한 주의 네트워크 간의 지속적인 경쟁의 예이다. 이 경쟁은 복잡한 곳에서 친구와 대화하거나 앞에 놓인 일에 집중하기 위해 애쓸 때 더 명백해진다. 주의력이 하향식 네트워크에 의해서 조절될 것인가? 아니면 상향식 네트워크에 의해서? 디폴트 모드? 경쟁의 규칙은 간단하다. 한 번에 한 가지 네트워크만 활성화되고 이기는 시스템이 다른 시스템을 방해한다. 그 결과 무엇을 기억하고 무엇을 잊는지, 그리고 세계를 어떻게 다루는지가 결정된다.

주의분산 상황
Distracting Situations

새로운 기억을 확립해야 할 때는 하향식 주의가 주로 활동한다. 기억운용의 성공과 실패는 종종 하향식 주의가 다른 두 시스템보다 우위에 있어서 그들의 분산을 막을 수 있는지에 달려있는 경우가 많다. 좋은 기억을 위한 비결이 주의이듯 좋은 주의를 위한 비결은 주의분산을 피하는 것이다. 그러나 불행히 실제보다 말이 더 쉽다. 다음은 주의력을 시험하는 일반적인 환경이다.

잘 연습된 활동들

이것이 바로 마겟츠를 곤란에 빠트리고 스트라디바리우스를 엉뚱한 곳에 가게 한 것이다. 행동이 자동화되면 언제나 하향식 주의는 선택적이 되고 당신의 생각은 디폴트 모드가 조정하는 대로 산만해지기 시작한다. 일단 이렇게 되면 기억 손실이 실제로 일어난다.

다중수행

현대인의 삶을 정의하는 이 특징은 특히 하향식 주의를 요구한다. 당신이 고객과 통화를 하고 있을 때 컴퓨터의 삐삐소리가 당신의 주의를 스크린으로 끌어당긴다. 대화를 계속하면서 이메일에 답을 하려고 시도하는 동시에 15분 후에 시작될 오후 회의에 늦기 않기 위해 시계를 계속 본다. 요즘 시대에 다중수행을 피할 실질적인 방법은 없다. 그러나 이는 인지적 장치의 기본적인 통로를 거스르는 것으로 우리는 한 번에 한 가지 일에만 하향식 주의를 쏟을 수 있기 때문이다. 전화와 이메일, 그리고 시계와 씨름을 할 때 정신적으로 그들 간을 왔다 갔다 해야 한다. 이메일에 집중하면 다시 초점이 돌아오기 전까지 통화로 가는 주의는 지연 되어야만 한다. 이러한 전환과 함께 수행과 기억은 비효율과 손실 위협을 받는다. 아마 통화내용 중 중요한 세부사항을 잊거나 이메일에 답을 할 때 뭘 쓰려고 했는지 기억나지 않거나 또는 시계 보는 것을 잊어버려서 회의에 늦을지도 모른다.

다중수행에서 주의 전환은 즉각적으로 작업기억의 저해로 나타난다. 주의가 전화에서 스크린으로 옮겨갈 때 대화를 위한 단어 기억은 줄어들고 이메일 내용이 작업기억의 초점이 된다. 다시 전화에 집중하면 대화의 세부사항이 다시 확립되어야 하는데 여기서 문제가 발생한다. 연구자들은 과제 전환 이후의 작업기억 회복이 때때로 불완전하여서 기억 실패를 가져온다는 것을 밝혀냈다.[09] 비록 모든 사람이 영향을 받기는 하지만 나이 든 성인의 경우 특별히 이런 종류의 작업기억 문제에 취약하다. 아무리 최선을 다한다고 해도 다중수행은 한 번에 한 과제를 수행하는 것보다는 덜 효율적이다.

불안에 근거한 산만함

연설, 시험, 구직 인터뷰, 첫 데이트 같이 중요한 사건이 다가오고 있고 그것을 잘 해낼지 걱정하고 있다고 생각해보자. 심장이 두근두근 할 것이다. 그러나 대개 불안 자체가 가장 큰 위험은 아니다. 그 이후의 일이 진짜 문제를 일으킨다. 불안은 디폴트 모드 네트워크를 가속화시켜서 당신의 주의를 내부로 돌린다. 시험불안이 있는 학생을 생각해보라. 책상에 시험지가 놓이면 불안한[10] 생각의 물결이 주의를 휩쓴다.

"아무 것도 모르는 것 같아. 내가 왜 이러지?"
"이 시험을 망치면 학점이 날아가고 말겠지"
"다른 사람들은 아무도 시험 보는 데 문제가 없는 것 같아"

이 학생이 자신의 상황에 대해 안절부절 할수록 작업기억은 시험이 아니라 불안한 생각에 사로잡힌다. 그래서 모든 인지적 능력을 시험에 쏟는 대신 자신의 고통을 반추하는데 쏟는다. 만일 디폴트 모드 네트워크가 이기게 된다면 그가 최고로 두려워하는 일이 현실이 된다. 그리고 만약 그렇게 되면 자신의 기억을 문제 삼겠지만 진짜 문제는 탈선한 하향식 주의이다.

목표에 대한 약한 동기

하향식 주의는 오로지 그 순간의 목표에 집중된 정신적 자산을 유지시키는 것이다. 동기가 강하고 목표가 분명할 때 주의는 강하고 날카로우며 큰 힘을 들이지 않고 유지된다. 우리는 모두 지금 하고 있는 일에 완전히 몰두하여서 다른 일은 눈에도 들어오지 않는 상황을 경험한다. 이런 경우에는 다른 네트워크가 침투하지도 않고 주의분산이 일어나지도 않는다. 그러나 동기가 약할 때는 하향식 주의를 혼란시키는 것은 쉽다. 스쳐지나가는 생각이나 방의 소음도 주의를 다른 곳으로 쉽게 돌릴 수 있다. 동기가 약할 때 주의를 유지하기 위해서는 과제에 애써 머무르기 위한 의지적 노력이 필요하다. 이는 학생의 리포트를 채점하는 교사 또는 지루하지만 사회적으로 필요한 상사와의 수다에 잡혀있는 직장인들에게 일어날 수 있다. 이 둘 다 쉽게 주의가 흩어질 수 있고 이때의 기억 손실은 난처한 실수로 이어질 수 있다. 동기가 강화되지 않는 한 산만함과의 싸움은 지속될 것이다.

주의를 유지하는 것
Staying Focused

주의 분산을 어떻게 막을 것인가? 하향식 주의력을 유지시키는 간단한 비법은 없지만 도움이 될 수 있는 전략은 있다.

주의가 흩어지려고 할 때 혼잣말을 하라

운동선수와 코치들은 이 전략을 매우 잘 알고 있다.[11] 운동선수들은 상향식 시스템을 가동시키는 외부 자극에 쉽게 흔들릴 뿐만 아니라 디폴트 모드를 작동시킬 수 있는 걱정, 불안, 염려를 가지고 있다. 어떤 경우든 그들의 하향식 시스템은 방해를 받고 수행이 저해된다. "공에서 눈을 떼지 마", "킥을 써", 또는 "나는 할 수 있어" 같은 혼잣말은 주의를 집중시키고 동기를 강하게 유지시킨다. 혼잣말은 긍정적이고 그 순간의 목표에 맞춰져 있기만 하면 된다. "그냥 하는 거야"[12] 같은 간단한 문장이나 "내가 이것을 할 것인가 말 것인가?"[13] 같은 질문들도 당신의 주의를 유지시킨다. 혼잣말이 시험불안이 있는 학생들에게 시험 자체에 집중할 수 있도록 도와준다는 것[14]이 밝혀졌는데 이는 대화 중에 딴 생각이 나는 것을 피하는 것, 운전하는 동안 길가의 다른 것들을 무시하는 것, 이메일에 답을 하거나 보고서를 작성하는 동안 인터넷 검색을 하고 싶은 욕구를 참는 것 같은 다른 다양한 상황에서도 적용 가능하다.

주의가 흐트러질 때 자신의 호기심을 깨워라

우리는 모두 재미없는 강의나 지루한 회의, 또는 생기 없는 저녁 모임 동안 집중을 유지하려고 애쓴다. 낮은 동기는 하향식 주의를 투쟁하게 만든다. 당신의 주의를 북돋우는 한 가지 방법은 의도적으로 호기심을 불러일으키는 것[15]인데 호기심은 목표지향적인 뇌 구조를 활성화시킴으로써 동기를 증진시킨다. 일단 이 영역이 활성화되면 하향식 주의는 자연스럽게 형성된다. 19세기 심리학자 루벤 할렉Reuben Halleck은 다음과 같이 자신의 견해를 밝힌다.

흥미가 없으면 주의가 확고하게 유지되지 않는다고 말할 때[16] 우리는 피상적이거나 변덕스럽지 않은 사람은 누구나 대부분의 일에서 뭔가 흥미로운 것을 발견한다는 사실을 잊지 말아야 한다. 이 교양 있는 사람들은 가장 흥미롭지 않은 조개에서 진주를 발견할 수 있도록 주의를 기울이는데 있어서 특별한 우월함을 보여준다. 하나의 시각에서 볼 때 흥미 없는 대상이라도 이 사람들은 그 안에서 새로운 속성을 발견한다.

호기심은 호기심이 향상시키는 하향식 주의 외에도 다른 기억 이득을 준다. 호기심을 만족시킨 새로운 정보는 기억자료에 첨가되는데 이는 기억력을 증진시키는 것으로 알려져 있다. 그래서 당신이 방금 만난 사람에게 이름이 "Vickie"인지 "Vicki"인지 아니면 "Vicky"인지 물어보면 당신의 주의가 그 이름에 집중될 뿐만 아니라 주의를 유지하는데 도움이 되는 다른 사실 즉 정확한 철자도 알게 되는 것이다.

따분한 활동을 할 때는 도전을 만드는 것이 도움이 된다

주의를 향상시키는 한 가지 방법은 과제를 좀 더 도전적으로 만드는 것이다. 그래서 필요한 곳에 주의가 자연스럽게 가도록 하는 것이다. 이 문제를 집중적으로 연구한 심리학자 미하일 칙센미하이Mihaly Csikszentmihalyi는 도전이 적정한 수준일 때 과제는 주의를 집중시킬 뿐만 아니라 '몰입(flow)'이라고 부르는 상태를 만드는 보상적 경험을 제공한다는 사실을 알아냈다.

몰입은 사람들이 시간, 피로, 활동 이외의 다른 모든 것을 잊는 지점까지[17] 완전히 무엇엔가 몰두할 때 경험하는 주관적인 상태이다. 몰입을 결정짓는 특징은 순간순간의 활동에 대한 강한 체험적 관여이다. 주의는 당면한 과제에 충분히 투여되고 그 개인은 최고의 능력을 발휘한다.

칙센미하이에 따르면 몰입을 만드는 핵심은 도전할만한 그러나 이룰 수 있는 특별한 목표를 만드는 것, 그리고 즉각적인 피드백을 받음으로써 자신의 수행을 평가할 수 있는 자원을 갖는 것이다. 일상적이라서 우리의 주의를 끌지 않는 평범한, 예를 들어 선물을 포장하고 셔츠를 다리는 것 같은 행동조차 조건이 맞는다면 몰입의 경험을 제공할 수 있다. 빨래라는 과제를 생각해 보자. 옷을 모으고 흰 빨래와 검은 빨래를 구별하여 이들을 세탁기에 집어넣고 나중에는 탈수기에 넣으며 꺼내서 개어 제 자리에 넣는다. 이런 일상에 도전을 더하기 위해서 당신은 좀 더 효율적으로 일하거나(즉 불필요한 움직임을 줄임), 더 철저하게 하거나(양말 하나도 빠뜨리지 않는 것), 그리고 더 빨리 할 수 있을 것이다(전체 시간을 줄임). 당신의 발전을 관찰하고 노력을 때맞춰 하며 피드백을 얻을 수 있다. 도전이 적절하고 몰입이 확립되면 하향식 주의는 쉽게 얻어지고 기억이 향상된다.

이러한 접근은 그룹에서 사람들의 이름을 기억하거나 또는 기술적인 논문에서 정보를 습득하는 것 같이 일차적인 목표가 기억인 상황에 적용가능하다. 특별한 목표를 설정하고 수행을 점검함으로써 흥미가 낮은 과제를 매력있는 게임으로 바꾸는 데 이는 일도 덜 부담스럽게 만들 뿐 아니라 강한 기억을 만든다.

기억을 배우는 데 있어서 핵심 과정은 주의이다. 이는 기억시스템에 무엇이 들어갈지 결정할 뿐만 아니라 나중에 살펴보겠지만 기억으로부터 무엇을 소환할지 결정한다. 그러나 주의는 강한 기억을 얻는 단지 첫 단계일 뿐이다.

다음 장에서는 견고하고 오래 지속되는 기억을 위한 주의력을 만드는 방법들에 대해 이야기하겠다.

기억연구소: 시각적 기억술을 디자인하기

여기서는 시각적 기억술을 발전시키는 과정으로 들어가겠다. 목표는 주의를 되찾기 위해 취할 수 있는 세 가지 전략 즉 혼잣말하기, 호기심 키우기, 도전심기를 기억하는 믿을 만한 방법을 갖는 것이다.

• 각 행동에 대한 시각적 단서를 찾아라

이는 중요한 단계이다. 각 전략의 단서로 좋은 이미지를 찾기 위해 충분한 시간을 보내야 나중에 기억술을 사용할 때마다 도움이 된다. 이미지와 전략 간의 연상이 더 직접적일수록 좋다. 나는 아래 그림과 같은 이미지를 선택하였다. 그러나 이 기억단서가 개인적이라는 것을 기억하라. 그러므로 나한테 맞는 이미지가 당신에게는 소용없을 수 있다. 만일 이미지 중의 하나 혹은 그 이상이라도 전략에 대한 명확한 연상을 주지 않는다면 더 나은 다른 것을 생각해보도록 하라.

주의 전략을 위한 시각적 단서들

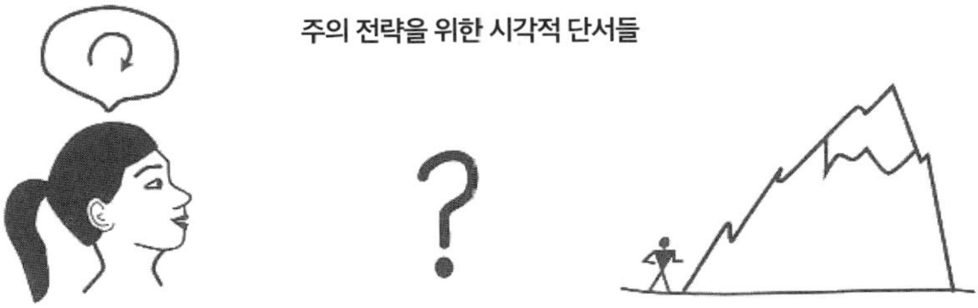

- **그 이미지들을 결합시켜라**

이제 각 주의전략에 대한 유용한 시각적 이미지를 갖게 되었다. 그러나 우리가 이 이미지 중의 하나 또는 그 이상을 잊어버릴 가능성도 고려해야 한다. 그러면 기억술은 쓸모없게 된다. 그런데 이미지들이 각각이 아니라 어떤 방식으로든 그룹으로 묶인다면 잘 기억될 수 있다. 나는 이미 그렇게 하였는데 내가 처음에 이 이미지들을 소개한 방식을 보면 옆으로 나란히 배열되어 있는 것을 알 수 있다. 이것이 결합되면서 지각적인 그룹을 형성하였는데 이미지들을 서로 모아 기억하기 쉽게 만들었다. 지각적 그룹화는 이미지들을 결합시키는 가장 기본적인 방법이다.

아래 그림에서 지각적 그룹화가 다음 단계로 진행되는데 원이 이미지들을 감싸는 틀로 제공되면서 서로 간에 좀 더 명확한 공간적 관계와 더 강한 결합을 보여준다.

그런데 이미지들을 훨씬 더 강력하게 결합시키는 방법은 이들을 하나의 의미 있는 구성으로 통합시키는 것인데 이는 다음 페이지에 있다. 여기서 등반가는 호기심을 등에 지고 산에 오르며 자기 자신에게 말을 하고 있는 것을

보여준다. 등반가가 이미지의 중심축 역할을 하면서 각 단서들을 좀 더 밀착된 이미지로 모은다.

이것이 일반적인 시각적 기억술 형성과정의 두 단계이다: 첫째, 원하는 정보에 맞는 기억단서를 찾는다; 둘째, 일정한 방식으로 이미지들을 연결시킴으로써 같이 기억되도록 한다. 그런데 여기에 반드시 포함되어야 할 마지막 단계가 남아있다. 그것은 기억을 강화시키기 위한 연습 즉, 기억술을 머릿속으로 시각화하고 세 전략을 기억하기 위해 이를 이용하는 것이다. 연습에 관해서는 다음 장에서 더 설명하겠다.

마지막으로, 시각적 기억술을 만드는 데 중요한 사실은 너무 많은 부분들을 가진 너무 복잡한 이미지를 만들지 말라는 것이다. 그러면 어떤 단서들은 잊혀질 위험이 크다. 내 신조는 등반가 같은 기억단서가 되는 이미지를 3개 혹은 4개 정도로 제한하는 것이다. 그러면 기억해야 할 전략이 3개가 아니라 6개면 어떻게 할 것인가? 나는 이를 각각 3개의 단서를 갖는 두 개의 다른 기억술로 만들 것이다. 예를 들어 기억술은 등반가와 줄에 묶여 같이 가는 개로 구성이 되고 이 이미지들은 각각 3개씩의 단서를 갖게 된다. (여기서 줄은 개와 등반가를 연결시키는 것이다). 아니면 등반가의 배낭에 다른 시각적 기억술을 넣는 것을 상상해볼 수 있다. 그리고 그 배낭이 다른 기억단서들과 독립된 이미지임을 상기시키기 위해 그 부분을 눈에 띄게 돌출시켜 그려볼 수 있다.

4장 어떻게 용이 강한 기억을 만드는가?

How dragons make strong memories

내 기억 강의를 듣는 사람들은 때때로 기억을 강화시키는 가장 좋은 방법을 묻곤 한다. 불행하게도 간단한 방법은 없는데 상황에 따라 매우 다르기 때문이다. 그러나 매우 강력하고 널리 적용 가능한 몇 가지 기술들은 존재한다. 이 기술들은 이 장에서 다룰 기억 원리를 실현시키고 증명한다. 나는 이를 “용 원리Dragon principles”라고 부른다. 이들은 다음과 같은 흥미로운 아크로스틱Acrostic*으로 제시된다.

Romantic Dragons Eat Vegetables And Prefer Onions.

낭만적인 용은 채소를 먹고 양파를 좋아한다.

---

* 각 행의 첫 글자를 따서 새로운 의미나 특정한 어구가 되게 쓴 글. 역자 주.

이 아크로스틱은 각 단어의 첫 글자가 기억자료의 단서로 이루어진 문장이다. 여기서는 7개의 원리를 담고 있다; Retention intention(보유의도), Deep process(숙고과정), Elaboration(정교화), Visualization(시각화), Association(연상), Practice(연습), 그리고 Organization(조직화).

이 아크로스틱은 물론 이상하므로 어떻게 이것을 외울 수 있을까 의문이 들 수도 있다. 하지만 인내심을 가져라. 이제 이 용 원리가 어떻게 이 아크로스틱을 외우기 쉽게 만들 수 있는지 알게 될 것이다. 그리고 일단 이것을 알게 되면 당신의 기억을 강화시킬 일곱 개의 강력한 방법을 손 안에 쥐게 되는 것이다.

보유의도 Retention Intention

만일 당신이 예를 들어 이름 같은 정보의 중요한 부분을 기억하지 못했다면 그것은 당신 잘못일 가능성이 많다. 왜냐면 당신이 정말 열심히 기억을 하려고 하지 않았기 때문이다. 당신은 당연히 이름을 기억할 것이라고 여겼다. 그러나 당신은 이내 성가신 질문과 마주하게 된다: "그녀의 이름이 뭐였지?"

보유의도는 좋은 기억을 위한 토대를 제공한다.[01] 이는 기억을 획득하기 위한 의식적인 관여이고 기억을 유지하기 위한 계획이다. 집주인의 여동생을 소개받기 직전 스스로에게 "그녀 이름을 잘 듣고 연습하라"고 말할 때 보유의도가 만들어지고 의도적인 기억의 첫 단계가 이루어진다. 이 단계는 즉각적으로 결과를 보여준다. 기억 목표에 관여하는 즉시 당신의 주의는 당신이 기억하고자 하는 것에 연결된다. 이것이 주의가 작용하는 방식이다—그 순간의 목표를 제공한다. 목표를 향한 동기가 강할수록 더 많은 주의가 레이저 같이 쏘아지고 기억에서 오는 이득이 클수록 작업기억에 그 정보가 첫 번째로 등록되어 장기기억을 돕는다. 결과적으로 당신이 그 여동생의 이름을 저녁 내내 기억할 가능성이 높아지고 일주일 후에도 그녀를 만난다면 다시 기억할 확률도 높다.

보유의도의 중요한 특징은 정보를 유지하기 위한 계획이다. 이는 암기를 반복하는 것만큼 간단할 수도 있고 또 이 책 후반부에 있는 기억전략 중 하나를 사용할 수도 있다. 정보를 기억하기 위한 의도가 명확한 경우 계획이 무엇이든지간에 당신이 실제로 그 계획을 수행할 가능성은 높고 이것이 약한 기억과 강한 기억 간의 차이를 만들 수 있다.

한 예로, 당신이 다음 번 의사에게 갈 때 물어볼 질문들을 기억하고자 한다고 가정하자. 이때가 보유의도를 형성할 시간이다. 당신은 이야기하고자 하는 주제들의 앞 글자를 따서 아크로스틱을 만들 계획을 세울 수도 있고 또는 진료시간 전에 단순히 여러 번 마음속으로 읊어보기로 결정할 수도 있다. 물론 당신은 노트나 스마트폰에 질문을 적어서 가져갈 수도 있다. 그런 기억도우미들이 효과적이기는 하지만 이 책의 목적 중의 하나는 당신이 외부적인 기억도우미에 의존하지 않고 이러한 상황을 다룰 수 있다는 것을 보여주는데 있다. 기억의 실천가에게 일상적인 기억 요구는 위트와 실제적인 목표를 갖는 기억 원리에 대한 지식을 사용할 수 있는 기회를 제공한다: 이는 정면도전이다. 보유의도는 이 과정을 시작한다.

그러나 당신의 보유의도는 스쳐가는 소망이 아니라 확고한 관여여야 함을 기억하라. 동기 강도는 그 결과에 매우 많은 영향을 미친다: 당신의 보유의도가 부적합하게 형성되면 건강하고 새로운 기억을 얻을 기회가 차단된다.

숙고과정 Deep Processing

기억 연구자 퍼거스 크래이크Fergus Craik와 엔델 털빙Endel Tulving은 한 중요한 연구[02)]에서 대학생들에게 컴퓨터 스크린에 나타나는 단어에 대한 질문에 답을 하도록 하였다. 학생들은 이 실험의 목적이 얼마나 빨리 대답하는지 측정하는 것이라고 알고 있었지만 진짜 목적은 그들이 보는 단어를 기억하는데 있어서 질문의 종류가 미치는 영향을 보기 위함이었다.

연구자들은 질문의 종류가 단어 기억에 극적으로 영향을 주는 것을 발견했다. 밑에 있는 막대그래프는 상황이 다 끝난 다음에 갑자기 진행된 회상 검사의 결과를 보여준다. 질문이 단어의 모양에 관한 것이었을 때("대문자가 있었는가?") 단어 기억은 저조했다. 질문이 단어의 소리에 관한 것이었을 때("이것이 weight(무게)와 운율이 맞는가?") 기억이 나아졌다. 그러나 강한 기억을 보여준 질문은 단어의 의미에 관한 것이었다("이것이 '그는 거리에서 만났습니다'라는 문장에서 사용될 수 있는가?"). 학생들에게 의미를 평가하고 그것을 사용하도록 했을 때 기억이 크게 향상되었다.

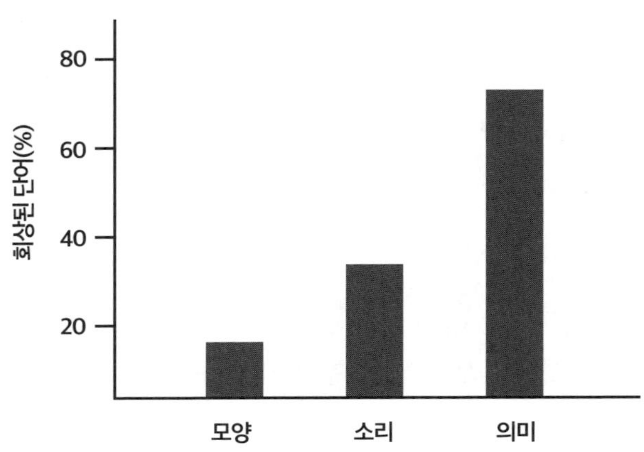

컴퓨터 스크린에 나타난 단어에 대한 다른 형태의 질문에 답한 다음 진행된 갑작스러운 기억검사의 수행 정도

크레이크와 털빙은 단어의 뜻에 대한 질문이 더 깊은 정신적 과정을 요구하고 이 깊이가 더 나은 기억으로 연결된다고 결론지었다. 다른 질문들은 "표면적인" 과정을 요구하였는데 단어의 의미를 고려하지 않아도 모양이나 발음 같은 단어의 표면적인 특징만으로도 대답할 수 있었기 때문이다. 표면적인 처리과정은 약한 기억을 남긴다.

숙고과정은 우리가 주제에 대해서 알고 있는 것을 찾는 정신과정이다. 여기서 조작적인 단어는 "깊은(deep)"으로 이는 깊은 감사, 깊은 이해, 깊은 뜻 또는 깊은 관계에서와 마찬가지다. 깊은 수준에서 우리가 기억자료와 교류할 때 기억은 풍부하고 잘 형성되고 더 잘 유지된다. 심지어 뇌 스캔에서 주요 뇌 영역의 증가된 활동이 기억과 연관되어 있는 것처럼 숙고과정은 뇌 스캔 영역에서 나타난다.[03)] 기억에 도움을 주는 활동은 숙고과정으로 보인다.

우리는 어떤 경험은 주의 깊게 검사하고 또 다른 경험을 그냥 지나치면서 숙고과정과 표면적인 과정 사이를 계속 움직인다. 친척이 거드름 피우거나 친구가 이리저리 거니는 것을 응시한다. 여기에는 기억할만한 내용이 적어서 나중에 궁금해지지도 않는다. 그 반대 역시 일어난다. 중요하거나 의미있는 일은 신중하게 대하고 깊이 있게 처리한다. 자신이 좋아하는 그룹이 새 CD를 발표했다는 사실을 안 오디오 애호가는 자신이 읽은 모든 것을 기억하고 그 그룹에 대한 기존 지식과 새로운 정보를 연결시킨다. 이렇게 되면 그날 일어난 다른 일은 다 잊혀 져도 이 기억은 오랫동안 살아남는다.

위의 예에서 정보는 오디오 애호가에게 관심있는 것이므로 숙고과정이 자연스럽게 일어났다. 그러나 기억술의 하나로 숙고과정을 의도적으로 활성화시킬 수 있는데 이는 하향식 조절을 이용하여 기억자료를 좀 더 집중하여, 세부적으로 또는 개인적인 수준에서 생각하는 것이다. 그래서 출근하기 위해 운전하는 동안 라디오에서 들은 것에 대한 생생한 단서를 기억하고 싶다면 이것이 당신의 삶에 어떻게 연결되는지를 생각함으로써 단단히 기억할 수 있다.

숙고과정은 새로운 정보를 이미 알고 있는 정보들과 연결시킬 수 있다고 가정하지만 항상 그런 것만은 아니다. 용에 대한 아크로틱스를 다시 보자. "Romantic Dragons Eat Vegetables And Prefer Onions(낭만적인 용은 채소를 먹고 양파를 좋아한다)." 이는 개별적인 사실들로 다른 것들과 연결되지 않는 정보이다. 그래서 당신이 의미 있는 연결을 만들지 않는 한 숙고과정은 도움이 되지 않을 것이다. 다음 기억 원리는 바로 그에 관한 것이다.

정교화 Elaboration

새로운 정보를 기존의 정보에 더한다는 것은 흥미로운 모순이다. 이는 실제로 기억해낼 가능성을 높인다. 잘 선택된 정보는 안전한 닻을 제공하고 기억을 좀 더 사용할 수 있게 해준다. 새로운 기억의 정교화는 이것을 기존 지식 체계에 잘 연결시킴으로써 그 영역을 확장한다. 양파를 사랑하는 용으로 다시 돌아가서 정교화가 어떻게 이루어지는지 살펴보자. 그러나 이를 이해하기 위해서는 의문스럽게 생각할 수 있는 여러 '사실들'을 먼저 살펴봐야 한다.

그동안 용의 화염에 대한 이해에 뜻밖의 진전이 있었다. 화염은 용의 소화기관에서 추출된 식물성 오일의 연소로 인한 것임이 밝혀졌다. 이 발견은 주목할 만한데 이것이 채소를 매우 좋아하는 용의 행동을 설명하기 때문이다. 이는 특히 짝짓기 기간 동안 더 강하게 일어난다. 영양학적으로 충분한 채소

를 섭취하는 것이 용에게는 중요한데 강한 불꽃이 짝에게 매력적으로 보이기 때문이다. 약한 불꽃을 가진 용은 종종 짝짓기에 실패한다.

새로운 통찰은 양파에 대한 용의 예사롭지 않은 선호 역시 설명해주었다. 용들이 야생 양파를 얻기 위해 싸운다는 사실은 오랫동안 알려져 왔었다. 이 연구는 양파가 용이 내뿜는 불꽃에서 중요한 역할을 담당하는 것을 밝혀냈는데 이는 양파의 식물성 오일이 추적물질을 함유하고 있어서 연소 시 찬란한 색을 만들어 내기 때문이었다. 결과적으로 용에게 불꽃은 다른 성의 짝에게 성적인 효과를 유발하는 것으로 여겨진다.

이 새로운 '지식'은 당신의 기억 저장소에 첨가되고 용에 대한 아크로스틱은 구애, 유혹, 짝짓기 경쟁에 대해 이미 알고 있던 지식에 연결된다. 그러면 갑자기 왜 낭만적인 용이 채소를 먹고 양파를 좋아하는지 명백해진다. 새로운 정보가 생소한 문장이었던 아크로스틱을 용의 낭만적 삶에 대한 좀 더 의미 있고 납득할만한 관찰로 바꾸어버린다. 이제 아크로스틱은 훨씬 더 기억 가능해진다. 정교화는 새로운 연상, 확장된 의미 그리고 허용된 숙고과정을 더한 것이다.

쉽게 잊혀질 수 있는 자료를 정교하게 만드는 가장 좋은 방법 중의 하나는 "왜?"라는 질문을 하는 것이다.[04] 그 대답이 더 심도 있고 광범위할수록 더 효과적이다. 대답은 우리가 용의 아크로스틱스를 판타지로 정교화한 것처럼 심지어 사실일 필요도 없다. 기억기술을 연습할 때는 결국 자신의 상상을 자유롭게 사용할 수 있으며 도움이 된다면 판타지적인 정교화도 전적으로 가능하다. 생존, 성, 공격성, 배신, 위험, 사랑 같은 원초적인 주제들이 기억하기 쉬운[05] 정교화를 만들 수 있다. 그래서 동료가 회의에서 보고서를 그 다음날 자신에게 전달해줄 것을 요청할 때 동료가 그 보고서가 필요한 매우 급한 이유를 만들어냄으로써 그 사실을 더 잘 기억할 수 있다. 예를 들어 동료가 마약을 사기 위해 경쟁사에 그 정보를 팔아야만 하는 절박한 사정을 갖고 있다고 만들 수도 있다. 약간 짓궂은 이런 기억 게임은 강한 기억을 만들고 당신이 그 보고서를 보냈을 때 스스로의 총명함을 칭찬할 것이다.

시각화 Visualization

기억도우미로서 시각적 이미지에 대한 고대인의 열정은 현대 과학에 의해 지지되었다. 이는 정보를 기억하는 용량 측면에서 시각과 경쟁을 할 만한 다른 감각기관이 없기 때문인데 이 용량은 이를 측정하고자 하는 연구자들의 시도를 능가하였다. 그 중 주목할 만한 결과로, 영국의 과학자 라이오넬 스탠딩Lionel Standing[06]은 젊은 사람들에게 일반적인 장면과 상황이 찍힌 10,000개의 스냅 사진을 보여주고 이틀 후에 인식테스트를 진행하였는데 여기에는 원래 사진들과 참여자들이 보지 않은 새로운 사진들이 함께 섞여있었다. 참여자들은 83%의 정확도를 가지고 원래 사진들을 골라냈는데 이는 믿을 수 없을 만큼 놀라운 결과이다. 그러나 훨씬 더 이전부터 더 놀라운 위업들이 보고되었다. 15, 16세기 이탈리아의 기억술 교사였던 라비나의 피터Peter of Ravenna[07]와 프란시스코 파니가롤라Francisco Panigarola[08]는 정보 기억을 위해 놀랍게도 각각 십만 개 이상의 이미지를 기억하였다고 알려져 있다. 피터는 사회와 교회의 법에 대한 상세한 지식을 기억하기 위해서 그 이미지들을 단서로 사용하였다. 그 이미지들은 “기억궁전”에 배열되었는데 기억궁전은 피터에게 성당처럼 익숙한 건물의 모습을 가진 기억도우미였다. 특정 이미지가 제단이나 세례실 같은 성당의 다른 장소와 결합되었다. 어떤 정보가 필요할 때 피터는 그것에 대한 단서를 찾을 때까지 머릿속으로 성당 구석구석을 돌아다녔다. 프란시스코도 유사한 방식으로 이미지를 이용하였다(기억궁전은 14장에 나온다).

고대인들은 효과적인 기억 이미지를 만드는 지침을 가지고 있었다. 가장 오랫동안 남은 유명한 조언들은 레토리카 애드 헤레니움Rhetorica Ad Herennium이라고 불리는 무명의 로마인 교사의 작업으로 기원전 85세기 경에 쓰여졌다:

> 이제 자연은 우리에게 어떻게 해야할 지를 가르친다.[09] 우리는 일반적으로 일상에서 사소하고 일반적이고 평범한 일들을 볼 때 기억하지 못한다. 왜냐하면 마음을 동요시킬 새롭거나 대단한 어떤 것이 없기 때문이다. 그러나 원초적이거나 굴욕적이거나 이상하거나 대단하거나 믿을 수 없거나 괴상한 것을 보거나 들으면 그건 오랫동안 기억될 가능성이 높다.

수 세기에 걸쳐서 오늘 날까지 이러한 접근은 기억술사들에게 인정 받아 왔다. 이는 이미지가 괴상하거나 인상적이거나 웃기거나 놀랍거나 아름답거나 추하거나 흉하거나 또는 역겨운 특징과 결합된다면 더 효과적이라는 것이다. 그래서 이러한 효과를 내기 위해 대때로 필요한 것이 적당한 양의 과장이다. 만일 시장에서 양파, 토마토, 샐러리 사야하는 것을 기억하고 싶다면 산더미 같은 양파, 거대한 토마토, 그리고 그 가운데 꽂혀있는 무지하게 큰 샐러리를 상상할 수도 있다. 기억할 대상의 크기를 과장하거나 그것들이 무지하게 많이 있다고 생각하는 것이 기억가능성을 높이는 빠르고 쉬운 방법일 것이다. 그러나 이미지가 극적이고 시각적이라면 훨씬 더 도움이 될 것이다. 여기 14세기 성직자이며 기억기술의 교사인 토마스 브래드와딘Thomas

Bradwardine이 학생들에게 12궁도의 기호를 기억하는 방법을 설명한다.

> 점성술의 황도의 별자리, 즉 양자리, 소자리 등을 외워야만 하는 사람이 있다고 하자.[10] 그가 원한다면 그는 첫 번째 자리 제일 앞에, 뒷다리 뒤쪽에 황금뿔이 있는 흰 양(Aries, 양자리)을 놓을 수 있다. 그리고 뒷다리로 양을 차고 있는 매우 붉은 황소(Taurus, 황소자리)를 양 옆에 놓을 수 있다. 꼿꼿이 서 있는 양이 황소의 크고 잔뜩 부풀어 오른 고환을 오른 발로 차서 엄청나게 많은 피가 흘러나올 것이다… 같은 방식으로 출산 중인 여성을 황소 앞에 놓고 그녀의 자궁이 가슴에서부터 갈라져 열리면서 가장 아름다운 형상인 두 쌍둥이(Gemini, 쌍둥이자리)가 무섭고 아주 빨간 게(Cancer, 게자리)를 가지고 놀면서 튀어나온다.

이 교사는 시각적 이미지들을 어떻게 연결시키는지 보여주는데 이로써 황도 12궁을 순서대로 기억할 수 있을 만한 구조를 만든다. 현대 연구자들은 이렇게 인상적인 이미지들[11]이 평범한 것들보다는 더 잘 기억된다고 하는데 특히 보유 간격이 길면 더 그렇다. 무엇이 이런 이점을 제공하는지에 대해서는 학자들 간에 논쟁으로 남아있다. 이미지들이 괴상하기 때문인가? 독특해서? 예측할 수 없어서? 새로워서? 정서적이라서? 우스워서? 놀라워서? 어쨌든 간에 좋은 기억 이미지를 만드는 가장 좋은 방법은 자신에게 효과적인 것을 찾기 위해 실험하는 것이다. 나는 이 과정에 재미를 느끼고 특별한 뭔가를 집어넣어볼 것을 제안한다. 괴상한 것은 좋은 것이다. 외설스러운 것도, 장난스러운 것도, 무시무시한 것도, 역겨운 것도, 때론 명백히 틀린 것이라도 좋다. 그래서 나는 이웃인 제리Jerry와 바바라Barbara를 만날 때, 그들을 제리 싸인펠드

Jerry Seinfeld가 화가 난 바바라 스트라이젠드Barbra Strieiesand의 엉덩이를 움켜쥐고 있는 이미지와 연결시킬 것이다. 이미지를 창조하기 위해서 조금만 노력한다면 그것을 기억할 수 있을 것이다. 나중에 내가 그들의 이름을 기억한다면 그들이 기뻐할 것인데 그렇다고 그들이 나의 이 지저분한 기억방법을 알 필요는 전혀 없다. 어머니에게 절대 말하지 않을 이미지가 가장 좋은 기억이미지이다.

이미지의 연결

당신은 브래드와딘이 그의 이미지들의 다른 부분들을 어떻게 연결시켰는지 알아챘는가? 그는 의도적으로 황소를 차는 양과 게를 잡고 있는 쌍둥이를 묘사했는데 이미지에는 언제나 독립적인 부분들이 있고 그 부분들이 분절될 위험이 있으면 이미지들이 함께 기억되지 않을 수 있음을 알았기 때문이다. 상호작용을 만들어 이미지를 결합시킴으로써 이 문제를 피할 수 있었다.

여기 다른 예가 있다. 내가 시장에서 샐러리, 양파, 토마토를 사려고 한다고 하자. 애드 헤레니움에 영감을 받아서 나는 방랑자처럼 입은 광대가 이 세 품목을 가지고 저글링 하는 것을 상상한다. 이것도 효과적일 수 있지만 이 물건들은 서로 독립적이고 없어질 수도 있기 때문에 전부가 아니라 이들 중 하나 또는 두 개를 돌리고 있는 광대를 기억하는데 그칠 수 있다. 그러나 내가 광대의 큰 눈을 양파로 만들고 입에 토마토를 구겨 넣고 바보 같은 모자에서 샐러리가 자라게 만들어 각 부분들 간의 상호작용을 넣는다면 각 물건들은 중심인물에 단단하게 붙어있을 것이다. 그 결과 연결된 완전한 기억을 가지게 된다.

색과 움직임

12궁도 이미지는 극적이고 서로 연결되어 있을 뿐 아니라 색과 움직임을 가진 생생한 이미지이다. 양의 뿔은 황금색이고 황소를 차고 있다. 자신의 학생들에게 색과 움직임을 접합시키도록 독려한 브래드와딘과 이전 기억술사들은 현명했다. 채색된 이미지는 색이 없는 것보다 5 ~ 10% 더 기억될 수 있다.[12] 움직임 역시 기억을 향상시키는 것으로 나타났다.[13]

내가 시각화를 위해 제공한 지침들은 다소 이상적이다. 대부분 이미지는 이렇게 세련된 수준을 확보할 만한 시간을 갖지 못한다. 기억 세팅이 이를 허용하지 않는다. 그러나 이미지가 밋밋하거나 또는 색과 움직임이 없어도 최악의 상황은 아니다. 왜냐면 시각 시스템은 매우 강력해서 어떤 구체적인 이미지라도 기억에 도움이 되기 때문이다. 내 경험상 색과 움직임을 가진 독특한 이미지를 창조하는 것의 이점은 이를 유지하기 위한 기억 연습이 덜 필요하다는 것이다. 당신이 할 수 있는 한 가장 좋은 기억 이미지를 만들고 만일 이 이미지가 생기 없어 보이고 잊혀질 위험이 있다면 더 연습함으로써 보완하는 것이 현실적이다.

연상 Association

잊기 쉬운 사실들을 기억하는 성공적인 방법은 기억하기 쉬운 다른 기억과 이것을 연결시키는 것이다. 광대와 쇼핑목록을 생각해보라. 광대는 쉽게 기억되고 쉽게 회상되는 독특한 이미지이다. 이것과 결합시킴으로써 식료품들을 기억하기 쉬워진다. 기억술 전문가들은 거의 대부분 연상을 통해 그들의 기술을 습득한다. 전설적인 기억선수인 도미닉 오브라이언Dominic O'Brien[14]은 그의 기억기술의 가장 중요한 요소로 "연상기술"을 제시한다. 인상적인 기억수행자인 해리 로레인Harry Lorayne[15]은 많은 청중들의 이름을 외우기 위해 재빨리 연상을 형성하는 숙련된 능력을 사용한다. "플레밍Fleming씨의 얼굴에서 처음으로 보게 되는 것은 그의 큰 수염이다." 그는 설명한다, "그것이 불타고 있는 것 *flaming*을 상상하라. 수염=플레밍Fleming이다." 저널리스트에서 기억술사가 된 조슈아 포에Joshua Foer[16]는 2006년 미국 기억 챔피온쉽에서 1분 40초 안에 한 세트의 카드를 순서대로 외움으로써 부분적으로 우승을 하였다. 그 전 일 년 동안 그는 카드를 기억할만한 이미지로 바꾸는 빠른 연상을 형성하는 능력을 발전시켰다. 예를 들어 3개의 카드가 클로버 5, 스페이드 5, 그리고 다이아몬드 6일 때 이를 인기스타 돔 들루이즈Dom DeLuise가 교황 베네딕트 16세Benedict XVI의 사타구니에 가라테 발차기를 날리는 것으로 연상하였다. 그는 머릿속으로 이 이미지를 기억궁전에 넣고 다음 세 카드를 암호화한다. 나중에 그는 기억궁전으로 돌아가 이미지를 회상하고 카드를 기억해낸다.

연상할 수 있는 가능성은 방대하다. 우리가 기억연구소에서 다룬 것은 기억기술의 기본요소인 시각과 언어에 기초한 것이다. 다른 양상들도 기억에 영향을 미친다. 냄새, 맛, 소리는 강력한 단서이다. 그러나 이들은 기억술에 쉽게 접합되지 않는다. 그런데 정서는 시각과 언어에 기초한 연상을 풍부하게 만들 수 있는 강한 잠재력을 갖는다. 연상에 정서가 더해지면 기억가능성이 강화된다. 책이나 영화에서 가장 잘 기억하고 있는 장면은 무엇인가? 이는 일상적인 대화가 아니라 정서가 강조된 곳, 감정이 드리운 곳, 분노나 슬픔이나 낭만적인 열정이 전면에 나오는 곳이다. 애드 헤레니움이 추천하는 대로 "원초적이거나 불명예스럽거나 이상하거나 대단하거나 믿을 수 없거나 또는 역겨운" 이미지들이 감정적 반응을 불러일으킨다. 내가 상상의 풍미를 더해 광대 이미지를 만들면 유머와 기발함이 더해지는데 이것이 기억에 연상을 더하고 나중에 회상을 돕는다.

어떤 경우 정보가 회상 될 것인지 아닌지를 결국 정서가 결정할 수 있다. 돔 들루이즈가 베네딕트 교황의 사타구니에 발차기를 날리고 있는 조슈아 포에의 이미지는 정서적으로 중립적일 수 없다. 특히 포에가 만든 방법이 그렇다. 나중에 이것을 기억궁전에서 가져오려고 할 때 그 기억과 연관된 정서[17]를 나타내는 "아이쿠!" 라는 힌트를 경험할 수 도 있다. 그리고 이것이 이미지를 재구성하고 카드를 기억하기 위해 필요한 부가적인 단서가 될 수도 있다.

연습 Practice

이 원리는 간단하다. 기억은 연습이나 환기로 강화될 수 있다. 당신은 기억연습의 효과를 매일 경험한다. 그래서 친구를 만나면 그 친구 이름이 자동적으로 떠오르고 당신이 좋아하는 팀의 이름과 헤드라인을 보면 그 팀에 관한 세세한 부분들이 몰려오며, 직장에서 일할 때 그 많은 업무에 관련된 사항들을 사용할 수 있는 것이다. 당신이 이런 기억들을 쉽게 회상할 수 있는 것은 몇 번이고 반복해서 그것들을 접함으로써 견고한 기억을 만들었기 때문이다. 과거에 당신이 자주 사용했었던 기억들은 미래에도 필요한 것들이다. 연습이 이들을 강력하게 만들고 금방 사용할 수 있는 곳에 머무르게 한다.

그런데 자연스러운 기억연습으로 도움을 받을 수 없는 기억의 경우는 어떤가? 어제 오픈하우스에서 만난 여성의 이름이나 음식채널에서 본 조리법, 당신 차례가 되었을 때 말하려고 준비한 요점들 말이다. 이런 정보는 연습하지 않는다면 잃어버릴 수 있다.

연습은 용 원칙 중에서 가장 덜 매력적이지만 어떤 종류의 기억이라도 강화시킬 수 있는 강력한 방법이고 오랫동안 기억해야만 하는 복잡한 자료들의 경우 대체할 수 없는 방법이다. 브리지 게임을 배울 때 당신이 해야 할 일을 기억하고자 한다면 비딩bidding*을 연습해야만 한다. 새 계정을 위한 PIN 번호를 고를 때 보지 않고 다시 사용하고 싶다면 연습 계획을 세우는 것이 낫다. 연습은 고대 기억술 교사, 전문적인 기억술사, 그리고 기억 연구자들이 특별히 강조하는 것이다. 다른 용 원칙이 필요한 연습의 양을 감소시키기는 하지만 완전히 없앨 수는 없다. 그러므로 섬세하고 뛰어난 정교화, 시각화, 연상을 사용하기는 해도 잘 잊혀질 수 있는 정보를 오랫동안 강하게 기억하고 싶다면 어느 정도 연습을 해야 한다.

비록 연습은 간단해보이지만 그 효과는 어떻게 하느냐에 달려있다. 새로운 정보는 습득한 후 빨리 잊어버리므로 연습을 일찍 시작하는 것이 특히 중요하다. 얼마나 많은 주소와 전화번호를 듣고 난 몇 분 후에 바로 잊어버렸는지 생각해보라. 여덟 번이나 세계 기억 챔피온이 된 도미닉 오브라이언은 어려운 이름이나 숫자 같이 까다로운 정보를 초기 몇 분 내에 여러 번 마음속으로 반복하여 암기할 것을 권한다. 만약 몇 일, 몇 주, 또는 더 길게 기억하고 싶다면 더 연습해야 한다. 연습을 간헐적으로 한다면 더 효과적일 것이다. 사실 장기기억에 관해서 심리학에서 가장 잘 알려진 원리 중의 하나는 분산 연습[18)]인데 이는 20세기 초기 심리학자들의 연구에 의해서 지지되었다.

가장 좋은 분산 간격은 상황에 따라 다르다. 산나 고미나Sanna Gormina같이 일반적이지 않은 이름을 외우는 것은 다음 주 수요일 7시의 저녁약속을 기억하는 것과는 다른 연습계획이 요구된다. 산나 같은 이름은 즉시 연습할 필요가 있다. 그리고 오래 기억하고 싶다면 그것만으로는 부족하다. 그러면 얼마나

---

* 브리지 게임에서 기본 6트릭에 얼마만큼의 트릭 수를 이길 것인가를 놓고 계약하기 위한 입찰. 역자 주.

자주 다시 연습해야만 하는가? 고미나의 경우라면 상당히 빨리 추가적인 연습을 시작해야만 한다. 다른 한편으로 저녁 약속 같은 것은 기억하기 쉽고 쉽게 잊혀지지 않으므로 좀 있다가 연습해도 괜찮다.

기억연습을 어떻게 분산배치하는 게 좋을 지에 대한 감각은 기억술사들이 경험으로부터 반드시 배워야 하는 직관이다. 전문적인 기억술사는 유용한 지침을 제공하였다. 도미닉 오브라이언은 "5의 법칙"[19)]을 제안한다. 이는 기억을 1시간 후, 하루 후, 일주일 후, 두 주 후, 그리고 한 달 후에 연습하는 것을 말한다. 다른 기억술사도 간격에 관해 유사한 조언을 제공한다.[20)] 비록 오브라이언의 법칙이 모든 상황에서 최적은 아니지만 너무 말 그대로 적용시키지 않는다면 기억하기 쉬운 구체적인 예를 제공하므로 도움이 될 것이다. 까다로운 이름같이 어려운 자료들은 더 자주 연습할 필요가 있다. 저녁 약속 같은 쉬운 자료들은 더 느슨한 스케줄로도 가능하다.

조직화 Organization

만일 자료들이 의미 있는 구조로 조직화된다면 기억될 가능성은 훨씬 더 높아진다. 8개의 품목이 적힌 쇼핑목록을 생각해보자. 이 중 세 개는 냉동식품이고 두 개는 빵, 그리고 하나는 유제품인 것을 알게 된다. 일단 이런 조직화가 이루어지면 기억하기가 훨씬 쉬어진다.

조직화는 두 가지 측면에서 기억가능성을 높이는데 이것이 과정과 결과 모두에 영향을 주기 때문이다. 조직적인 구조를 만드는 것은 숙고과정을 필요로 하는데 이 자체가 기억을 향상시킨다. 그리고 일단 자료가 조직화되면 그 전에는 분명하지 않던 관계와 특징들이 드러나는데 이것이 기억을 강화시키는 연상과 정교화를 제공한다. 그 결과는 매우 놀랍다. 지금은 고전이 된

연구이지만 기억[21] 연구자인 고든 보워Gordon Bower과 그의 동료들은 대학생들에게 8개의 다른 카테고리에서 가져온 많은 단어들을 기억하도록 하였다. 이 카테고리는 무기질, 몸의 기관, 동물 등이었다. 학생들에게는 여러 번 암기할 수 있는 기회를 제공하였고 연습 후에 테스트를 시행하였다. 한 그룹에게는 이 단어들이 카테고리로 조직화된 것을 제공한 반면 다른 그룹들에게는 임의적인 순서로 제시된 것을 제공하였다. 그 결과 조직화된 것을 받았던 그룹은 한 번 연습 후 다른 그룹이 4번 연습한 것보다 단어들을 더 잘 기억했다.

고대와 중세의 기억술사들은 조직화의 가치를 잘 알았고 이를 체계적으로 다루었다. 먼저 그들은 자료들을 작지만 의미 있는 부분으로 나누었는데 이 단계를 "구분(division)"이라고 불렀다. 다음에 그들은 이 부분들을 의미 있는 구조로 배열했는데 이 단계를 "구성(composition)"이라고 불렀다. 초기 기억술사들이 이 과정을 잘 이해하고 있었음은 14세기 기억 교사의 "기억을 가장 많이 돕는 것은 무엇인가?[22] 구분과 구성: 기억을 강력하게 도울 수 있는 질서"라는 글에서도 잘 볼 수 있다.

기억자료의 양이 크거나 복잡할 때는 구분과 구성이 특히 도움이 된다. 구분 단계에서는 간명하면서도 쉽게 기억되는 부분들을 만들어내야 한다. 얼마나 간명해야 하는가? 중세의 기준은 각 구분이 "마음의 눈에 한 번에 들어오는"[23] 정도였다. 이를 현대적으로 말하자면 작업기억 용량에 맞춰 각 부분의 크기를 정하는 것이다. 이렇게 나누고 나면 다음은 각 부분들을 구성하는 단계이다.

용 원리를 위한 구성은 어떻게 될까? 우리는 아크로스틱이 기억도우미로 작용함을 이미 알고 있지만 그것을 조직화하면 이를 기억하는 또 다른 방법을 갖게 될 것이다. 첫 단계는 이 자료가 이미 7개의 간명한 원리로 나누어져 있다는 것을 아는 것이다. 그래서 이미 "구분" 단계는 이루어졌다. 이제 남은 건 다른 부분들을 조직적인 구조로 합하는 "구성" 단계이다. 용 원리를 보면 몇 군데 겹치는 곳이 있음을 알게 된다. 정교화를 통해 자료를 더하면 새로운 연상을 얻게 된다. 이러한 조정은 숙고과정을 필요로 하는데 이는 조직화도 마찬가지이다. 우리는 이 네 가지 원리들을 기억자료의 의미를 확장시키는 일반적인 특징 하에 묶을 수 있는데 그 안에서 각각은 자신의 의미를 유지한다.

다음에는 전체 조직화를 위한 주제가 필요하다. 가능한 주제 중의 하나는 기억 전략에 기초한 것으로 각각 다른 원리들이 기억을 강화시키기 위한 전략들이기 때문이다. 보유의도는 계획을 만드는 것이다. 시각화는 영장류의 강한 감각을 이용하고 기억연습은 기억을 강화시키는 연습을 작동시킨다. 아래의 박스는 용 원리가 4개의 기억전략으로 구성된 것을 보여주는데 그 중의 하나는 네 가지 요소를 가지고 있다. 조직화는 기억가능성을 증가시킬 뿐만 아니라 그 원리들이 왜 중요한지에 대한 통찰을 제공한다.

전략으로서의 용 원리들

계획 활성화
- 보유의도

의미 확장
- 숙고과정
- 정교화
- 연상
- 조직화

초감각이용
- 시각화

오래된 충실한 전략
- 기억연습

다음 장에서 다룰 것
what's next?

용 원리는 강력한 기억을 만드는 것을 돕지만 때때로 잘 형성된 기억도 그것이 꼭 필요한 시점에 당신을 낙담시킬 수도 있다. 아는 사람을 만났는데 그 사람 이름이 생각나지 않거나 애인에게 주려고 봐두었던 완벽한 생일 선물이 떠오르지 않거나 할 때 말이다. 기억을 찾고 인출하는 것은 기억을 생성하고 강화시키는 것과는 별개의 과정이다. 다음 장에서는 어떻게 기억인출 시스템이 작동하는지 그리고 이것이 잘 안 될 때 어떻게 하는지 등을 다루겠다.

기억연구소: 아크로스틱을 위한 기억도우미

낭만적인 용 같은 아크로스틱은 효과적인 기억 도우미이다. 특히 기억자료들이 이처럼 일련의 주요 단어들로 제시될 때 더 적합하다. 그러나 여기에 한 가지 방해물이 있다. 사람들은 때때로 아크로스틱을 어떻게 시작하는지 기억하는 데 어려움을 겪을 수 있다. 일단 처음 한 두 단어를 기억해내면 나머지는 자연스럽게 따라온다. 그러면 이 중요한 처음 단어들을 완전히 기억하는지 어떻게 확신할 수 있는가? 이번 기억연구소에서는 우리는 아크로스틱를 기억하기 위해 고안된 이미지 도우미를 만든다.

유용한 이미지 도우미는 아크로스틱의 처음 단어들을 제안하는 것으로 다음 페이지의 그림처럼 "낭만적인 용"을 묘사한다. 그림 그 자체도 이미 도움이 되지만 색과 움직임을 더한다면 더 효과적일 것이다. 나는 하트와 용의 화염에 색과 움직임을 첨가시킬 것을 권한다. 이 둘이야말로 "낭만적인" 것과

용 아크로스틱을 빨리 떠올리기 위해 고안된 이미지 도우미

채소 사랑을 암시함으로써 아크로스틱에 더 직접적으로 연결되는 것이다. 이를 색과 움직임으로 더 크게 만들자.

머릿속으로 용 위에 있는 하트를 붉게 칠해보자. 만일 빨간 색을 속으로 시각화하는 것이 어렵다면 눈앞에 있는 빨간 색 물체를 바라본 뒤 눈을 감고 머릿속으로 이미지를 만들어라. 다음에는 화염을 색칠하고 이것이 용의 입과 코에서 분출되어 나오는 움직임을 만들어보라. 만일 어렵다면 애니메이션처럼 움직임을 만드는 것이 도움이 된다. 즉 정지된 화면 여러 개를 한 시리즈로 만드는 것이다. 그러면 좀 더 자연스러운 움직임을 얻을 수 있다. 효과적이고 향상된 이미지를 만들었다면 이를 연습해서 세부 요소들이 이미지에 잘 어울리게 만들어라.

이러한 부가장치를 만들 때 잊지 말아야 할 것이 있다. 그것은 사람들마다 강렬한 이미지에 대한 의견이 다를 수 있다는 것이다. 이미지에 관계된 일을 하는 사람에게 기억을 목적으로 한 이미지들은 상대적으로 덜 강력하거나 효과적일 수 있다. 만약 당신이 색이나 움직임에 대한 힌트만이라도 만들 수 있다면 지금으로서는 충분하다. 그 이미지의 강렬함이나 창작의 수월함은 연습을 통해 향상될 수 있다.

5장 어떻게 기억을 인출하는가

How we recall memories

최근 나는 수퍼마켓 출구에서 이웃을 만났다. 그녀의 꽁지머리, 움직임, 밝은 푸른 색 눈은 모두 익숙했지만 실망스럽게도 나는 그녀의 이름을 기억해낼 수 없었다. 우리는 몇 분 동안 다정하게 이야기를 나누었고 내가 그녀 이름을 모른다는 사실을 들키지는 않았다. 30분이 지나서 집에 도착했을 때 비로소 그녀의 이름이 기억났다. 그녀는 수Sue였다.

정확히 무엇이 문제였을까? 내가 그녀 이름을 나중에라도 기억했기 때문에 그 이름이 내 기억시스템에 있는 것은 확실하다. 그런데 왜 나는 그 이름을 수퍼마켓에서는 생각해내지 못했을까? 기억에 접근하는 것은 반드시 절대적으로 가능한 과정이 아니다. 그러나 나중에 보게 되겠지만 인출 기술을 증진시킬 수 있는 전략들은 존재한다.

문제는 내가 수의 이름을 자주 사용하지 않는다는 것이다. 사실 몇 달 동안 그녀와 이야기 하지도 못했다. 그러므로 처음부터 이름이 강력하게 기억되지 않았다. 또한 그녀를 늘 보던 곳이 아닌 곳에서 만났던 것이다. 우리 대부분은 이런 경험을 가지고 있다: 극장에서 치과 의사를 본다거나 야구장에서 교수를 만난다거나 할 때 그들이 누군지 알아보려면 시간이 좀 걸린다. 내가 만일 동네에서 수를 만났다면 그녀 이름은 더 잘 떠올랐을 것이다.

기억인출은 적절한 인출 단서로 시작한다. 이 경우는 자신의 집 앞마당에서 서 있는 그녀의 모습이 될 수 있을 것이다. 효과적인 단서는 사용할 수 있는 막대한 양의 기억들 중에서 그 하나의 특정 기억에 집중하는 것을 돕는다. 만일 기억이 최근의 것이거나 잘 연습되어 있을 때라면 어떤 단서라도 그 기억이 튀어나오게 할 것이다. 내가 만일 수를 다시 만난다면 나는 틀림없이 그녀의 이름을 기억할 것이다. 그러나 잘 사용하지 않아서 약해진 기억이라면 강력하고 관련 있는 단서가 필요하다. 사실 단서가 잘 맞으면 오랫동안 사용하지 않았던 기억이라도 인출할 수 있다. 텍사스 A & M 대학의 인지심리학자 스티븐 스미스Steven Smith는 기억의 가치를 보여주는 좋은 예를 제시한다. 그는 자신의 아버지와 텍사스 오스틴으로 여행 갔던 일을 설명하는데 이 곳은 그의 아버지가 대학생활을 했던 곳이다.

> 우리 아버지는 텍사스 오스틴 대학에서의 2년, 2차 세계대전 중 복무기간
> 01) 4년을 제외하고는 일생동안 미주리의 세인트루이스에서 살아왔는데 42년간 잊고 있었던 텍사스를 다시 방문했다. 그는 대학시절에 대해 단지 몇 개의 산발적인 기억들만이 남아있다고 확신했었지만 다시 그곳을 가니 세세하게 떠오르는 새로운 기억들에 매우 놀랐다. 오스틴 거리를 걸어 다니다 아버지는 갑자기 멈추어서 지금은 주차장이 되 버린 장소에 있던, 예전에 그가 살았

던 집에 대해 생기를 띄며 설명하였다. 아버지는 아주 생생하고 자세하게 그 때를 기억했는데 예를 들어 어느 날 밤 어떻게 아마딜로가 배수관을 타고 올라와서 그의 반려동물이 되었는지, 그리고 그 집에서 하숙생들을 위해 요리를 해주던 분이 진주만 습격을 어떻게 전해주었었고 갑자기 그의 대학생활이 끝나게 되었는지 등이었다. 바로 그 자리로 돌아오기 전까지 아버지는 먼 과거의 사건들에 대해서 생각하거나 말하지 않았었다.

오랫동안 잊혀졌던 이 기억들은 아버지의 기억시스템에 깊게 자리 잡고 있어서 일상적인 조건에서는 접근할 수 없었다. 그러나 텍사스에 가게 되었을 때 생생한 기억들이 아버지의 의식으로 넘쳐 들어왔다.

자신이 다녔던 초등학교의 사진을 즉각적으로 알아본다거나 수화기 너머 들려오는 옛 친구의 목소리를 알아본다거나 혹은 어릴 때 어머니가 뿌리던 향수 냄새를 맡을 때, 우리는 시각, 소리, 냄새 같이 다른 감각으로부터 오는 기억단서의 강력한 힘을 이해할 수 있다. 각각의 상황은 생생한 기억을 가져온다. 내 친구 중의 하나는 단지 분필 냄새만으로도 4학년 때의 이미지가 한꺼번에 몰려온다고 말했다.

단서가 어떤 정보를 충분히 불러올 만 하더라도 당신이 아는 모든 것을 가져오는 것은 아닐 수 있다. 나와 수Sue의 만남을 기억해보라. 처음에 그녀는 약간 친근한, 내가 아는 누군가였다. 그 때는 그녀가 누군지, 또는 내가 그녀를 어떻게 아는지에 대한 단서를 갖고 있지 않았었다. 이야기를 시작하자 나는 좀 더 많은 단서들을 얻었고 동네에 사는 내 이웃이라고 알아보게 되었다. 그러나 그 때조차 그 단서들은 그녀의 이름을 인출할 만큼 강하지는 않았었다. 기억단서들은 이렇다. 어떤 것은 친숙함을 불러일으키는 정도이다. 또 어떤 것은 매우 풍부하고 세밀한 기억을 불러올 수 있다.

기억이 떠오르지 않을 때 쓸 수 있는 방법
what's to do when remembering comes up short

잘 빠져나가는 기억은 특화된 인출 전략으로 활성화될 수 있다. 여기 막혀 있는 기억을 잘 인출될 수 있게 해주는 효과적인 방법 세 가지가 있다.

산탄총 전략 Shotgun strategy

기억인출은 알맞은 단서 검색으로 요약된다. 그러나 어떻게? 기억 훈련가 토니 부잔Tony Buzan[02]은 잊어버린 것은 잠시 동안 그냥 두고 그와 연관된, 기억할 수 있는 것에 집중할 것을 권한다. 나는 이렇게 수Sue의 이름을 기억해냈다. 집으로 운전해 가는 동안 내가 그녀에 대해서 아는 모든 것에 집중했다. 그녀의 집, 그녀의 개, 내가 그녀에게 가진 인상, 그녀 마당의 모습, 그녀 남편의 이름 에릭. 그러자 그 때 그녀의 이름이 떠올랐다. 결국 기억해냈다. 삶은 아름다운 것이다.

산탄총 기법을 사용할 때는 집이나 남편처럼 외부적인 연관성이든, 인상이나 그녀를 만날 때의 기분 같은 내부적인 연관성이든 모두 탐색할 필요가 있다. 목표는 기억하려고 하는 것을 인출하는 단서에 이를 때까지 기억 속을 뒤지는 것이다. 물론 운이 따르기도 해야 하지만 나는 부잔의 이론을 지지한다. 이 기술은 효과적인 경우가 더 많았다.

"그 장면으로 돌아가기" 전략 "Return to the Scene" Strategy

이 방법은 산탄총 기술보다는 좀 더 순서대로 진행된다. 요점은 그 기억이 형성된 맥락을 다시 확립하는 것이다. 이것이 스티븐 스미스의 아버지가 오스틴을 다시 찾았을 때 했던 일이다. 이 전략으로 막혀있던 많은 것을 기억해낼 수 있는데, 즉 어제 회의에서 상사가 했던 제안들이 떠오르거나 차를 주차한 장소가 기억나거나 또는 주의가 흐트러지기 전에 하려고 했었던 일 등이 소환된다. 당신이 책상에서 일어나 오렌지주스를 마시려고 부엌에 갔는데 갑자기 뭐하러 왔는지 생각이 안 나서 냉장고를 뚫어지게 보고 있다고 하자. 이 때 자신이 다시 책상에 있는 모습을 그려보고 일어나기 직전에 무엇을 하고 있었는지를 다시 생각해보면 주스 마시려고 한 결정을 기억해낼 수 있다. 만일 이 연습에 실패하면 직접 책상으로 가서 모든 단서를 직접 다시 해보면 생각이 날 수 있다.

이 "그 장면으로 돌아가기" 전략은 범죄 목격자들에게서 정확하고 세세한 기억을 얻기 위한 인터뷰하는 방법으로 집중적으로 연구되었다. "인지적 인터뷰"라고 불리는 이 절차는 유용한 정보를 찾기 위해 목격자들이 인출 단서를 찾는 것을 도와준다. 이것으로 전통적인 면담에 비해 35% 더 많은 정보를 회복하는 것으로 알려져 있다.[03)]

수사관은 우선 목격자와 친밀감을 형성함으로써 목격자에게 그의 정보가 중요하고 가치가 있음을 느끼게 한다. 다음으로는 인출을 위한 단서를 찾고 목격자가 그 범죄의 맥락을 다시 경험하도록 돕는다. 때때로 그 장소로 직접 가보는 것이 필요하기도 하지만 많은 경우 현장의 재경험은 목격자에게 범죄 장면을 상상하도록 하는 것으로도 가능하다. 전형적인 지침은 다음과 같다:

그 범죄가 일어났을 때와 같은 상황에 자신을 놓아보도록[04] 하라. 그 때 당신은 어디에 서 있었는지, 무엇을 생각했었는지, 무엇을 느꼈는지, 그리고 그 방이 어떻게 생겼는지 생각해보라.

이 인터뷰는 제한없이 목격자가 마음에 떠오르는 모든 것을 보고하도록 진행된다. 인터뷰를 하는 사람은 목격자로 하여금 범죄에 관한 세부사항 뿐 아니라 기억의 인출을 촉진시킬 수 있는 맥락적인 단서도 기억할 수 있도록 북돋워줄 필요가 있다.

"그 장면으로 돌아가기" 전략은 잊어버린 기억이 형성된 시간과 장소를 알고 있을 때 시간을 절약할 수 있다. 그 기억은 당신이 어제 사려고 생각했었던 물건이거나 당신 동생의 생일선물에 대한 친구의 기막힌 제안이거나 혹은 차를 어디다 주차했는지 같은 것이다. 만일 무슨 수를 써도 이런 사실들이 기억나지 않는다면 이 "그 장면으로 돌아가기"를 시도해 볼 시간이다. 언제 어디서 그 기억이 형성됐는지를 돌아보라. 그 장면을 이미지와 소리와 함께 떠올릴 수 있다면, 그리고 그 때 당신이 무엇을 하고 있었는지, 심지어 어떤 느낌이었는지를 상상할 수 있다면, 그 기억에 필요한 단서를 찾을 것이다.

"나중에 다시 시도하기" 전략 "Wait and Try again" Strategy

때로는 마치 교실을 떠난 직후 갑자기 시험 문제의 답이 생각난 학생처럼 기억하기를 포기한 후에 그 이름이나 사실이 갑자기 떠오를 때가 있다. 다른 전략과 달리 이 아이디어는 전적으로 휴식을 취하고 나중에 기억이 회복될 수 있는 시도를 하라는 것이다.

기억 연구자 매튜 얼더리Matthew Erderlyi와 제프 클라인바드Jeff Kleinbard는 이 "나중에 다시 시도하기" 전략의 유용성을 확인하기 위한 지시적인 실험을 수행하였다.[05] 그들은 사람들에게 먼저 60장의 사물 사진을 보여주었는데 이는 시계, 물고기, 부메랑 등 서로 관련 없는 물건들이었다. 연구자들은 한 번에 한 장씩 5초간 사진을 보여주고 참여자들에게 이를 기억하라고 하였다. 그 때 참여자들은 평균적으로 절반 조금 넘는 사진들을 기억할 수 있었다. 그 다음 참여자들을 돌려보내면서 이후 6일 동안 하루 세 번씩 그 사진들을 회상하려고 시도해 보라고 이야기하였다. 아래의 그래프는 그 결과를 보여준다.

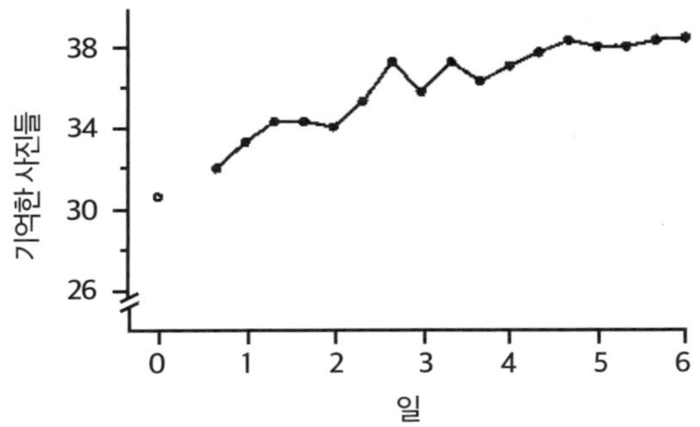

연구참여자들이 60개의 사진을 6일동안 반복적으로 회상하려고 노력했을 때의 결과

참여자들은 반복적으로 시도할수록 더 많은 사진들을 기억할 수 있었고 6일 후에는 평균 38장의 사진을 기억하였다. 사실 그들은 그래프에 나타난 것보다 더 많이 기억한 셈이었는데 왜냐하면 매번 정확히 같은 사진들을 기억해낸 것은 아니기 때문이다. 사람들은 때때로 자신이 이전에 기억했던 것을 잊어버렸지만 이전에 언급하지는 않았던 사진을 기억해 내기도 하였다. 6일 동안 참여자들은 평균 48장의 사진을 기억하였다. 심리학자들은 이런 종류의 기억 혜택을 "기억과잉(hypermnesia)"이라고 부른다. 비록 "나중에 다시

시도하기"가 모든 종류의 기억에 해당하는 것은 아니지만 얼더리와 클라인바드의 사진 같은 이미지에는 특히 효과적이다. 이름이나 단어 같이 순수한 언어적 기억에는 도움은 되지만 그리 효과적이지 않다.

이 전략은 두 가지 측면에서 기억을 돕는다.[06] 먼저 이 전략을 행할 때 각각의 시도는 그 항목을 기억하는데 쏟은 전체 시간에 더해지므로 기억회상을 위해 더 많은 시간을 들이는 셈이 된다. 이것이 도움이 된다—금방 떠오르지 않는 기억을 가져 오는 데는 시간이 좀 걸리는 법이다. 두 번째 기여는 각 인출 시도 사이를 차지하고 있는 시간이다. 다음 번 시도에서는 관점이 환기되므로 문제 기억에 새롭게 접근할 수 있게 된다. 다시 시도하기 전까지 어느 정도의 시간 간격이 좋은지에 대한 연구는 명확하지 않지만 내가 사용하는 가장 좋은 간격은 최소한 10분이다. 그동안에는 완전히 관계가 없는 다른 무엇인가를 하라.

물론, 이러한 전략들로 모든 것을 기억할 수는 없다. 기억 자체가 너무 약한 경우도 있고 단지 적합한 단서를 찾을 수 없는 경우도 있다. 그러나 인내심, 노력, 적절한 전략이 있으면 대부분의 기억은 떠오를 것이다. 산탄총 기술은 기억이 빨리 나타나고 많은 노력을 요구하지 않기 때문에 시작점으로 좋다. 만일 무차별적인 방법이 효과 없고 잃어버린 기억이 특정 세팅에서 만들어 졌다면 "그 장면으로 돌아가기" 접근이 좋다. 위의 모든 것이 다 소용없다면 "나중에 다시 시도하라".

기억 재구성하기
Reconstructing Memories

만일 당신이 찾고 있는 기억이 이웃의 이름 같은 사실(fact)이면 그 이름이 마음에 떠오르는 순간 당신의 인출노력은 종료된다. 그러나 지난 주의 사업 미팅 같은 사건(event) 기억은 좀 더 복잡하다. 이는 여러 부분들로 구성된 이야기 같아서 의미 있는 방식으로 같이 모아져야 한다. 현대 기억 연구의 주요 관심은 기억이 일어난 그대로의 정확한 사건을 보기 위해 언제나 재생시킬 수 있는 테이프 같은 것이 아니라는 것이다. 기억은 훨씬 더 복잡한 과정이다. 이를 이해하기 위해 당신이 친구 결혼식에 참석했고 그날 저녁 그 축하연에 대해서 일기를 쓰려고 한다고 생각해보라.

무엇을 써야 할 것인가? 당신의 일화적 기억은 일반적인 정보와 특별한 정보 모두를 가지고 있다. 요점이라고 할 수 있는 일반적인 정보가 당신의 주요 스토리라인이 될 것이다—결혼식을 해변가 리조트에서 했다; 결혼식은 아름다웠다; 연회는 규모가 작았지만 재미있었다. 요점은 전체적인 그림은 제공하지만 정서적인 세부 내용이 없다. 당신은 또한 결혼식에 대한 특정부분을 기억할 것이다—신부 입장 시 연주되던 노래, 하얀 바닥에 흩뿌려져있던 보라색 장미꽃들, 신부 들러리들의 화려한 드레스, 비틀거리던 신랑 들러리, 후진 디제이. 당신이 결혼에 대한 인상을 일기에 쓸 때는 요점과 특정부분을 같이 쓸 것이다.[07]

결혼식 기억이 생생하기 때문에 특정부분을 기억하는 것은 어렵지 않을 것이다—웨딩드레스의 레이스, 신부 아버지가 눈물을 훔치는 장면, 신랑 들러리의 농담들. 이러한 각각의 세부사항들은 전체 이야기가 만들어질 때까지 다른 것들을 쉽게 불러올 것이다. 그러나 이런 체계적이지 않은 종류의 인출은 비구조적인 이야기를 만들어 낼 수 있다. 일기의 목적에 맞으려면 각 부분들이 선택되고 조직되고 일관성 있는 설명으로 엮어져야 한다. 이를 위해 특정 사실과 인상들에 접근하고 조직하기 위한 주의, 작업기억, 그리고 집행통제 등에 관련된 높은 수준의 처리가 필요하다. 만일 신부들러리가 무엇을 입었는지 묘사하고 싶으면 당신은 그녀와 그녀 드레스에 대한 이미지를 의도적으로 인출할 것이다. 당신이 회상하는 내용은 결국 결혼식의 재생이 아니라 당신이 만들어낸 내러티브와 관련된 특정 세부사항을 활성화시키는 인출단서를 조절함으로써 형성된 독특한 창작물이다.

이는 이런 사고실험에 관해 가장 중요한 관점을 제시한다. 인출된 기억의 내용은 목적에 따라 다르다. 당신이 부모님에게 그 결혼식을 설명한다면 일기와는 다를 것이다. 결혼식장의 장식을 강조하거나 당신 동생의 결혼식 피로연과 비교하거나 혹은 부모님이 알고 있는 참석자에 대해서 이야기할 것이다. 당신의 대학 룸메이트에게 얘기하는 것은 또 다를 것이다. 이렇게 다르게 이야기하면서 다른 것들을 기억하게 될 수 있다. 각각의 설명에서 기억 파편들로 사건이 독특하게 묘사된다. 이러한 구성을 위한 기억의 파편들은 매우 다양할 것이다. 만일 룸메이트가 "결혼식 어땠어? 좋았어?"라고 묻는다면 당신은 요점을 떠올려 판단한 내용의 요약을 제공할 수 있다. 또 다른 친구가 자신의 전 애인이 결혼식에서 어떻게 행동했는지 알고 싶어 한다면 당신은 좀 더 복잡하고 자세한 이야기를 가져올 것이다.

그러므로 결혼식의 "테이프"는 한 가지만 있는 것이 아니다. 당신의 경험은 그 사건 순간순간 형성된 세부적인 기억의 총합으로 저장 된다—인사, 피로연에서의 댄스, 부케를 던지는 신부 등등. 기억 연구자 모리스 모스코비치

Morris Moscovitch가 말하듯이 기억정보는 단순히 "들어오고 그 내용 요소에 따라 꼬리표가 붙으며 인출 시 분류되고 조직화된다."[08]

기억 변형
Memory Alterations

기억이 인출될 때는 항상 기억시스템이 변한다. 이는 일정부분 기억을 인출하는 과정 그 자체가 인출이 일어난 시간과 장소와 함께 기억될 수 있기 때문이다. 당신이 쓴 결혼식에 대한 일기는 이미 쓴 내용들 예를 들어 당신이 강조한 세부사항과 당신의 관찰과 판단 등과 함께 기억될 것이다. 그래서 나중에 당신이 결혼식을 기억할 때는 결혼식 그 사건 자체와 함께 일기의 내용들이 떠오를 수 있다.

흥미롭게도 결혼식에 대한 원래 기억은 그것을 기억하는 행위로 인해서 변화될 수 있다. 연구자들은 기억이 회상될 때 잠깐 변형가능한 단계로 들어가고[09] 그래서 정보가 손실되거나 변형될 수 있다고 믿는다. 그러므로 기억시스템은 과거 기억에 대한 고정적인 기록보관소와는 사뭇 다르다—이는 역동적이고 유동적이며 변화가능하다. 이는 완벽하게 정확한 기억은 결코 장담할 수 없다는 것을 의미한다. 정확한 기억을 얻을 수 있는 가능성은 사건 바로 직후 특정부분이 생생하고 쉽게 인출될 수 있을 때에 상대적으로 가장 높다. 그런데 시간이 지날수록 세부사항은 잊히거나 변형될 수 있으므로 일반적으로 일어난 일에 대해서는 잘 알 수 있지만 특정부분은 잘 알지 못할 수도 있다.

뉴질랜드의 연구자 메르세데스 쉰Mercedes Sheen과 그의 동료는 이 현상에 대한 환상적인 예를 제공한다. 그들은 동성 쌍둥이 20쌍을 인터뷰하였는데 단서 단어와 연관된 기억들을 생각해볼 것을 요청하였다. 다음 결과는 "사건(accident)"이라는 단어로 기억을 떠올린 54세 일란성 쌍둥이 여성들의 반응이다.[10)]

쌍둥이 1 : 나는 롤러스케이트의 바퀴가 빠졌을 때 내가 넘어져서 팔꿈치와 무릎을 심하게 다쳤던 것을 기억해요.

쌍둥이 2 : 잠깐만, 너 우리가 여덟살인가 아홉살 생일에 받았던 그 롤러스케이트를 말하는 거야?

쌍둥이 1 : 응, 왜?

쌍둥이 2 : 어, 근데 그건 나였어.

쌍둥이 1 : 뭐라는 거야? 그게 나였어. 그 때 너랑 같이 스케이트 타고 있었고 그리고…

쌍둥이 2 : 그래, 그 오래된 테니스 코트에서 마리랑.

쌍둥이 1 : 그래, 그런데 그게 나야. 네가 아니고. 그 때 바퀴에 풀이 들어가서 진짜 울퉁불퉁했던 거 기억나.

쌍둥이 2 : 좀 더 생각해보면 그게 나라는 것을 알 수 있을 거야.

쌍둥이 1 : 글쎄, 나는 분명히 기억해. 너는 엄마를 부르러 집으로 갔었어.

쌍둥이 2 : 아냐. 네가 스케이트 타고 엄마를 부르러 갔었어. 왜냐면 나는 다쳐서 울고 있었고 움직일 수 없었거든.

쌍둥이 1 : 어이구. 우리가 헷갈리는 것 같아. 너무 오래 전에 일어난 일이야.

쉰이 만난 대부분의 쌍둥이들은 의견이 다른 최소 한 개의 기억을 가지고 있었다.[11] 여기 다른 경우들이 있다: 둘 다 자신이 발톱이 발에 박혔던 사람이라고 기억하고 있었다. 둘 다 자신이 트렉터에서 떨어져서 허리를 다친 사람이라고 생각했다. 둘 다 자신들이 국제 크로스컨트리 대회에서 12등이었다고 생각했다. 둘 다 상대방이 개의 고환을 잡았었다고 생각했다.

쌍둥이들이 어떻게 일어난 사건에는 동의하지만 세부적으로는 다른 생각을 하는지 보라. 이것이 가장 일반적인 기억 오류의 형태이다. 이 문제는 부분적으로 망각과정 그 자체의 특성 때문이다. 세부가 요점보다 더 빨리 잊혀 일어난 일에 대한 전반적인 개념은 남지만 특정사항에 대한 세부정보는 사라진다.

세부사항을 잘 기억할 수 없을 때 기억 재구성은 일반적인 정보, 정서적인 왜곡, 추론 능력 같은 다른 정신적 자원들을 끌어오는데 이 때 우리가 일어났다고 생각하는 일로 회고하려고 한다. 그 결혼식을 몇 년 후에 기억하고자 할 때 실제로 결혼식에서는 화동이 없었음에도 불구하고 신부 앞에서 걷던 작은 소녀를 그려볼 수 있는데 이는 단순히 전형적인 결혼식이 그렇기 때문이다. 당신이 의도적으로 이러한 세부사항을 덧붙이는 것이 아니다. 단순히 화동이 있어야 하는 것이 너무 자연스럽게 느껴지므로 그것이 실제처럼 느껴지는 것이다. 마치 결혼식 손님 중에서 당신이 싫어하는 사람의 태도가 실제로 그런 것보다 훨씬 더 촌스럽게 기억되는 것처럼 태도와 의견이 기억 재구성에 영향을 줄 수 있다. 심지어는 다른 개별적인 사건들의 정보를 섞을 수도 있다.[12] 예를 들어 한 결혼식의 내용을 다른 결혼식의 기억과 결합시킨다.

가장 극적인 기억 왜곡은 우리가 전혀 일어난 적이 없는 일을 믿을 때인데 이 기억은 완전히 틀린 것이다. 캘리포니아 얼바인 대학의 기억 과학자인 엘리자베스 로프투스Elizabeth Loftus는 한 사람의 마음에 완전히 가짜인 기억을 심는 것이 어떻게 가능한지를 보여줌으로써 이 연구를 선도하였다. 로프투스는 대학생들인 참여자들에게 사람들이 어린 시절에 대해 무엇을 기억할 수 있는지 알아보고자 한다고 말했다.[13] 학생들은 로프투스와 연구팀이 어린 시절에 일어난 사건을 밝히기 위해 가까운 친척들과 인터뷰 하는 것에 동의하였는데 학생들은 그 사건을 기억하려고 시도할 것이었다. 각 학생들은 네 개의 사건을 받았는데 이 들 중 하나는 완전히 꾸며진 것이라는 것을 몰랐다. 친척들이 확인해줬다고 한 이야기는 어린 시절 쇼핑몰에서 실종된 이야기인데 이는 실제로 일어나지 않은 일이었다. 이 가짜 이야기는 매우 독특하고 구체적이었다. 학생들은 5세에 어떤 쇼핑몰에서 없어졌다가 나이 든 여성이 가족을 찾아준 것으로 되어 있었다. 학생들은 네 개의 사건을 읽고 각각에 대해서 가능한 한 많이 기억하려고 노력했다. 대부분의 학생들은 실제로 일어난 사건들에 대해서는 정확하게 기억했지만 그들 중 25%는 이 가짜 이야기를 "기억"했고 정교한 세부사항을 제공한 경우도 있었다. 다른 연구자들 역시 이 연구를 반복했는데[14] 여기서의 거짓 기억은 결혼식에서 신부 부모에게 펀치볼을 엎거나 스프링클러가 작동해서 수퍼에서 나갔던 것, 그리고 사나운 개에게 공격받았던 것 들로 이를 "기억"하도록 참여자를 유도하는 방식으로 진행되었다. 이런 거짓 기억에 걸려든 참여자들의 비율은 로프투스의 실험결과와 유사하였다.

이러한 연구들에서 거짓 기억들은 사람들이 그 사건의 요점은 들었지만 특정사항은 기억하기 어려울 때 일어났다. 결과적으로 그들은 일반적인 지식들과 그들에게 사실처럼 보이는 다른 기억들로부터 충분히 그럴 듯한 세부사항을 만들었다. 실제로 연구 후 거짓 기억에 대한 사실이 공개되었을 때 몇

몇 참여자들은 그 사건이 일어나지 않았었다는 것을 받아들일 수 없었다.[15)]

기억 왜곡과 거짓 기억은 기억과정이 얼마나 주도적인지를 보여준다. 과거를 기억하는 것은 그저 "테이프를 감는 것"이 아니다. 우리는 저장된 지식들을 오려붙여 적절한 기억을 형성한다. 때때로 나타나는 오류들은 이러한 운용 모드의 자연적인 결과이다.

왜곡과 오류의 가능성을 감안할 때 기억이 정확한지 아닌지 말할 수 있는 방법이 있는가? 간단한 말해 외부 확인 없이 확실한 방법은 없다. 우리는 일반적으로 기억의 정확도를 확신—그것을 기억할 때 얼마나 진실되고 완전해 보이는지—에 근거해서 가늠한다. 그러나 불행히도 기억확신은 기억정확도의 중간 정도의 예측자인 것으로 보인다.[16)] 쌍둥이의 확고하지만 잘못 입력된 기억들과 자신들의 거짓 기억이 진짜라고 믿었던 대학생들을 생각해보라. 또한 목격자들에 의해 확실하게 그러나 잘못 지목되어 엉뚱하게 유죄판결을 받은 범죄자의 혐의를 DNA 증거가 벗겨 낸 사례가 200개가 넘는다는 사실은 주목할 만하다.[17)] 이는 우리의 확신을 무시하여야 한다는 것이 아니라 확신이 우리를 속일 수도 있다는 것을 인식해야 한다는 것이다.

기억의 정확도를 알 수 있는 다른 지표는 기억에 포함된 특정사항의 양이다. 연구결과 쉽게 인출되고 특히 장면, 소리, 냄새 같은 특정사항들이 풍부할 때 그 기억이 정확할 가능성이 높다. 기억이 모호하거나 노력을 기울인 후에야 천천히 인출된다면 왜곡 가능성이 올라간다. 그러나 기억 그 자체에서 정확도를 전적으로 확신할 방법은 없다는 것을 기억하라.[18)] 우리 모두에게 남겨진 메시지는 기억의 절대적인 정확도에 대해서는 겸손 하라는 것, 그리고 오류가 뿌리내릴 가능성을 염두에 두라는 것이다.

다음 장에서 다룰 것
What's next?

이 장은 기억시스템을 마무리하는 장으로 우리는 이제 기억기술의 적용을 살펴볼 것이다. 다음 장은 기억을 향상시키기 위한 두 개의 매우 다른 접근을 살펴볼 것이다.

기억연구소: 시각적 기억술을 평가하고 향상시키기

모든 시각적 기억기술은 동등하게 형성되지 않는다. 어떤 작업은 다른 것들보다 더 잘 된다. 여기서는 이 장에서 다룬 막혀있던 기억을 인출하는 세 개의 다른 방법을 위한 기억술을 자세히 살펴볼 것이다. 이 기억술은 당신이 기억을 떠올리려고 노력하고 이를 위한 선택지들을 살펴보기 원하는 상황 등에서 사용될 수 있다. 이제 우리는 제안된 시각적 기억술의 질을 평가하고 향상시킨다.

다음 페이지의 그림은 세 개의 전략—"산탄총 접근", "그 장면으로 돌아가기", "나중에 다시 시도하기"—을 위한 기억술이다. 산탄총은 첫 번째 전략을 위한 시각적 단서이다. 두 번째 전략을 위해서는 경찰을 선택했는데 공권력과 "그 장면으로 돌아가기" 접근 간의 연관성 때문이다. 시계는 세 번째 전략을 나타낸다. 이 기억술이 좋은 시각적 기억 도우미가 갖는 다음의 세 가지 특징을 어떻게 나타내는지 살펴보자.

잊어버린 기억회상에 사용되는 세 가지 전략을 위한 기억술

• 인출 단서들은 효과적인가?

원하는 기억에 단서를 제공하는 것은 모든 기억술의 가장 기본이다. 기억술을 기억하는 것은 전적으로 가능하지만 그것이 무엇을 나타내는지를 기억하는 것은 그렇지 않을 수 있다. 산탄총, 경찰, 시계는 나에게는 효과적일 수 있지만 당신에게도 그런지는 평가해 보아야 한다. 기억술의 단서가 약하더라도 그것을 강화시킬 조치를 취하면 치명적인 오점은 되지 않는다. 연습, 숙고과정, 연상 또는 정교화 같은 여러 다양한 용 원리들이 단서의 효과성을 증대시키기 위해 쓰일 수 있다. 물론 대안은 좀 더 효과적인 단서를 찾는 것이다.

• 이미지 요소는 결합되는가?

지난 장에서 보았듯이 시각적 기억술이 여러 요소들—산탄총, 경찰, 시계—을 가지고 있을 때 그들 중 하나 이상을 잃어버릴 수 있다. 이미지들이 분절되고 요소들이 누락되는 것이다. 이에 대한 대처는 이들 간의 의미 있는 상호작용을 만들어서 결합시키는 것이다. 여기서는 경찰이 손에 산탄총을 들고 시계를 가리키는 방식으로 결합되는데 여기에는 문제가 있을 수 있다. 시계와 경찰의 연결은 그다지 설득력 있지 않은데 경찰이 시계를 가리킬 어떤 이유도 보이지 않기 때문이다. 이런 이상한 행동은 잊힐 수 있고 그렇게 되면 시계 또한 사라질 수 있다.

• 이미지는 기억될 수 있는가?

당신이 필요할 때 기억할 수 없다면 기억술은 소용없다. 무언가를 기억하는 것을 돕기 위해 특별히 만든 기억술을 잊어버리면 화가 난다. 나의 경찰 기억술 또한 이 시점에서는 완전하지 않다. 사실 이것은 밋밋하고 그래서 잊힐 위험이 있다. 여기서 기억을 잘 할 수 있기 위해 "5의 원칙"과 함께 기억 연습이 필요하다.

더 잘 기억하기 위한 한 가지 방법은 어떤 행위를 첨가하는 것이다. 이 기억술을 새롭게 디자인한 것은 다음의 그림과 같다. 여기서 경찰은 믿을 수 없는 시계를 가지고 있었고 그의 산탄총으로 시계를 쏘고 있다. 새로운 이미지는 그 행위에 조금의 폭력을 첨가하였는데 이는 기억가능성을 높인다. 게다가 이전보다 세 부분이 좀 더 단단하게 결합되어 있어서 잊힐 위험이 적어진다. 기억 연습은 여전히 필요하지만 필요한 연습량은 훨씬 적어질 것이다.

어떤 새로운 기억술이라도 과연 나중에 회상할 때 효과적으로 보일 수 있을지 아닌지 의심의 눈초리로 빠르게 점검하는 것이 중요하다. 경찰 이미지와 마찬가지로 기억술을 향상시킬 수 있는 구체적인 방법이 많이 있기 때문이다.

세 가지 기억인출 전략을 위해 발전된 기억술

PART
02

기억의 적용

Memory Applications

6장 더 나은 기억으로의 경로
Paths to better memory

기원 전 1세기 로마의 위대한 법률가이고 정치가인 키케로Cicero는 기억에 대해 지속적으로 관심을 가졌다. 텔레프롬프터teleprompter*는 상상조차 할 수 없던 시절에 그는 어떤 도움 없이도 우아하고 흥미로운 연설을 했다. 그는 웅변 기술의 근본은 기억이라고 하였다.[01]

키케로의 시대에도 기억술은 알려졌었고 경탄의 대상이었다. 그의 동시대 동료들에게 기억은 두 가지 형태로 여겨지는데[02] 이 두 형태 간의 구별이 이 장의 주요내용이다. 하나는 "자연기억(natural memory)"으로 "앨리스는 정말 훌륭한 기억을 가지고 있어" 같이 말할 때 쓰는 기억이다. 다른 하나는 기억을 향상시키기 위한 기억기술을 지칭하는 것으로 "인공기억(artificial

* 출연자들에게 대사 등이 보이게 하는 장치. 역자 주.

memory)"이라고 부른다. 이는 자연기억의 대안일 뿐 아니라 "기교적(artful)"이란 의미를 가지는데 이는 기억술의 주요 요소인 상상과 창의력이 필요한 활동임을 뜻한다. 그 예를 우리는 기억연구소에서 살펴보았다.

키케로는 두 형태의 기억에 탁월했다. 그러면 기억을 향상시키길 원하는 우리들은 어떠한가? 이러한 구분은 우리가 취할 수 있는 두 가지 경로를 나타낸다. 우리는 작업기억와 다른 기억시스템 기저에 자리한 기본적인 하드웨어를 강화시킴으로써 자연기억을 향상시키고자 할 수 있다.

첫 번째 경로: 자연기억 향상시키기
The first path: Improving natural memory.

직관적으로 관심을 끄는 자연기억 강화법은 근육을 강화하기 위한 운동과 유사하다. 이 생각은 파란만장한 역사를 가졌다. 초기 몇 몇 로마 사람들은 기계적인 암기가 기억시스템 전체를 돕는다고 믿었다. 1세기의 존경받는 교육자이자 연설가였던 퀸틸리안Quintilian은 이 견해의 옹호자였다:

> 만일 내게 기억의 가장 중요한 기술이 무엇이냐고 묻는다면 "연습과 노력"이라고 말할 것이다.[03] 가장 중요한 것은 가능하면 매일 많이 외우고 익히고 쓰지 않고 많이 생각하는 것이다. 다른 능력들은 연습한다고 그렇게 많이 나아지거나 무시한다고 그렇게 많이 저해되지는 않는다. 그러므로 어린이들은 가능한 한 암기를 통해 배워야 하지만 어떤 연령의 학생들이라도 그들이 읽거나 쓴 내용을 말 그대로 기억하기 위해서는 여러 번 반복하는 지루한 일을 기꺼이 감내해야만 한다.

퀸틸리안은 "연습과 노력"을 통해 기계적인 암기 뿐 아니라 모든 종류의 기억에서 도움을 받을 수 있다고 보았다. 근육 훈련처럼 발달된 능력은 어떤 목적으로도 사용될 수 있다. 이러한 믿음이 19세기까지 잘 전달되었다. 윌리암 제임스William James[04]는 이 아이디어를 확인하기 위해서 1880년대에 자기에게 이 실험을 한 첫 번째 사람이었다. 첫째, 그는 158줄의 프랑스 시를 8일에 거쳐서 암기하였다. 이를 능숙하게 외우는데 드는 시간은 각 줄당 50초였다. 그 다음 그는 17세기 영국의 서사시 '잃어버린 천국(Paradise Lost)'의 첫 번째 축어 부분을 암기함으로써 기억 훈련에 착수하였다. 여기에는 조금의 묘수도 없었다. 그는 38일간 매일 20분씩 800줄을 기억하기 위해서 몰두했다. 그 다음 그는 프랑스 시로 다시 돌아가서 '잃어버린 천국'에서 연습한 결과로 인해 이후 150줄을 좀 더 빨리 외울 수 있는지를 확인했다. 결과적으로 그렇지는 않았다. 전체 시간이 늘어나서 각 줄당 외우는데 57초가 걸렸다. 제임스의 막대한 노력은 일반적으로 기계적인 암기가 기억을 향상시킬 수 있다는 이론을 지지하는데 실패하였다.

20세기 초기 심리학자들은 이 실험을 좀 더 정교한 설계로 다시 진행하였다. 흥미롭게도 그들은 기억연습에 쓰인 자료와 유사한 자료로 기억을 검사할 때만 효과가 나타남을 알게 되었다. 검사와 훈련 자료가 다르면 훈련은 소용이 없었다. 이것이 윌리암 제임스의 경우이다. 그의 기억을 검사하기 위해 사용한 유연하고 운율을 가진 프랑스 시는 훈련에 사용한 딱딱하고 운율이 없는 영국 시와는 달랐던 것이다. 초기 연구의 선구자였던 에드워드 쏜다이크Edward Thorndike[05]는 세익스피어의 소네트 암송을 연습했던 학생들은 소네트를 배울 때 더 잘할 수 있지만 이름, 숫자, 성경구절에서의 결과는 그렇지 않을 수 있다는 결론을 내렸다. 기억연습의 제한점은 분명했다. 이는 사람들이 특정 자료에 적용시킬 수 있는 전략들을 배우도록 돕지만 전체 기억에는 효과가 없었다.

이러한 기본 기억에 대한 견해는 20세기 동안 우세하였다. 선조들이 "자연기억"이라고 부르고 내가 중심기억기능(core memory function)이라고 지칭하는 것은 개인에게 일정하게 고정되어 있는 것으로 보인다. 중심과정 그 자체가 강화될 수 있는지에 대한 강력한 증거는 발견되지 않았다. 지난 100년 동안 대부분의 기억 훈련은 기억 전략의 습득에 관한 것이지 중심기억의 증진에 대한 것이 아니었다.

그러므로 20세기가 마감될 때 세 가지 다른 접근들이 나타났고 오랫동안 자리잡은 것으로 보였던 이슈를 재점화하였다.

컴퓨터의 세계로

개인 컴퓨터와 비디오게임의 증가는 정신적 훈련을 위한 새로운 가능성을 열었다. 과학자들은 만일 게임이 특별히 작업기억 같이 유용한 인지 능력을 향상시키기 위해 만들어진다면 어떤 일이 일어날 것인지 궁금했다. 연습 프로그램이 작업기억을 향상시킬 수 있다면, 그리고 그 향상이 중심과정을 강화시킨다면 매우 중요한 이득이 될 수 있다. 왜냐면 작업기억시스템은 독해부터 유동지능과 추론에 이르기까지 다른 중요한 인지적 능력과 연관되어 있기 때문이다.

이를 위한 믿을만한 검사는 2005년 스웨덴 연구자 토르켈 클링버그Torkel Klingberg[06]와 그의 동료들이 발표한 것으로 주의력결핍/과잉행동장애(ADHD)를 가진 아동들을 위해 개발된 기억 훈련 게임이었다. ADHD의 경우 작업기억 결핍이 주요 증상으로 알려져 있기 때문에 작업기억을 향상시키는 성공적인 기술은 실질적인 교육적 효과를 가져올 수 있는데 이는 단지 ADHD를 가진 사람만이 아니라 읽기장해, 산술장해, 언어장해를 가진 아동 같이 작업기억 문제를 가진 사람들에게 모두 적용이 되는 것이었다.[07)]

훈련은 25회기로 구성되었다. 각 회기는 40분 동안 진행되었는데 시각적 형태, 숫자, 그리고 글자들을 기본으로 한 90개의 기억 연습으로 구성되었다. 예를 들어 시각적 기억 훈련 연습은 스크린에 4 x 4 격자가 나타나면 시작되었다. 그 다음 격자 16개의 중의 하나가 빨간 색으로 약 1초 동안 변한다. 그 빨간 사각형은 새로운 곳으로 이동하여 또 1초 동안 있다가 다른 곳으로 이동하기를 반복하였다. 그 다음에 학생들에게 빈 격자를 주고 빨간 사각형이 이동한 경로를 같은 순서로 혹은 때때로는 역순으로 클릭하게 하였다.

클링버그와 그의 동료들은 시각적 기억을 강조하는 연습을 다른 것 즉 숫자나 글자를 위한 언어적 기억을 검사한 연습들로 변형시켰다. 각 검사마다 학생들에게 기억자료에 주의깊게 집중하고 이를 기억할 것을 요청하였다. 보상점수로 제공되는 피드백과 다른 독려들로 검사를 게임처럼 느끼게 하였다. 훈련의 핵심은 크링버그의 컴퓨터 프로그램이 게임을 할 수 있는 수준 내에서 계속 도전할 수 있도록 변형시키는 것이었다—아동이 잘하게 되면 기억 요구는 상승한다. 비교를 위해서 ADHD를 가진 또 다른 아동 그룹이 있었는데 이들은 같은 것이지만 난이도가 증가하는 대신 쉬운 수준으로 고정되어 있는 게임을 하였다.

훈련 후 아동들의 작업기억은 훈련에서 사용된 것과는 다른 과제들로 측정되었다. 그 결과 도전적으로 게임을 한 아동들의 경우에는 신뢰할 만한 향상이 있었지만 쉬운 게임만 한 학생들에게서는 그런 향상을 찾아볼 수 없었다. 주의와 유동지능을 측정한 다른 검사에서도 유사한 결과가 나왔다. 이 아동들의(교사가 아닌) 부모님들은 ADHD 증상이 감소되었다고 보고하였다. 6개월 후의 추후검사에서도 그 효과가 여전히 신뢰할 만한 수준으로 유지되는 것을 확인하였다.

클링버그의 연구는 주요 인지 능력 즉 작업기억을 목표로 한 컴퓨터 훈련이 가진 잠재적인 가능성을 보여준다. 기억 수요를 한계까지 밀어붙이는 집중적인 훈련을 통해서 연구자들은 중심기억기능을 향상시키는 데 성공했던 것으로 보이며 퀸틸리안의 기본 가정에 새 생명을 불어넣는 것으로 보인다. 만일 연습프로그램이 적합하게 제공된다면 중심정신기능이 강화될 수도 있다는 이런 제안은 놀랍고 흥미진진한 결과였다.

그런데 이후 몇 년 동안 유사한 연구들은 성공적이지 않았다. 최근 수 십개의 컴퓨터 훈련 연구들을 살펴보면 그 결과들이 너무 다양했다. 거의 모든 참여자들의 경우 항상 그들이 연습한 작업기억만 향상되었고 이것이 다른 작업기억상황으로 안정적으로 전이되지는 않았다. 추후 검사에서 다른 문제들이 드러났는데 대부분의 연구결과들이 오래 지속되지 않았던 것이다. 그리고 주의나 추론 같은 다른 일반적인 인지 능력으로의 전이는 거의 일어나지 않았다. 연구 집단의 열광은 좀 더 조심스럽고 신중한 자세로 바뀌었고 회의론도 대두되었다.[08)]

컴퓨터 훈련의 잠재력에 대해 판단 내리기는 너무 이르다. 새로운 분야를 조사할 때는 연구자들이 이를 이해하기 위해 고군분투를 하므로 연구결과는 혼란스럽게 마련이다. 어떻게 훈련을 하는가, 훈련이 얼마나 필요한가, 또는 그 노력을 어떻게 측정할 것인가에 대해서는 아직 합의된 결과가 없다. 이러한 요인들을 조율하기 위해서는 시간이 걸릴 것이다. 학습장애 아동, 노인들, 그리고 뇌 손상을 가진 사람들 같이 작업기억에 결함을 가진 모두에게 주는 잠재적인 이익은 매우 클 것이다. 그러나 그 전에 실질적인 증거가 있어야 하며 컴퓨터 훈련이 그 영역에서 살아남을 수 있을지 지켜보아야 할 것이다.

그러는 동안 다른 한쪽에서 상업적인 회사들이 사람들에게 훈련프로그램을 제공하기 시작하였고 사람들은 이를 엄청나게 환영하였다. 2009년 뇌 운동 소프트웨어 시장[09]은 265만불로 추산되었고 2015년에는 10억불에 이를 것으로 예측되었다. 첫 번째 히트 상품은 닌텐도Nintendo의 "두뇌 시대(Brain Age)"였는데 Mindsparke, LearningRx, Posit Science, Lumosity, Jungle Memory, Cogmed 같은 많은 회사들이 그 뒤를 이었다. 이 상품에는 모든 것이 다 뒤섞여 있었다. 어떤 것은 인정받은 전문가들이 고안한 것이지만 훈련받지 않은 사람에 의해 만들어진 것도 있었다. 컴퓨터 프로그램 하나로만 구성된 것도 있었고 트레이너가 필요한 것도 있었다. 그 중에는 연구결과에 사용된 것도 있었으며 가격도 싼 것에부터 비싼 것까지 천차만별이었다.

뇌 훈련은 무질서하고 경쟁적이고 열정에 가득 찬 시장이었는데 기업들은 그들의 고객에게 프로그램을 사용하면 기억이 향상될 것임을 보장하며 홍보하였다. Jungle Memory의 판매자들은 다음과 같이 주장하는데 말을 아끼지 않는다.[10] "Jungle Memory는 학업성취에 결정적인 작업기억기술을 목표로 고안된 것입니다. Jungle Memory는 독해, 작문, 논리적 사고를 향상시킬 수 있습니다. 또한 주의를 집중하고 정보와 어려운 개념들을 좀 더 빨리 처리할 수 있게 학생들을 훈련시킵니다." Mindsparke의 수위는 더 높다[11]: "Brain Fitness Pro와 Brain Fitness Pro SE의 집중된 뇌 운동은 기억을 향상시키고 뇌의 건강을 회복시키며 알츠하이머 증후군과 치매 발생 위험을 낮출 수 있습니다. 3주 안에 향상된 기억을 확인하실 수 있으며 기억 훈련의 결과는 앞으로도 계속 유지될 것입니다."

이는 뒷받침하는 자료가 없는 대담한 주장들이다. 나는 많은 제품들이 실상은 BBC 방송국이 수행한 대규모의 연구인 "Bang Goes the Theory"의 연구결과에 훨씬 더 가깝지 않을까 생각한다. 만 명 이상의 시청자가 자원하여 세 가지 중의 한 뇌 훈련 처방에 무작위적으로 배정되었다. 그 중 두 개는 유명한 뇌 훈련 프로그램을 따라 만든 것으로 하나는 추론과 문제해결에 집중하는 것이었고 다른 하나는 주의, 기억, 즉각적인 반응을 요구하는 것들이었다. 세 번째는 통제집단으로 사람들은 "헨리 8세가 사망한 연도는?" 같은 사소한 질문에 대한 답을 인터넷으로 검색하였다. 참여자들은 기억과 추론에 대한 검사를 훈련 전과 6주의 훈련 후에 받았다. 그 결과는 영국의 저명한 학술지인 "Nature"에 실렸는데[12] 기억 훈련을 연구했던 초기 심리학자들의 의견과 크게 다르지 않았다. 참여자들은 자신이 연습한 기술들에서는 주목 할 만 한 향상을 보였지만 더 넓은 범위의 기억과 추론에서는 의미 있는 향상을 보이지 않았다. 그러므로 컴퓨터 프로그램을 "뇌 훈련"으로 부르는 것은 옳지 않다. 퀸틸리안은 아마 이렇게 말할 것이다, 구매자들에게 알려라caveat emptor*.

불교식 방법: 마음챙김 명상과 중심기억 The Buddist Way: Mindfulness Meditation and Core memory

1990년대 임상심리학자들이 고대 불교의 명상훈련, 마음챙김 훈련을 스트레스와 기분장애를 위한 치료에 도입하기 시작하면서 정신훈련에 다른 접근이 나타났다.

마음챙김 명상은 완벽한 주의(attention)를 추구한다. 마음챙김은 "의도적

---

* 매수자 위험부담의 원칙. 구매물품의 하자에 대해서 매수자가 확인할 책임이 있음. 역자주.

으로 현재에 머무르며 순간순간 펼쳐지는 경험에 무판단적으로 주의를 기울이는 과정에서 일어나는 알아차림[13]"이라고 설명된다. 요점은 매 순간 벌어지는 일을 완전하게 경험하고 시간이 지남에 따라 알아차림을 얻는 것이다. 한 전문명상가가 말하듯이 마음챙김은 단순하지만 쉽지는 않다. 주의는 현재에서 다른 생각이나 염려들로 옮겨가고 일단 옮겨가면 그 순간들은 인지되지 않은 채 과거로 흘러가 버린다. 명상가들은 이런 이동을 감지하고 이를 무비판적인 방식으로 수용하며 주의를 부드럽게 현재로 다시 돌리는 것을 배운다. 이는 매우 어려운 하향식 과정이다.

신비주의적이지 않은 마음챙김 명상의 세속적 버전이 1970년대 북미에서 유행하기 시작하였다. 그 때쯤 메사추세츠 대학 의대 교수인 존 카밧진Jon Kabat-Zinn이 의학적 상태와 연관된 스트레스로 고통 받는 환자들에게 광범위하게 적용시킬 수 있는 8주짜리 마음챙김 훈련 프로그램을 개발했다.[14] 이 훈련은 세 가지 활동으로 구성되었다: 호흡에 집중하는 좌식명상, 자신에게 주의를 집중시키는 바디스캔 명상, 그리고 스트레칭에 근거한 요가 연습이 그것이었다. 명상 중에 환자들을 부드럽고 두비판적인 방식으로 매 순간 자신의 주의를 통제하면서 각성상태를 유지하도록 지도하였다. 연구결과 이 훈련을 받은 참여자들은 도움을 받은 것으로 나타났다. 이 성공으로 심리학자들은 마음챙김 훈련이 우울증과 다른 장애의 치료에도 성공적일 것으로 판단하고 이를 도입하였다. 마음챙김 훈련은 도한 심리적인 문제를 가지지 않은 건강한 사람들에게도 도움을 주었는데 이들은 대인관계에서의 향상과 부정적인 감정의 감소를 보고하였다.

마음챙김 훈련이 심리학자들에게 더 잘 알려지면서 인지 연구자들은 이것이 중심 정신 과정(core mental process)에 갖는 효과에 대해 궁금해 하였다.

명상가가 호흡과정에 매우 집중할 때는 하향식 목표들, 집행통제, 작업기억에 결정적인 과정들, 자발적인 주의, 그리고 추론에 근거를 두는 높은 수준의 정신기능을 소환한다. 마음챙김 명상이 중심 정신 기능의 향상을 가져올 수 있을까? 연구자들은 이 질문의 답을 찾기 위해 노력했는데 지금까지의 결과는 긍정적이다. 예를 들어 코펜하겐 대학의 크리스티앙 젠센Christian Jensen과 그의 동료들[15)]은 카밧진의 접근을 사용한 마음챙김 명상을 가르친 학생 그룹과 이완훈련을 받은 그룹 또는 아무 처치도 받지 않은 그룹들의 결과를 비교하였다. 훈련 전후 모든 그룹은 주의, 작업기억, 지각적 민감도 검사를 받았다. 그런데 마음챙김 그룹만 주의와 작업기억에서 믿을만한 향상을 보였다. 그들은 또한 짧은 시간동안 제시된 글자를 재빨리 읽을 수 있었는데 이는 빨라진 지각속도를 나타낸다.

다른 연구들은 특히 주의에 관해[16)] 유사한 효과를 보고하였다. 명상하는 사람은 주의 분산에도 불구하고 전반적으로 과제에 더 잘 집중하고 더 오래 주의력을 유지할 수 있다는 생각을 지지하는 설득력 있는 결과들이 발표되었다. 이들은 향상된 검사점수와 함께 주의와 연관된 뇌 영역, 특히 하향식 통제와 산만함의 억제에 관련된 영역의 크기와 연결망 증가 같은 신경학적인 변화도 보여주었다.

기억 역시 마음챙김 훈련에서 이득을 얻는 것으로 보인다.[17)] 작업기억이 훈련에 의해 강화될 수 있다는 젠센의 결과에 동의하는 연구들을 많이 볼 수 있다. 사실 작업기억과 주의간의 긴밀한 연결을 생각하면 이는 놀라운 일이 아니다. 알렉산드라 히렌Alexandre Heeren과 그의 공동연구자들은 마음챙김 훈련이 오래 된 개인적인 기억들을 기억하는 능력에 미치는 효과[18)]를 살펴보았다. 그 중의 한 검사는 사람들에게 그들 삶에서 "운이 좋은" 혹은 "죄책감" 같은 단서 단어들과 연관된 특별한 사건들을 기억하게 하는 것이었다. 명상을 했던 사람의 기억이 훈련 후 좀 더 구체적이고 상세했다. 이 결과는 자신의 기억에 좀 더 집중할 수 있었기 때문에 더 깊이 있게 보고할 수 있었다는 것을 보여준다.

결국 마음챙김 훈련은 기억을 포함한 중심 정신 기능을 증진시키는 유망한 방식으로 보인다. 그러나 결과를 좀 더 신중하게 살펴봤을 때도 같은 결과가 나올지 속단하기는 이르다. 게다가 실험실 조건에서 얻은 이러한 결과들이 실제 현실에서도 같을 지에 대해서는 아직 의문이다.

신체와 마음: 신체적 훈련과 중심 기억 Body and Mind: Physical Exercise and core memory

누구나 운동이 몸에 좋다는 것을 안다. 그리고 최근의 연구들은 운동이 정신과정에도 좋다는 것을 알아냈다. 특히 노인들을 대상으로 한 연구에서 확실한 증거가 나타났는데 여기서 운동은 낮은 지적 감소율과 상관이 있었다. 한 대규모 프로젝트에서는 무작위로 선택된 65세 이상[19]의 캐나다인들이 종단 연구에 모집되었다. 먼저 연구자들이 그들의 인지기능과 신체적 운동 수준을 측정하였다. 초기 검사에서 인지능력이 정상범위에 속했던 4,615명의 응답자들을 5년 후에 추적하여 기억, 사고, 판단에서의 결손으로 표시되는 인지적 감퇴를 위한 검사를 다시 시행하였다. 인지적 감퇴는 덜 활동적인 사람들에게서 두 배 정도 높게 나타났다.

캐나다의 연구는 운동성이 낮은 사람들이 정기적인 운동을 함으로써 그들의 인지적 기능을 향상시킬 수 있는가에 더한 질문을 던졌는데 아마도 그런 것 같다. 아서 크레이머Arthur Kramer와 그의 동료는 60-75세의 124명[20]의 운동성 낮은 노인들을 두 그룹으로 나누었다. 한 그룹은 6개월 동안 일주일에 세 번, 40분씩 걷는 운동을 했는데 이는 유산소 체력을 강화시키기 위해 고안된 처방이었다. 다른 그룹은 같은 양만큼의 스트레칭과 근육운동을 하였다. 실험 후에 측정해본 결과 걷기 그룹은 주의와 기억에서 향상을 보였다.

이 결과들은 다른 연구에서도 확인되었다.[21] 종합적으로 이들은 운동이 이전에 운동성이 낮았던 노인들의 주의, 기억, 처리 속도를 증가시킨다는 결과를 강하게 지지한다. 그러나 모든 종류의 운동이 이러한 결과를 가져오는 것은 아닐 것이다. 성공적인 프로그램은 유산소운동이나 근력 운동 혹은 둘 다를 사용하였었다. 유산소 운동 중에서는 일주일에 여러 번 30분 ~ 60분간 활기차게 걷는 것이 제일 많이 선택되었다. 근력 운동은 전형적으로 웨이트 또는 도구를 사용하는 것이다. 유산소 활동과 근력 운동의 조합이 가장 유용하다는 증거들이 있다. 그러나 스트레칭처럼 낮은 에너지와 느린 움직임을 갖는 운동은 효과가 없는 것으로 보인다.

그러면 다른 연령에서 운동의 효과는 어떠한가? 사춘기 전 아동들이 건강할 때 가장 강한 인지적 이득을 얻는 것으로 보인다. 지구력과 근력 검사를 통해 높은 유산소 체력을 가지고 있다고 판단된 아동들이 더 나은 학업성취[22]와 까다로운 과제를 수행하는 데 필요한 높은 수준의 과정들인 주의력, 계획, 산만함에 대한 저항 등의 영역에서 더 나은 수행을 보였다. 신경학적 연구들은 튼튼한 아동들의 뇌 용적이 더 크고[23] 뇌 활동이 활발함을 보여주는데 이는 기억을 포함한 정보처리에 중요한 구조들이다. 몇 몇 연구들은 덜 움직이는 아이들에게 정기적인 운동을 시켰을 때의 효과에 대해 조사하였는데 그 결과 주의, 기억, 하향식 통제가 다소 향상됨을 알 수 있었다.[24] 청소년과 중년 후기의 사이의 사람들을 대상으로 한 운동의 인지적 효과는 연구가 많지 않아서 잘 알려져 있지 않다. 그럼에도 불구하고 가능한 단서는 존재한다.

이전에 잘 움직이지 않던 21세~45세 사이의 성인을 대상으로 한 연구에서는 12주의 유산소운동[25)]이 긴 단어 목록의 기억을 향상시켰다고 보고하였다. 뇌 스캔은 장기기억에 중요한 영역들이 훈련기간 동안 강화되었음을 보여주었다.

• **얼마나 많은 운동이 필요한가?**

만일 인지적 능력을 증가시키기 위해 정기적으로 운동한다면 어떤 운동을 얼마나 해야 할까? 아직 정확한 답은 없지만 정부의 지침을 따르는 것[26)]이 설득력 있는 접근이다. 건강한 성인의 경우 일주일에 150분 동안 활기차게 걷는 것과 동등한 중간 정도의 유산소 운동이 권장된다. 이는 연구에서 사용된 다양한 운동처방 중의 하나로 150분은 편리한 방법으로 배분하면 되지만 약 하루에 20분 정도 운동하는 셈이 되는 것이다. 근력 훈련은 나이 든 성인들에게 도움이 된다. 같은 정부 지침이 근력운동에도 해당하는데 주요 근육을 위해서는 웨이트 들어올리기, 유연체조 또는 요가 같은 활동을 일주일에 두 번 하는 것이다.

자연기억을 강화하기: 마무리
Strengthening Natural Memory: Closing thoughts

"자연기억" 향상을 기대하는 사람들에게 뭐라고 말할 수 있을까? 첫째, 향상은 가능하다. 이는 자연기억 대부분이 고정적이라고 생각했던 20세기 연구자들의 공통된 의견으로부터 벗어난 것이다. 그러므로 당신의 중심 인지 수행을 증폭시키고자 한다면 이런 접근들 중에 하나를 시도해볼 이유가 충분하다. 나 역시 가능한 많은 도움을 얻기 위해 정기적으로 운동과 명상을 하려고 애쓴다.

만일 이러한 강화 처방 중 하나를 수행한다면 얼마나 많은 향상을 기대할 수 있을까? 이 질문에 답하기 위해서 우리는 먼저 결과를 측정하기 위해 진행된 검사들을 살펴볼 필요가 있다. 아래에 있는 유명한 "종 모양의 곡선(bell curve)"은 사람들이 기억 검사들에서 보이는 점수의 이상적인 결과이다. 표시된 지점은 "50 백분위"로 이는 50퍼센트에 해당하는 사람들이 이 점수 또는 그 이하를 받는다는 것이다.

이제 작업기억에 관한 검사에서 당신의 초기 점수가 50 백분위에 해당하고 좋은 컴퓨터 연습 프로그램을 마쳤다고 하자. 이 종 곡선에서 어디로 이동할 수 있을까? 다음 페이지에 보이는 곡선은 가능한 연구들에서 얻은 평균적인 결과들에 기초한 것[27]으로 여기서 당신은 a로 표시된, 74 백분위에 해당하는 점수를 얻을 것이라고 여겨진다. 이는 주목할 만한 향상이지만 컴퓨터에서 당신이 연습한 그 종류의 검사에 기초한 것이다. 그러나 이 향상이 다른

사람들의 기억력 검사 점수

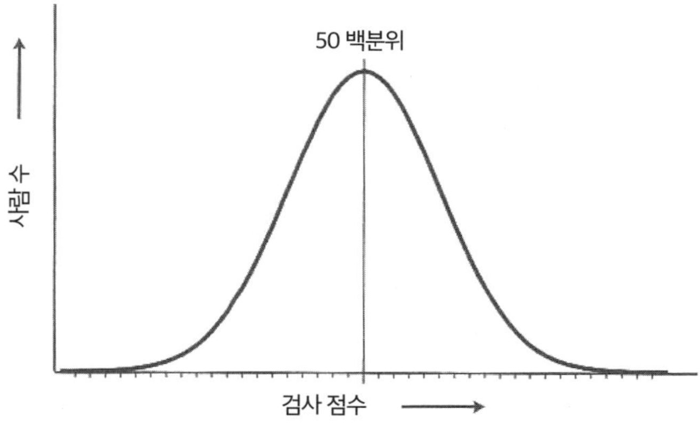

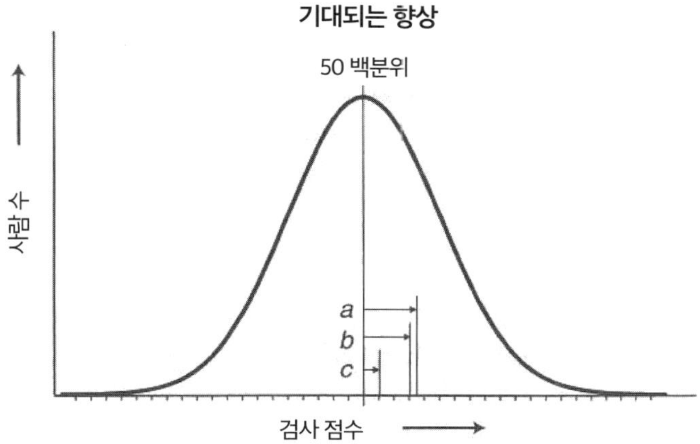

상황으로 얼마나 잘 전이되는지를 측정하기 위해 다른 작업기억 검사들을 시행하면 이 점수는 55 백분위, 즉 c로 떨어진다.

운동하지 않던 노인이 정기적인 운동을 한다면 어떻게 될 것인가? 다른 노인들과 비교할 때 상대적으로 50에서 71 백분위, 즉 b로 표시된 지점으로 작업기억점수가 이동할 것을 기대할 수도 있다. 그러나 운동으로 인한 작업기억 향상은 젊거나 더 튼튼한 사람들에게서는 발견되지 않음에 주목하라. 만일 명상을 지속적으로 연습한다면 작업기억이 50에서 72 백분위, b 지점 근처로 이동할 수 있을 것이다.

이러한 결과를 얻기 위해서는 정말 열심히 해야 한다: 몇 주 아니 몇 달이 걸릴 수도 있다. 향상된 결과를 유지하기 위해 정기적으로 기운을 북돋우는 연습이 필요할 수도 있다. 다만 얼마나 자주, 그리고 얼마나 집중적으로 환기가 필요한지에 대해서는 아직 알려진 바가 없다. 또한 결과는 실험조건 하에서 얻어진 것임을 잊지 말라.

매일 매일의 기억 수행에서의 증진은 명백할 수도, 그렇지 않을 수도 있다. 그러나 기억수행을 하는 사람들의 경우 향상은 실제로 일어난다. 그리고 컴퓨터 게임, 운동, 명상에 쏟는 노력들은 기억에 대한 효과와 상관없이도 도움이 된다.

두 번째 경로: 기억기술
The Second path: Mnemonic technique

이제 기억 향상을 위한 다른 경로를 살펴보자. 이는 "인공기억(artificial memory)"이라고 불리는 경로로 기억기술에 근거한 접근이다. 의문의 여지 없이 이 전략에 능숙한 사람들이 극적인 효과를 얻을 가능성이 크다. 2분 안에 카드 세트를 암기한 조슈아 포에나 대규모 청중 모두의 이름을 외운 해리 로레인을 생각해보라. 이들은 다양한 용 원리에 기초하여 더 특화시킨 기술로 기억자료들을 다시 꾸미고 조직하여 더 잘 기억할 수 있게 만들었다. 이런 기억 도우미를 사용하기 위해서 꼭 전문적인 기억술사가 될 필요는 없다. "콜린 씨"와 인사를 나눌 때 다정한 콜리가 당신에게 펄쩍 뛰어오르는 것을 상상할 수 있고 그래서 즉각적으로 이름과 그 사람 사이의 임의적인 연결이 좀 더 생생하고 의미 있는 연상으로 변환되어 잘 기억할 수 있게 된다. 유구하고 독특한 기억기술의 역사는 실용주의의 산 증인이다. 기계적인 암기에 열정을 가진 퀸틸리안조차 기억기술을 경외하였고 그 이전, 그리고 이후의 다른 교사들처럼 학생들에게 이 기술을 가르쳤다.

그러나 기억기술은 특효약도 아니고 공짜로 얻는 것도 아니다. 기억기술은 각 상황에 맞도록 재단되고 목적에 따라 적용되어야 한다. 이 말은 이름을 기억하는데 유용한 기술이 숫자암기에는 별 도움이 되지 않을 것이라는 뜻이다. 각각은 다른 전략을 필요로 한다. 그리고 각 기술은 숙련되기 이전에 반드시 거치는 고유의 학습 경로를 가지고 있다. 여기에는 원칙, 주의, 노력이 필요한데 기억기술이 고수준 인지 기능, 즉 작업기억의 주의, 하향식 통제, 그리고 정신적 조작에 의존하기 때문이다. 콜린씨의 이름을 기억하기 위한 이미지를 만드는 방법을 생각해보라. 이는 기억술을 찾기 위한 의식적 결정에서부터 시작한다. 다음으로 그의 이름과 유사한 구체적인 단어와 소리를 위해 기억을 뒤진다. 일단 "콜리"로 결정하면 개가 콜린 씨에게 뛰어오르는 이미지를 만들어야 한다.

그러나 기억기술의 실천가들에게 요구되는 노력은 점점 높아진다. 기억기술은 강력한 기억을 만든다는 명백한 이득에 부가적으로 위트를 사용하고 좀 더 빨리 결정하며 고유의 정신적 자원을 사용하는 능력을 향상시키도록 자극한다. 그래서 결국 가장 분명한 보상은 기억한 이름이나 습득한 사실에서 오는 것이 아니라는 것을 깨달을 것이다. 가장 풍성한 보상은 정신 능력의 성취감과 확신일 것이다. 우리는 삶은 좀 더 쉽게 만들지만 동시에 지적인 요구는 극적으로 낮추는 기계의 시대에 살고 있다. 구글은 단지 나를 위한 사실들을 검색하는 것만이 아니다; 이는 검색용어 절차까지 알려준다. 기억기술은 이와 반대방향으로의 운동이다. 이는 지적으로 스스로에게 의존하는 것이다. 기억기술은 환경에 대한 통제감을 제공하는데 이는 흥미진진하고 만족스러울 수 있다. 이 책의 나머지 부분에서는 특정 상황에서의 기억 전략을 살펴볼 것이다. 기억할만한 정보와 사실을 형성하고, 오랫동안 그것을 기억하며 그리고 필요할 때 그것을 인출하는 것에 대해 과학이 밝혀낸 것을 알게 될 것이다. 사람들이 왜 어떤 상황에서 더 어려움을 겪고 이를 다루기 위해 기억시스템의 힘을 어떻게 가져올 것인지에 대해 이해하게 될 것이다. 그리고 용 원리와 다른 기억에 관한 통찰을 다양한 상황에 어떻게 적용시키는지 알게 될 것이다.

기억연구소: 효과적인 시각적 연상 만들기

시각적 기억술은 시각적 단서와 인출의 대상이 되는 목표 기억 사이의 연상에 기초한다. 이 기억연구소에서는 시각적 단서 선택에서 일어나는 일반적인 오류를 보여주는 사례를 소개한다. 아래의 시각적 기억술을 한 번 보라. 이는 기억향상을 위한 두 가지 경로에 대한 기억을 돕기 위한 이미지이다.

이 그림을 보면 이 기억술을 만든 사람의 생각을 알 수 있다. 뇌 이미지는 중심과정들을 강화시킴으로써 자연기억을 향상시키는 방법을 알려주고자 한 것이고 팔레트는 기억술에 대한 단서를 제공하고자 한 것이다. 또한 기억술사는 한 경로는 넓게, 다른 경로는 좁게 만들어서 자연기억의 향상이 기억술에 총체적이기는 하지만 이러한 경로가 상황에 따라 특화되어 있음을 알리고자 하였다.

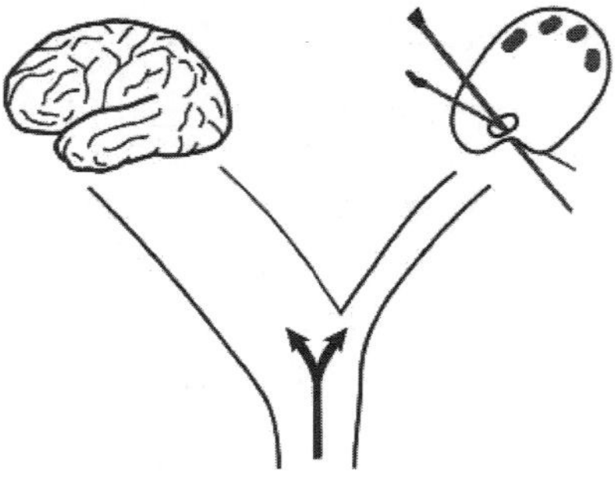

기억 향상을 돕는 두 개의 경로를 기억하기 위해 제안된 기억술

그런데 어디가 잘못되었을까? 약점은 뇌 이미지가 자연기억을 강화시키기 위한 세 개의 다른 방법을 기억하는데는 아무런 도움이 되지 못한다는 점이다. 왜 기억술사는 뇌 이미지를 단서로 선택하였을까? 만일 우리가 그의 사고과정을 되짚어 간다면 기억술 조성에 관한 중요한 통찰을 얻을 것이다.

기억술사는 각 방법에 대한 연상을 생각하면서 중심기억기능을 향상시키기 위한 세 가지 다른 방법을 기억할 수 있는 단서를 찾기 시작했을 것이다. 이 생각을 했을 때 그는 세 가지 방법 모두와 공통적으로 연관된 뇌의 변화에 집중했다. 즉,

컴퓨터 훈련 → 뇌 강화

명상 → 뇌 강화

운동 → 뇌 강화

그래서 기억술사가 기억술을 만들었을 때 뇌는 세 방법에 대한 논리적인 연상인 것처럼 보였다. 문제는 그가 이 세 개를 모두 기억하려 한다면 이 기억술을 사용할 때 연상이 다른 방향으로 작용한다는 점이다. 즉 그가 기억술을 기억하고 뇌를 생각하면 → ?? . 여기가 기억술이 별 효과를 발휘하지 못하는 지점이다.

그의 실수는 효과적이지 않은 기억술의 전형적인 형태이고 쉽게 일어나는 오류이다. 기억술을 만들 때는 그럴듯하고 유용하게 보였던 단서가 이를 사용할 때는 연상의 방향이 너무 퍼져서 약한 것으로 판명되는 것이다.

기억술 형성시점:

기억자료 → 기억단서를 생각함

기억술 사용시점:

기억단서 → 기억자료를 생각함

이것이 의미하는 것은 기억술사는 기억단서와 기억자료 간의 연상 방향에 민감할 필요가 있다는 것이다. 연상은 기억술을 만들 때가 아니라 사용할 때 효과적이어야 한다.

그러면 이제 어떻게 해야 하는가? 그 대안은 아래 그림에 있다. 자연기억을 향상시키기 위한 단서는 부처가 명상을 하는 모습을 보여주는 컴퓨터 게임으로 제시되었는데 여기에는 운동을 위한 운동화가 몸통에 붙어있다. 이것이 세 가지 개입을 빠르게 기억할 수 있는 기억공식이 되는 것이다.

더 많은 특정한 단서로 인해 향상된 기억술

7장 이름 기억하기

Remembering names

나는 파티에서 한동안 보지 못했던 옛 동료를 발견했다. 나와 애인은 그한테 가서 이야기를 시작했다. 그는 그의 아내를 나에게 소개시켰고 나는 내 애인을 소개했다. 내가 그의 아내에게 그녀의 일에 대해서 물어보려고 할 때 그녀의 이름을 완전히 잊어버렸다는 것을 알아버렸는데 이는 소개를 받은 직후였다. 당황했지만 나는 내색하지 않았고 그녀는 그 사실을 알아채지 못한 것 같았다. 나중에 그녀를 다른 사람에게 소개하는 것을 듣고 그녀의 이름을 알게 되었다.

이는 수업을 듣는 한 학생이 해준 이야기로 우리 대부분에게 익숙한 난처한 상황을 묘사한다. 실제 조사결과 기억에 관한 가장 흔한 호소가 이름을 잊어버리는 것[01]이었는데 이는 나이가 들수록 더 슬픈 일이기는 하나 대학생이

든 노인이든 상관없다.

이름이 문제가 되는 데는 그럴 듯한 이유가 있다. 우리가 이름을 처음 듣는 장소는 종종 산만한 일이 가득한 복잡한 사회적 행사이다. 그리고 어떤 이름은 익숙하지 않아서 기억에서 빠져나가기 쉽다. 그러나 실제로 작용상의 이유도 있다. 쉬운 이름이나 완전히 주의를 집중하고 있어도 이름에는 기억하기 어려운 무언가가 있다는 것이 밝혀졌는데 이름은 이름이기 때문에 어려운 것이다.

아래에 만화로 그려진 두 사람을 보라; 변호사(attorney)인 파머(Mr. Farmer)와 농부(farmer)인 로버츠(Mr. Roberts)이다. 당신이 모임에서 이 두 사람을 만나고 그들의 이름과 직업을 들었다고 치자. "파머farmer"라는 말을 이름으로 들었을 때 더 잊기 쉬운가 아니면 직업으로 들었을 때 더 잊기 쉬운가?

로리 제임스Lori James는 "파머farmer" 같이 이름도 될 수 있고 직업도 될 수 있는 단어의 기억에 대해 연구하였다.[02] 그녀는 단어가 이름에 사용될 때 기억하기 어렵다는 것을 알아냈다. 그녀는 참여자들에게 그림이 묘사하고

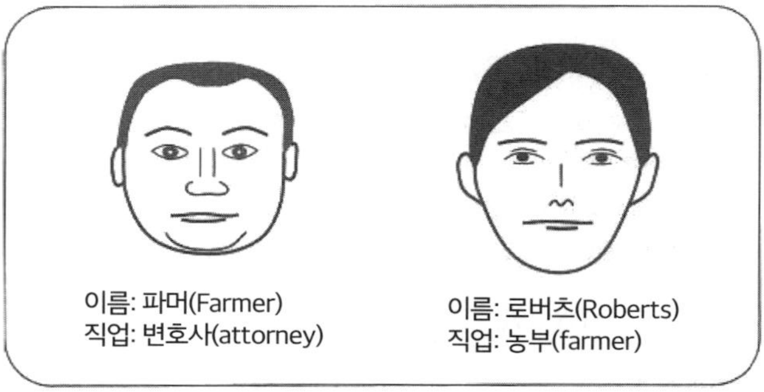

있는 개인의 이름과 직업을 외우도록 하였다. 그녀는 "farmer(파머-농부)", "baker(베이커-제빵사)", "weaver(위버-직조사)", "cook(쿡-요리사)" 같은 단어를 사용해서 그림에서 보여지는 것처럼 이것을 어떤 참여자들에게는 이름으로, 다른 참여자들에게는 직업으로 제공하였다. 또한 나이 영향을 보기 위해 대학생과 노인들을 포함시켰다. 나중에 참여자들에게 그림을 보여주며 각 인물에 대한 이름과 직업을 말하라고 하였다. 결과는 아래 막대그래프에서 보여지는 것처럼 명백했다. 단어가 직업으로 제공되는 경우에는 잘 기억되었지만 이름으로 제공되는 경우에는 그렇지 않았다. 예측대로 노인들은 젊은 사람들보다 이름을 기억하는데 더 많은 어려움을 보였다. 두 그룹 모두 직업을 기억하는 데는 문제가 없었다.

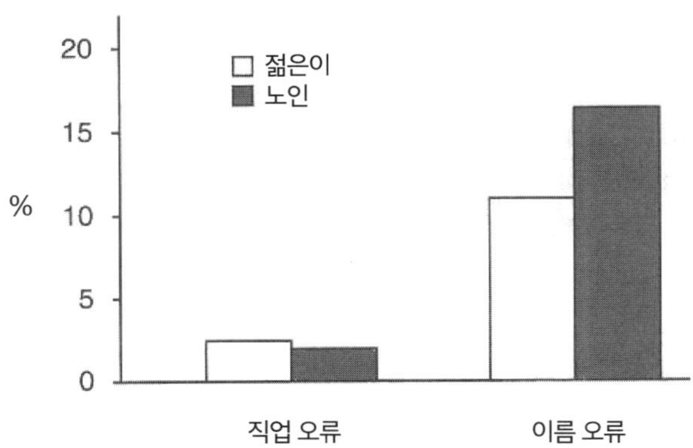

이름 기억과 직업기억은 사뭇 다르다

왜 이름이 문제인가
What is it about Names?

왜 단어를 직업으로는 기억하기 쉬운데 이름으로는 기억하기 훨씬 어려운

가? 이에 대한 답은 기억시스템에 대한 통찰을 제공하고 이름을 외우는 데 사용할 수 있는 전략을 제안한다. 이는 아래 그림에서 나타난 것처럼 단어를 인출할 때 사용가능한 연상들로 압축된다. 내가 로버츠를 농부라고 말할 때 당신은 즉각적으로 그에 대해 많은 것을 알게 된다. 그는 트랙터를 운전할 수 있고 곡식을 재배하며 들판에서 일한다. 나중에 그의 직업이 즉각적으로 기억나지 않는다면 아마 다른 연상들 중의 어떤 것, 예를 들어 트랙터 운전 같은 것을 기억할 것이고 그것으로 그가 농부임을 알게 될 것이다.

그러나 그의 이름을 기억하려고 할 때는 단 하나의 경로만이 있다. 다른 부가적인 연상이 없다. 즉 이름은 단지 그 사람에 대한 임의적인 표지로 더 이상의 다른 의미를 전달하지 않는다. "로버츠"이든 "쿡"이든 상관이 없는 것이다. 이렇게 이름과 사람간의 유일한 연결이 약하다면 이름을 기억하는 것이 어려울 것이다. 여기에는 다른 대안이 없다.

그러면 어떻게 이름을 잘 기억할 수 있는가? 아래 그림은 이를 위해 세 가

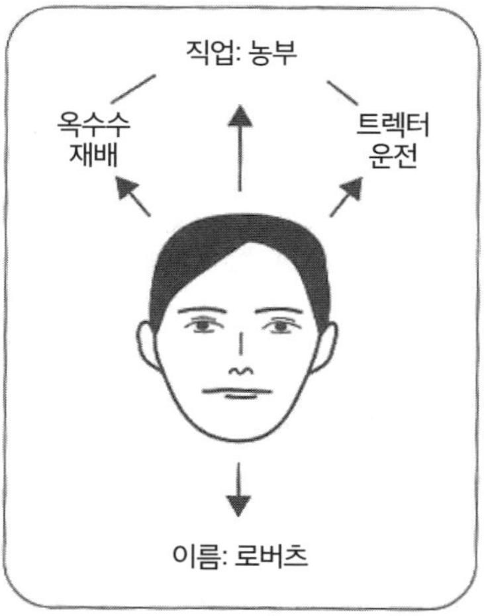

지 필요한 사항을 보여준다. 그것은 얼굴을 기억하고 이름을 기억하며 그 둘 간의 관계를 기억하는 것이다. 이 들 중 어느 하나가 약하면 이름을 기억해야 할 순간에 머리가 하얗게 되는 것을 경험할 것이다. 그렇게 되지 않도록 효과적인 전략을 살펴볼 것인데 특별히 중요한 단계에서부터 시작하도록 하자.

사람 기억하기
Remembering the person

이름이 어떻게든 그 사람과 연결되지 않는다면 이를 기억하는 것은 쓸모없을 것이다. 일반적으로 이름은 그 사람의 얼굴로 연상되는데 얼굴은 우리의 정체성과 가장 밀접하게 연관되어 있다. 만일 비록 잠깐 만난 다음이라도 얼굴을 잘 기억한다면 운이 좋은 편이다. 얼굴 기억을 향상시킬 수 있는 방법은 있다. 이것이 이름을 더 잘 기억하기 위한 가장 중요한 첫 단계이다.

얼굴은 신발, 팔이나 다리 같은 보통의 시각대상이 아니다. 얼굴은 아기들이 초점을 맞추는 첫 번째 대상이며 전 생애에 걸쳐서 사람들을 알아보고 파악하고 그들의 감정을 짐작하고 의도를 추측할 수 있게 도와주는 중요한 정보를 우리에게 준다. 얼굴이 이렇게 중요하기 때문에 어떤 학자들은 얼굴을 기억하고 분석하기 위해 특화된 신경회로가 발달되었다고 주장[03)]하는데 우리는 이 회로로 안면 인식의 두 개의 다른 양상을 사용할 수 있다. 우리는 독특한 개별적인 모양들을 이용할 수 있다. 큰 코나 매력적인 눈처럼 말이다. 혹은 종합적인 전체 모습에 대한 인상에 의존할 수 있다. 사람을 처음 만날 때 얼굴의 특정한 모습은 종종 그 사람을 다시 인식하는데 가장 중요한 요인이 된다. 이것이 최근에 만난 여성이라도 헤어스타일이 바뀌거나 금발을 갈

색으로 염색하거나 하면 알아보지 못하는 이유이다. 그러나 그녀와 자주 만나면 그녀 얼굴의 전체적인 윤곽에 익숙해져서[04] 얼굴을 전체적으로 지각하게 된다. 그래서 그녀가 머리 모양을 바꾸면 놀랄 수는 있지만 그녀가 누구인지 혼동하지 않고 알아볼 수 있다.

그러나 이런 얼굴에 대한 전체적인 이해는 새로운 사람을 만날 때는 약하기 때문에 그 사람을 이름과 연결시키기 위해서는 강한 턱선이나 사시 같이 특정한 모습을 찾는 것이 좋은 전략이다. 얼굴에 좀 더 익숙해질수록 이름은 전체적인 성질과 자연스럽게 연결될 것이다. 이름과 연결시키기 위해 독특한 얼굴 모습에 집중하라는 전문 기억술사의 조언은 이러한 접근과 맥을 같이 한다. 기억 전문가인 해리 로레인Harry Lorayne과 제리 루카스Jerry Lucas에 따르면,

> 어떤 것이라도 선택할 수 있다[05]: 머리나 머리의 선, 이마(좁은지, 넓은지 또는 높은지); 눈썹(곧은지, 아치 모양인지, 숱이 많은지); 눈(작은지, 큰지, 사시인지); 코(큰지, 작은지, 들창코인지, 끝이 위로 향했는지); 콧구멍(넓은지, 좁은지); 높은 광대뼈; 볼(통통한지 홀쭉한지); 입술(일자인지, 아치 모양인지, 도톰한지, 얇은지); 턱(갈라졌는지, 움푹 들어갔는지, 삐쭉 나왔는지); 주름, 뾰루지, 사마귀, 보조개 등 어느 것이든지.

그러려면 얼굴을 자세히 봐야 하는데 사람들이 일반적으로 그렇게 하지는 않는다. 그래서 만일 얼굴을 자세히 보는 것이 불편하다면 가외의 노력을 기울여야 한다. 로레인과 루카스는 얼굴을 봤을 때 진심으로 느낀 첫 인상에 특별히 주목할 것을 제안한다. 스펜서를 처음 만났을 때 그의 얼굴에서 본 숱이

많은 눈썹은 그 다음에 그를 볼 때도 당신의 주의를 끌 가능성이 높다. 그러면 눈썹으로 스펜서와 그의 이름을 연결시키면 된다.

독특한 모습을 찾을 수 없으면

소개 받을 때 눈에 들어오는 특별한 모습이 없으면 그 사람을 다시 본다고 해도 특별한 모습은 눈에 들어오지 않을 수 있다. 그러므로 특징을 찾는 대신 그 얼굴의 전체적이고 종합적인 인상을 찾고 이를 이름과 연결시키도록 하라. 눈 바로 아래 얼굴의 중심에 초점을 맞추고 전체 얼굴이 생긴 모양에 주의를 기울여서 특징이 아니라 전체에 집중하라. 얼굴을 살펴볼 때 일어나는 숙고과정이 기억을 도와줄 것이다.

인물과 이름을 연결하는데 사용될 수 있는 다른 안정적인 개인 특질도 있는데 이는 몸무게, 키, 또는 독특한 성격스타일 등이다. 신경질적인 태도, 뚱뚱한 배, 털이 수북한 팔, 보라색 손톱 등은 주의를 기울인다면 기억단서가 될 수 있다. 옷이나 장신구 까지도 이용할 수 있는데 특히 그 사람과 다시 만날 일이 없는 단 한 번의 만남에서는 더 그렇다. 큰 고리모양의 귀걸이나 코발트 블루 셔츠가 그 만남에서 사람과 이름을 연결하는데 필요한 전부이다.

얼굴을 기억하기 어려우면

얼굴을 기억하는 능력은 사람들마다 다르다.[06] 한 연구는 대학생들 간에 얼굴 기억 문제 즉 어떤 사람을 다른 사람으로 잘못 기억하거나 잘 아는 사람을 몰라보는 것 같은 문제들이 7배까지도 차이가 있음을 발견했다.

얼굴에 의식적으로 주목하고 독특한 모습을 알아냄으로써 얼굴, 나아가 이름을 기억하는 기술을 향상시킬 수 있다. 쇼핑몰이나 길거리 같이 사람들이 줄지어 지나가는 곳에서 이를 연습해보라. 사람이 지나갈 때 그의 얼굴을 주의 깊게 보고 얼굴의 특징을 짚어 내거나 아무 것도 눈에 띄지 않으면 전체적인 인상을 찾아보라. 여러 사람이 지나간 후에는—처음에는 두 세명 후에—얼굴과 당신이 골라낸 기억단서를 떠올려라. 연습을 할수록 과제가 더 쉬워진다는 것을 알게 될 것이다. 기억전문가 케네스 히그비Kenneth Higbee[07)]는 다음과 같이 말했다. "사실, 얼굴에는 특징적인 모습이 많이 있다. 그러나 당신 스스로가 그것을 찾아내야만 한다. 일단 찾게 되면 얼굴에서 더 많은 특징들을 보게 될 것이다."

강력한 이름-사람 연결 만들기: 기본원칙
Creating a strong name-person connection: the basics

이제 우리는 모든 것을 종합하여 사람과 이름을 연결시키는 전체 과정을 바라볼 때가 되었다. 나는 항상 보유의도에서 시작할 것을 권하는데 이는 이름 기억에 쏟는 몰입과 이를 위한 계획을 말한다. 이름을 알기 위해 몰입하는 것이 중요하다. 당신 스스로에게 이유를 부여함으로써 원하는 바를 이루는 것이다. 이름을 기억하는 이유는 상대방에게 좋은 인상을 주기 위함일 수도 있고 하나의 도전으로 생각하기 때문일 수도 있고 또는 자신의 정신력을 연습하기 위한 기회이기 때문일 수도 있다. 또한 당신이 방금 만난 사람 자체에 의식적으로 관심을 가지는 것도 도움이 된다. 이 사람은 누구인가? 그는 어떤 사연을 가지고 있나? 물론 만나자 마자 이 모든 것을 알 수는 없지만 당신은 그를 평가하고 그의 이름을 기억할 수 있다. 이런 작전은 주의와 동기를 증가시킨다.

그러는 동안 이름의 어떤 부분을 외우고 싶은지 결정하라. 내가 “내 이름은 밥 메디간Bob Madigan입니다”라고 하면 대부분의 사교적인 상황에서는 “밥Bob”이 기억해야 할 부분이다. 그러나 다른 한 편으로 나를 교수로 만난다면 “메디간Madigan”이 중요한 부분이다. 어떤 경우든 당신이 들은 것 중의 한 부분을 취하는데 이로써 과제가 훨씬 쉬어진다.

여기 특별한 전략이 있다. 첫 번째 전략은 적용하기 쉽고 실제로도 도움이 되는 것으로 좋은 코딩과 얼굴과 이름간의 강한 연결을 보장하는 것이다. 만일 이 장에서 단 하나의 아이디어만을 선택한다면 이것을 선택하라고 하고 싶다. 이름을 기억하는 과정은 네 단계를 거친다: **F**ind a Feature, **L**isten, **S**ay, **P**ractice(특징 찾기, 듣기, 말하기, 연습하기). 나는 이를 아크로스틱으로 기억하라고 말한다: **F**riendly **L**lamas **S**eek **P**eople(친절한 라마는 사람을 찾는다). 이것을 도와주는 이미지는 아래 그림과 같다.

아크로스틱 ‘Friendly Llamas Seek People(친절한 라마는 사람을 찾는다)’을 위한 이미지 도우미

특징 찾기(Find a feature)

될 수 있는 한 빨리 사람과 이름을 연결시키는 데 사용할 특징을 결정하라. 이는 실제 만남에서의 인지적 부하를 감소시킨다. 소개받을 사람을 실제로 만나기 전에 먼저 볼 수 있다면 이 때 그를 자세히 보고 이름과 연결시킬 수 있는 무언가를 찾을 수 있다. 특별한 얼굴 모양인가? 아니면 다른 특징들인가? 전체적인 인상인가?

듣기(Listen)

소개받는 순간에 주의가 흐트러지면 실질적인 문제에 봉착하는데 이는 주로 복잡한 세팅에서 일어날 수 있다. 이름을 기억에 확실하게 입력하려면 견고한 하향식 주의 통제가 필요하다. 노인들이 특히 이 문제에 취약한데 그들이 주의를 흐트러뜨리는 요인들로 인해 더 쉽게 산만해지기 때문이다.[08] 이름을 잘 듣지 못했다면 상대방에게 다시 한 번 말해줄 것을 부탁하는 것이 좋다. 되묻는 것이 만남의 흐름을 방해하기 때문에 매우 어색해하는 사람들이 있는데 이름을 기억하고 싶다면 이 과정이 필요하다. 사람들은 자신의 이름을 반복해서 말하는 것을 아무렇지 않게 생각한다. 이는 또한 내가 만나는 사람들에 관심이 있음을 보여주는 것이다.

말하기(Say)

이름을 반복해보라. "만나서 반가워요, 엠마" 같이. 이런 습관을 갖는 것이 중요한데 이것이 기억을 강화시키는 강력한 방법 중의 하나인 인출 연습에 해당하기 때문이다. 당신이 "엠마"라고 말할 때 그 이름을 또다시 듣는 것이다.

연습하기(Practice)

연습은 성공을 위한 열쇠이다. 연습은 이름과 선택된 특징을 연결시키려고 노력하면서 기억을 강화시킨다. 그 이름을 반복해서 부를 때 일어나는 첫 번째 인출 연습만으로는 충분하지 않다. 부가적으로 그 사람을 보고 당신이 선택한 특징에 주목하여 이름을 기억하면서 연습을 하라. 그 이름을 대화에 사용할 기회들을 잘 이용하라. 물론 너무 부자연스러울 수도 있다. 그러나 실제로 그 이름을 크게 말할 필요 없이 마음속으로 연습할 수 있다. "바로 그거에요(로저)" 같이 말이다. 이름을 연습하고 선택된 특징에 주목할 때마다 그들 간의 연상은 강화된다.

기억술사 스캇 해그우드Scott Hagwood는 이름을 들은 지 5분 이내 3번[09] 연습할 것을 권하는데 연구결과는 그의 조언을 지지한다.[10] 심리학자 피터 모리스Peter Morris[11]와 그의 동료들은 사람들에게 새로운 이름을 실험실과 실제 파티에서 3번 연습하면서 기억할 것을 요구하였다. 실험실 조건에서는 세 번의 인출 연습이 이름 기억을 200% 증가시켰다. 산만한 실제 상황에서 그 효과는 50%로 떨어졌지만 여전히 향상은 있었다.

보다 오랫동안 이름—얼굴 연상을 기억해야 할 때는 더 많은 연습이 요구된다. 얼마나 집중적이어야 하는지는 얼마나 오랜 기간 후에 그 사람을 다시 만나게 될 것인지에 달려있다. 만일 며칠 후 같이 비교적 빨리 다시 만나게 된다면 소개 받은 날 저녁에 한 번 더 이름을 기억해보는 것만으로도 충분할 것이다. 이 연습은 사람을 다시 떠올리고 특징을 그려보고 이름을 기억하는 것이다. 그러나 다시 만나기까지의 기간이 더 길 것 같으면 4장에서 더 오랫동안 기억하기 위한 지침으로 제시한 '5의 법칙(Rule of Five)'을 사용하라.

더 강력한 이름-얼굴 연상
More Powerful Name-Face Association

해리 로레인이 청중들의 이름을 기억해서 그들의 경탄을 자아냈을 때는 더 발전된 기술을 사용했었다.[12] 그는 인출 연습에 의존할 수 없었는데 연습할 시간이 없었기 때문이다. 대신 그는 이름을 외모에 연결시키는 생생한 시각적 이미지를 만들어내서 이름을 기억했는데 이 이미지는 연습 없이도 이름을 기억하는데 충분히 강력한 것이었다.

전문 기억술사가 이 연상을 사용할 때의 효과는 의심할 여지가 없다. 내 경험상 이것이 새로운 이름을 기억하는 가장 좋은 방법인데 생생한 연상은 유지가 잘 되기 때문이다. 연상은 이름 기억을 도울 뿐 아니라 이름과 선택된 특징 간의 연결을 코드화할 수 있다. 단점은 이미지 연상이 친절한 라마(Friendly LIamas) 전략보다, 때로는 당신이 생각하는 것 이상으로, 더 많은 노력과 인지적 자원이 필요하다는 점이다. 이 발전된 방법들을 친근한 라마 단계에 부가적으로 더할 때 도움이 되는 선택적인 향상 프로그램으로 생각하라.

이름을 기억하기 위한 "그림자" 기법

우리는 종종 사람을 소개받을 때 그 사람과 같은 이름을 가진 다른 사람을 알고 있다. "스펜서"를 예로 들어보자. 나는 내가 이미 알고 있던 스펜서를 새로 알게 된 스펜서 기억에 사용할 수 있는데 이는 알고 있던 스펜서가 새 스펜서의 등을 때리는 것을 시각화함으로써 가능하다. 조금만 연습하면 아는 사람, 유명인, 또는 정치인 등을 그림자로 사용하는 이 방법을 빨리 배울 수 있다.

가장 강력한 연상은 그림자가 기억하고자 하는 사람의 독특한 특징과 상호작용하는 이미지일 것이다. 예를 들어 알고 있던 스펜서가 새 스펜서의 숱이 많은 눈썹을 뽑고 있는 것 같은 이미지를 말한다. 이런 이미지는 스펜서의 이름을 기억하는 것 뿐 아니라 이상적인 기억단서인 그의 독특한 특징의 연상을 돕는다. 그러나 때로 이 기법이 너무 복잡하다면 그림자가 그 사람의 등을 치거나 서로 팔짱을 끼거나 또는 새로운 사람의 어깨 너머로 응시하는 것 같은 이미지를 만들어내서 이름을 기억한다. 그 다음에 그 사람의 독특한 특징과의 연상을 강화시키기 위한 인출 연습에 의존한다.

성(姓)을 기억하는 기법

그림자 기법은 성(姓)을 기억하는데도 사용할 수 있다. 만일 당신이 방금 설리번을 만났고 고등학교 친구인 릭 설리반을 기억한다면 그것으로 그림자를 만들라. 운 좋은 다른 경우는 성(姓)이 의미 있는 다른 단어로 해석될 수 있을 때이다. 파머(Mr. Farmer, 농부), 가드너(Mr. Gardner, 정원사), 또는 캐슬(Mr. Castle, 城) 같은 경우이다. 여기서의 전략은 이름의 의미와 그 사람을 연결시키는 이미지를 형성하는 것이다. 당신은 파머(Mr. Farmer)를 작업복을 입고 있거나 건초용 갈퀴를 들고 있는 모습으로 상상할 수 있다. 같은 방법으로 당신은 후버(Mr. Hoover)가 진공청소기(hoover).* 를 돌리고 있고 브라운(Ms. Brown)이 너풀거리는 갈색(brown) 모자를 쓰고 있는 것을 상상할 수 있다. 또는 곱슬머리를 가지고 있는 클레이(Ms. Clay)는 도예 물레에 앉아 있는

* Hoover는 진공청소기, 세탁기 등을 만드는 유명한 회사로 회사이름이 진공청소기의 대명사처럼 사용됨. 역자 주.

데 진흙 덩어리(clay)가 그녀 머리로 날아드는 모습으로 그려볼 수 있다. 이 경우는 그녀의 독특한 특징과 그녀의 이름을 알 수 있는 이미지가 함께 결합되어 있는 것으로 이름—특징 기억 이미지로 가장 성공적인 예이다.

불행하게도 성(姓)은 직접적인 이미지로 연결되지 않는 경우가 많아서 그럴 경우 "대체 단어"기술이 유일한 선택이 된다. 1장에서 "episodic(일화적)"과 "semantic(어의적)"이라는 단어를 "exotic salmon(이국적인 연어)"으로 바꾸었던 것처럼 말이다. 이 전략은 특히 이름에 유용하다. 즉 로버츠를 만난다면 유용한 기억단서가 될 만큼 그 이름과 유사하게 발음되는 구체적인 단어를 찾아라. 아마 아래의 그림에서처럼 "로버(robber: 도둑)"라는 단어를 생각해낼 수도 있다. 그러면 그가 도둑질하는데 필요한 연장이 담긴 큰 가방을 가지고 있는 것으로 상상해 볼 수 있다. 만일 "로버"로 기억될 만한 좋은 이미지를 만들면 그 이름을 잘 기억할 수 있는 연결을 가지게 될 것이다.

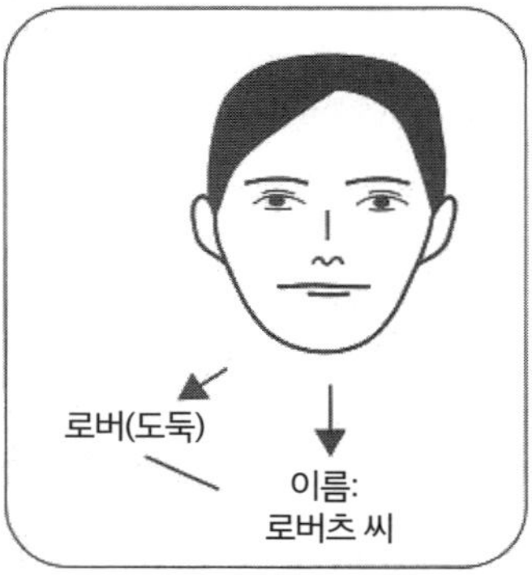

이름의 대체 단어가 자연기억을 증진시키는 연상을 더함.

여기 다른 예가 있다. 나는 버릴(Burill)이 키가 크고 운동을 잘 한다는 것을 안다. 나는 그가 버로(Burro: 놀란 당나귀)를 짊어지고 있는 모습을 상상한다. 나는 거르키(Gurke)가 가글(gaggling)하는 것을, 루자노(Luzano)가 루즈 아모(loose ammo: 산재한 탄약)에 둘러싸여 있는 것을, 카피스케(Kopischke)를 카피즈미("Cop is me:내가 경찰이다"), 보이즈톤(Boydston)을 보이톤("boy ton: 뚱뚱한 아이")으로, 아넬(Arnell)을 암벨(arm bell)로 그리고 틸만Tillman이 틸링(tilling: 밭을 가꾸는 것)하는 것을 그려본다. 메디간Madigan 교수는 매드어겐(mad again: 다시 화를 내는) 모습으로 그려질 수 있다. 이러한 이미지들은 버릴(Burill)의 경우에서처럼 그 사람의 독특한 특징과 연관될 때 가장 도움이 된다.

이름을 이미지로 전환시키는 요령을 익히려면 연습이 필요하다. 새로운 사람을 만날 때마다 매번 이름—이미지 모드를 작동시켜보도록 하라. 단어의 숨은 뜻을 찾는 익살꾼이나 운율을 만들어내는 것을 즐기는 래퍼처럼 이를 게임이라고 생각해보라. 모든 이름을 이미지로 바꾸지 못할 수는 있지만 그러는 동안 당신의 능력은 분명히 향상될 것이다. 그리고 그렇게 되면 이름을 기억하는 것이 엄청나게 늘었음을 알게 될 것이다.

실험결과는 대학생들과 노인들이 이 전략을 사용할 때 이름—얼굴 기억이 향상되었음을 보여준다.[13)] 이는 또한 실제적인 기억 훈련 프로그램에서 오랫동안 인기 있는 기술들로 대부분이 해리 로레인에 의해 알려졌는데 그는 기억 향상 책에 이를 썼을 뿐만 아니라 기업경영자, 유명인, 군장교, 그리고 다른 청중들에게 수 십년동안 가르쳤었다. 다른 숙련된 기억 훈련가들도 유사한 방법을 가르친다.

그러나 이미지 방법을 습득하는 데는 노력이 든다는 점을 잊어서는 안된다. 특히 빠르게 진행되는 사교적 상황에서는 구체적 단어를 찾고 이미지를 만들어내기 위해 정신적 자원을 모으는 것이 힘들 수 있기 때문에 더욱 어렵다. 학생들을 대상으로 이 방법을 실험실에서 익힌 뒤에 실생활에서 사용하도록 시도한 두 개의 연구에서는 이 방법이 도움[14]이 되지 않았던 것으로 나타났다. 그러나 이들은 그 기술을 배운지 얼마되지 않은 초보자였다. 그들이 좀 더 연습을 한다면 충분히 잘 할 수 있을 것이다. 이 연구들의 시사점은 이 강력한 기술을 습득하는 데는 시간이 필요하다는 것이다. 나는 기초적인 '친절한 라마(Friendly Llama)' 전략을 실행할 때 이름—특징 이미지를 만들어볼 것을 제안한다. 이름을 이미지로 쉽게 전환시킬 수 있으면 반드시 그 이미지를 사용하라. 그러나 아무것도 떠오르지 않는다면 기본 계획을 계속 사용하고 이름, 특징, 그리고 연상 기억을 위한 인출 연습을 계속하라.

다수의 이름들
Many Names

당신이 고객의 회사에 있는 회의실로 들어간다고 생각해보자. 8명의 남녀가 테이블에 둘러 앉아 있다. 그리고 소개하기 시작한다. "존, 여기는 해리, 여기는 샐리…" 소개받은 사람들은 고개를 끄덕이거나 악수를 하기 위해 손을 뻗는다. 그 사람들의 이름을 기억하는 것은 어려울 것이다. 인출 연습을 할 만한 시간도 없이 지나가므로 이름이 그냥 미끄러져 나간 것 같은 느낌이 든다. 그러나 회의거나 파티거나 또는 다른 사교적인 만남이든 간에 당신이 여러 사람과 인사를 나눌 때 사용할 수 있는 단계들이 있다.

여기 가장 중요한 법칙이 있다: 포기하지 말라. 모든 이름을 다 정확히 기억하는 것이 어려운 때는 노력하기를 쉽게 포기한다. 그러나 포기하지 않고 가능한 한 친철한 라마(Friendly Llama)전략을 적용하면 그들 중 몇 개의 이름을 인출 연습이 가능한 소개 시간을 지나서도 충분히 오랫동안 기억할 수 있다. 그 모임에 집중한다면 잊어버렸던 이름도 종종 기억해낼 수 있다.

또 다른 특별한 전략들도 도움이 될 수 있다. 예를 들어 할 수 있는 한 조금의 연습이라도 짜낼 수 있을 것이다. 각각의 사람들을 소개받을 때 친철한 라마(Friendly Llama) 전략을 적용시키고 다음 사람을 소개받기 전에 방금 만난 사람을 다시 쳐다보며 속으로 그 이름을 다시 말해보라. 소개가 끝나자마자 연습할 수 있는 기회를 찾아보라.

다른 기술은 사업 코치이며 동기를 불어넣는 강연자인 돈 가보Don Gabor[15)]에 의해서 제안된 것인데 그는 이것을 "글자 사슬(letter chain)"이라고 부른다. 이는 다음과 같다. 각 사람을 소개 받을때 그 이름의 앞 글자를 따서 약자를 만들라. 만약 Cameron카메론, Haley헤일리를 소개받으면 C-H를 기억하라. 그 다음에 Alex알렉스를 소개받으면 약어는 C-H-A가 된다. 가능한 한 빨리 그 사람을 바라보고 이름을 반복하는 연습을 하라. 이름 서너개 정도가 너무 부담스럽지 않은 글자 사슬이 된다.

이름 게임

그룹에 있는 모든 사람들이 다른 사람들의 이름을 모두 외울 수 있는 독창적인 기술이 있다. "이름 게임(name game)"이라고 불리는 이 기술은 게임[16)]을 주도하는 사람이 있는 환경에서 더 잘 사용될 수 있다. 게임은 한 사람이 자신의 이름을 말하면서 시작된다. 그 다음 사람은 전 사람의 이름을 이야기하고 자신의 이름을 말한다. 이 게임은 한 바퀴 돌 때까지 모든 사람들이 자신의 이름을 말하기 전에 앞 사람들의 이름을 반복한다. 다른 그룹원들은 조용히 곁에서 게임에 동참하며 누군가 난관에 봉착하면 도와준다. 칠판을 사용할 수 있으면 사람들은 자신의 이름을 먼저 칠판에 쓰고 말하고 나서 지운다.

이 게임은 기억을 도와주는 것 말고도 재미가 있다. 이는 초기의 어색함을 깨고 사람들이 서로 친해질 수 있게 해준다. 피터 모리스Peter Morris와 캐서린 프릿츠Catherine Fritz는 일반적인 소개보다 이 게임을 이용할 경우 3배 정도 더 많은 이름을 기억할 수 있음을 알아냈는데 이러한 성공률은 게임이 제공하는 인출 연습에 기인한다. 비록 모리스와 프릿츠는 25명이 있는 그룹에서 연구를 진행[17])했지만 12명 정도의 그룹에서 가장 효과적인 것으로 보인다.

마무리
A Final thought

이름을 기억하는 것은 여러모로 유리하다. 고객서비스나 네트워킹이 중요한 직업에서는 이름을 잘 기억하는 사람이 그렇지 못한 사람보다 실제적으로 더 유리하다. 1936년 데일 카네기Dale Carnegie는 "이름이 당사자에게는 가장 달콤하고 중요한 소리임을 기억하라"고 하였다.[18]) 누군가의 이름을 아는 것은 그 사람과의 개인적인 관계를 형성하는 것으로 어떤 사회적인 상황에서도 이익이 된다. 나는 대학교수로서 이에 관한 놀라운 경험을 가지고 있다. 새 학기가 시작할 때 학생들의 이름을 기억하려고 하는데 일단 이름을 기억하게 되면 교단에서의 경험에는 놀랄만한 변화가 일어난다. 그저 한 무리의 얼굴들이 내가 학생 개개인과 연결감을 갖게 되면 개개인이 모인 그룹으로 변화되기 시작한다. 놀랍게도 이는 내가 학생들의 이름 외에 다른 특징을 알지 못하는 경우에도 일어난다. 내가 경험했듯이 당신들도 기억기술을 이름과 얼굴에 적용시키는 것이 뭔가 특별한 만족감을 준다는 것을 알게 될 것이다.

다음 장에서는 실제적인 이득과 개인적인 만족 모두 제공하는 다른 기억환경에 대해 알아볼 것이다. 집에 오는 길에 세탁소에 들러 맡긴 옷을 찾아오는 것 같이 앞으로의 행동 수행을 기억하는 방법들을 배울 것이다. 이런 상황들이 왜 늘 어렵고 그냥 빈 손으로 집으로 돌아오지 않을 확률을 어떻게 높일 수 있는지를 살펴볼 것이다.

기억연구소: 망각으로부터 배우기

사람들의 이름을 기억하는 연습은 사회적으로 의미 있을 뿐만 아니라 일반적으로 주의, 하향식 통제, 상상, 창조성, 재빠른 생각, 그리고 연습 같은 중요한 기억기능을 연습하면서 기억기술을 연마하는 매우 좋은 방법이다. 그런데 이것은 어려운 도전이므로 항상 성공할 수는 없다. 이 장에서는 기억기술의 실천가를 위한 삶의 진실 즉 종종 일어나는 기억 실패에 대해 살펴보자. 내가 여기서 말하고자 하는 것은 만일 잘만 살펴본다면 실패가 당신의 기억을 예리하게 만들어 줄 수 있다는 것이다. 나는 실패가 성공만큼이나 혹은 그 이상으로 기억을 향상시킬 수 있다고 믿는다.

이러한 이득을 얻기 위해서는 실패를 전반적인 기억의 결함으로 보지 말고 하나의 기술적 문제로 봐야 한다. 모임 초반에 만난 4명 중 2명의 이름을 잊어버렸다고 하자. 이 때 "도대체 내 기억에 뭐가 잘못 된거야?"라고 혼잣말하던가 또는 "어라, 나이는 어쩔 수 없네"라고 생각해봤자 소용없다. 이는 자신의 기억력 자체를 걱정하게 만들고 이것이 이후 기억 증진에는 아무 도움도 되지 않는다. 오히려 자기 충족적 암시가 될 수 있는 부정적인 예측을 키우기 때문에 그 반대의 효과를 가져오기 쉽다.

그럼 어떻게 해야 하는가? 첫째, 기억 실패를 인정하고 수용하라. 둘째, 무엇이 잘못되었는지 알아보기 위한 분석을 시행하라. 부주의였나? 정보과잉? 약한 이미지? 부적절한 연습? 초점잃은 기억인출? 문제를 알아낼 수 있다면 아마도 미래의 유사한 상황을 다룰 수 있는 더 나은 방법을 생각해낼 수 있을 것이다. 여기서 "아마도"라고 말하는 것은 모든 기억 실패를 예방할 수는 없기 때문이다. 기억에 대한 요구가 기억할 수 있는 것보다 더 큰 경우도 있다. 그러나 종종 상황을 더 잘 다룰 수 있는 방법을 찾아내고 그렇게 할 수 있을 때 기억기술을 향상시킬 수 있는 기회를 갖는 것이다. 실패를 헛되이 소비하지 말라.

8장 기억해야 할 것 기억하기

Remembering to remember

기억은 과거 뿐 아니라 미래에 대한 것일 수도 있다. 퇴근 후에 선물을 부치거나 수요일 전에 전화비를 내거나 혹은 3시에 조카 저스틴Justin을 만나고자 한다. 심리학자들은 이것을 "미래계획기억(prospective memory)"이라고 부른다. 이는 행동을 수행하기 위한 기억으로 건강을 유지하고 관계를 조율하며 생산적으로 일할 수 있도록 돕는다.

미래계획기억은 특별히 틀리기 쉬운 형식의 기억이다. 사람들이 경험하는 일상의 기억문제 중 절반 이상[01]이 이 미래계획기억에 관한 것이라는 추정도 있다. 대부분의 미래계획기억은 인과적이지 않다. 세탁물을 잊는 것, 발코니의 불을 켜두는 것, 심지어 스탭 회의를 잊거나 강의에 자료 가져오는 것을 잊는 것 등. 이런 것들은 비록 짜증나고 당황스럽지만 사소한 불편이다. 그러나 모든 미래계획기억 오류가 운이 좋은 것은 아니다. 미래계획기억이 행동에 관한 것이기 때문에 잊는 것이 심각한 결과를 가져올 수 있다.

심각한 미래계획기억 오류사례는 차에서 어린 아이의 안전을 높이려는 의도로 진행된 노력에서 발생하였다. 뒷좌석에 아이들이 앉을 경우 사고 시 다칠 위험이 줄어드는 것으로 나타난 연구결과에 기초해 1990년대에는 아이들의 카시트 장착을 의무화하는 법이 통과되었다. 그러나 이 때문에 어디론가 가던 도중에 유아원에 들러 아이들을 내려 놓으려고 했었던 산만한 운전자들이 뒷좌석의 아이들을 잊어버리고 주차된 차 안에 남겨놓는 일이 발생하였다. 여름 같은 때에는 특히 이 기억 오류가 치명적일 수 있다. 자세한 통계는 아니지만 전문가들은 바쁜 부모[02]가 잠긴 뜨거운 차 안에 아이들을 남겨둠으로 인해 매년 15명에서 25명의 아이들이 사망하는 것으로 추정하고 있다.

어떻게 이런 미래계획기억 오류가 일어나는 것일까? 어떤 부모들이 이런 실수를 하는가? 이런 사례들을 조사한 워싱턴 포스트지의 진 와인가르텐Gene Weingarten은 어떤 부모들이 그러는지 알아냈다.

> 이들은 모두 부유하거나 형편이[03] 어렵거나 중산층인 부모들이다. 모든 연령대, 모든 인종의 부모들이 이에 속한다, 아빠든 엄마든 상관없다. 이 오류는 심각할 정도로 건망증이 심한 사람에게도, 환상적으로 조직화된 사람에게도, 대학교육을 받은 사람에게도, 겨우 글자만 익힌 사람에게도 일어난다. 지난 10년 동안 이 일을 겪은 사람은 치과의사, 우체국 직원, 사회복지사, 경찰관, 회계사, 군인, 법률보조원, 전기기사, 개신교 목사, 유대교 학생, 간호사, 공사현장 인부, 교감 들이다. 정신보건상담가, 대학교수, 피자 요리사에게도, 소아과의사, 로켓 과학자에게도 일어났다.

결국 이런 사건들은 어떤 사람의 약점이라기 보다 기억의 약점에 가깝다. 퓰리처 상을 받은 와인가르텐의 글을 전부 읽고 나면 우리 모두 미래계획기억에 오류가 생겨 재앙적 결과를 가져오는 이러한 상황 하에서 실수할 가능성이 높다는 결론을 피할 수 없다.

미래계획기억 실패는 어떻게 일어나는가
How prospective memory fails

이런 치명적인 운전을 시작할 때 부모의 마음에는 이런 무서운 사건이 일어날 수 있다는 가능성은 조금도 떠오르지 않았다. 그들은 이전에도 늘 그랬듯이 적당한 시점에 아이를 내려놓을 것이라고 암묵적으로 가정하였다. 그러나 그들은 사실 아이를 내려놓는 것을 알려줄 기억단서에 의존하고 있었다. 이 단서를 촉발시킬 수 있는 방법들이 여럿 있었으나 어떤 것도 작동하지 않았다. 이 단서과정을 이해하기 위해서 한 발 물러나 미래계획기억 뒤에 있는 원동력, 즉 앞으로의 수행을 위한 의도—이 경우는 아이를 가는 길에 유아원에 내려놓는 것—를 살펴보라. 의도는 행동을 위한 기억으로 작용하는데 이는 계획과 동기가 필요한 것이므로 일반적인 기억이 아니다.[04] 정교한 연구에 따르면 의도는 일단 형성되면 일부러 생각하지 않아도 인지 시스템의 후방에 여전히 활성화되어 있고 이 활성화된 상태는 목표가 성취되거나 잊힐 때까지 유지되는 것으로 보인다. 지그문트 프로이트Sigmund Freud는 오래 전 "의도는 실행 순간까지 사람 안에 잠재되어 있다.[05] 그리고 그것이 각성되면 사람들에게 행동 수행을 촉발한다"라고 하였다.

그러나 무엇이 의도를 "일깨우나"? 이 질문이 많은 미래계획기억 연구의 핵심이다. 이 분야의 선구자인 마크 맥다니엘Mark McDaniel과 질 아인스타인Gilles Einstein은 의도를 실행시키는 단서들은 하향식이나 상향식 처리과정 중의 하나를 통해[06] 감지될 수 있다고 설명하였다. 차이는 우리가 단서를 찾기 위해 노력을 하는가 아니면 저절로 의식 안에서 떠오르기를 기다리는가이다.

하향식 처리과정에서 우리는 단서를 발견할 때까지 의식적으로 각성상태를 유지하는데 이 과정은 적극적 탐지(monitoring)라고 불린다. 이는 단서를 발견하기 어려울 것이라고 예측되는 상황에서 선택되는 전략이다. 예를 들어 만일 당신이 매년 열리는 도서관 후원 칵테일 파티에서 옛 친구에게 인사를 하려는 의도를 가지고 있다면 인사를 하기까지 내내 그 친구를 적극적으로 탐지하며 주시할 가능성이 높다. 계획된 행동이 특히 중요할 때도 같은 전략을 사용한다. 만일 자동차의 기름이 바닥나서 집에 돌아갈 때 주유소에 들리고자 한다면 주유소가 어디 있나 유심히 살펴볼 가능성이 높다. 두 경우 모두 하향식 경로인 적극적인 탐지가 의도한 과제가 수행된다는 보장은 없더라도 수행될 수 있는 기회를 증진시키는 것이다. 그런데 적극적 탐지는 주의 실수에 의해 어긋날 수 있다; 또한 단서를 위해 각성되어 있는 동안 다른 일을 할 때는 문제를 일으킬 수도 있다. 앞서 말한 후원 칵테일 파티에서 당신이 눈으로는 친구를 계속 주시하면서도 처남과 내년도 기금 모금에 대해 열띤 대화를 나눈다고 하자. 적극적 탐지는 전두엽의 하향식 자원을 사용한다. 그런데 대화 역시 이런 자원을 사용하므로 대화에 자원이 투여되어야만 한다.[07] 그 결과 친구를 찾지 못하거나 대화를 지속하지 못하거나 혹은 둘 다 못하게 되는 수행 문제를 가져오게 된다. 적극적인 탐지는 의도된 행동수행을 위한 단서를 발견하기 위해 정신을 투여해야 하는 까다로운 과정이다.

이것이 왜 잊혀진 아이들의 부모가 그 비극적인 날 유아원으로 가는 길을 적극적으로 주시하지 않았는지에 대한 이유이다. 그들은 아이들을 유아원에 내려주는 것을 일상적인 것으로 간주하였던 것이다. 그들 중 누구라도 단 일 초만이라도, 유아원으로 가는 길을 깜박하면 아이들에게 해가 될 수 있을 것이라고 생각했었더라면 당연히 길을 주의 깊게 살피고 아이들을 내려주었을 것이다. 그러나 그들은 그런 생각을 하지 않았다. 대신 그들은 의도된 행동을 유도하는 두 번째 경로에 의존하였다. 이는 자발적 인출(spontaneous retrieval) 과정으로 단서에 자동적으로 반응하고 행동에 관한 기억을 불러일으키는 상향식 처리과정이다. 연구자 맥다니엘과 아인스타인은 이 과정이 우리가 미리 계획된 상황을 다루는데 선호하는 방식이라고 말한다.[08)]

그 부모들의 경우 자발적 인출은 유아원 쪽으로 경로를 바꾸었어야 할 지점에 있을 가능성이 높다. 이러한 지표는 운전자에게 (1) 운전과 연결되고 (2) 예정된 의도와 연결되는 단서를 제공한다. 연구자들은 이것을 운전과제와 의도 모두와 연관이 있기 때문에 '초점단서(focal cue)'라고 부르는데[09)] 이러한 과제와 의도의 조합은 자발적인 인출이 특히 잘 일어날 수 있게 만든다.

비록 여전히 자발적인 인출이 가능하기는 하지만 길목을 놓친 후에는 유아원에 들러야 한다는 사실을 기억할 확률이 훨씬 낮아졌다. 만약 가는 길에 다른 유아원을 보았다면 자신의 의도를 생각해냈었을 수 있다. 그러나 이는 운전과 관계있는 초점단서가 아니기 때문에 여간해서 일어나기 어려운 일이다. 의도를 불러일으킬 마지막 기회는 운전자가 마지막 종착지에서 차를 주차하고 차문을 닫았을 때인데 그 때 운전자에게 필요한 단서 즉 뒷좌석에 있는 아기는 초점단서가 아니므로 재앙이 일어났다.

미래계획기억에 관한 이러한 분석은 우리가 어떤 문제에 사로잡힐 때는 틀림없이 다른 문제를 적극적으로 탐지하지 않는다는 점을 확실하게 보여준다. 과제의 성공은 전적으로 '잠자고 있는' 의도를 일깨워줄 단서를 만나는 것에 달려있는데 이 잠자고 있는 의도가 결국 문제를 일으킬 가능성이 높다. 과도한 확신 역시 실패를 가져올 수 있다. 우리는 이러한 상황을 확신을 가지고 대할 가능성이 높다: 오늘 공과금 내는 것을 물론 기억할거야. 선물 보내는 거 잊을 리 없지. 오후 3시 미팅, 당연히 기억하지. 그러나 진실은 항상 기억에 성공하는 것이 아니란 것, 그래서 적극적 탐지가 실패하고 자발적 인출이 일어나지 않았을 때 놀라고 괴로워한다는 것이다.

그러므로 미래계획기억 상황을 겸손한 마음으로 대하는 것이 신중한 태도이다. 대부분의 경우 성공적이었다 하더라도 미래계획기억은 실수할 가능성이 원천적으로 매우 높기 때문이다. 그러나 다행히 미래계획기억을 증진시킬 수 있는 과정들이 있다. 행위를 위한 외부적 단서를 더 잘 만들어 낼 수도 있다. 대안적으로 바로 그 순간에 의도를 일깨울 수 있도록 정신적으로 준비시킬 수도 있다.

외부적 단서로 미래계획기억을 증진시키기
Improving Prospective Memory with External Cues

우리 모두는 미래계획기억을 위한 외부적 기억도우미를 사용한다. 내일 우편물을 부쳐야한다면? 우편물을 차 열쇠 옆에 두라. 아침에 약을 먹어야 한다면? 커피 마실 때 쓰는 컵 옆에 약을 두라. 오늘 오후에 약속이 있다면? 컴퓨터 화면에 메모를 붙여라.

요점은 의도의 자발적 인출을 불러올 자극을 찾고 그것을 초점단서가 될 만한 곳에 두라는 것이다. 이 전략은 효과적이다. 의도된 행위에 직접적으로 연결된 것이 가장 강력한 외부적 단서로 열쇠 옆에 둔 편지나 컵 옆에 둔 약 같은 것이다. 그런데 좀 더 일반적인 단서들도 효과적일 수 있다. 미래계획기억에 대한 고전적인 처방은 손가락 주변에 끈을 매는 것이다. 이는 끈이 주기적으로 당신의 주의를 끌고 당신이 하고자 하는 일을 상기시켜 줄 것이라는 가정에 기초한다. 그러나 끈 자체는 일반적인 단서로, 필요한 행위에 대해 어떠한 것도 알려주지 않는다.

실제로 손가락 둘레에 끈을 매는 대신 시계를 거꾸로 찬다든가 반지를 다른 손으로 옮겨 낀다거나 가방을 일상적이지 않은 자세로 매는 것 같이, 주의를 끄는 다른 창조적인 일들을 하는 것을 본 적이 있다. 이는 흥미로운 기억 도우미들로 특별한 행위 그 자체 보다는 하려던 행위가 있다는 사실을 기억하는 것이 더 중요하다는 것을 보여준다. 그 사실을 알게 되면 우리는 기억을 뒤져서 그 행위가 무엇인지 알아낼 수 있다. 과제가 중요하다면 그것을 기억해낼 가능성도 높다.

특별하든 일반적이든 간에 앞에서 말한 아이들 사건처럼 망각의 댓가가 너무 크거나 중요한 약을 먹는 것 같이 망각이 쉽게 일어나는 상황에서 특히 외부적 단서는 그 가치를 발휘한다. 이 때가 미래계획기억의 취약함을 인지하고 기억 도우미를 배치하는 것이 가장 유효한 순간들이다. 아이를 잊어 버리는 위험을 감소시키기 위한 초점단서로 필요한 서류를 뒷좌석에 두라고 권한다.

그러나 모든 상황에서 외부단서를 사용할 수 있는 것은 아니므로 이러한 경우 유일한 선택은 자신의 내부로 향해서 필요한 순간에 적절하게 반응할 수 있도록 정신적으로 준비하는 것이다. 그리고 외부적 도움이 가능한 경우라도 기억술의 실천가들은 그것이 없는 편을 선택하고 자신의 기억술에 의존하는 도전을 받아들일 것이다. 다음은 본질적으로 그 가능성을 높여줄 수 있는 세 가지 기술이다.

미래계획기억 증진을 위한 정신적 준비
Improving Prospective Memory by Mental Preparation

이 접근은 앞 글자를 따서 ICE로 명명할 수 있다: **I**mplementation Intentions(실행의도), **C**ue Imagery(단서 이미지), **E**xaggerated Importance(과장된 중요도). 각각의 기술은 조금 다른 각도에서 미래계획기억의 증진이라는 과제에 접근한다. 처음 두 기술은 자발적인 인출의 가능성을 증가시키고 세 번째는 적극적 탐지를 다룬다. 이들을 연구결과 가장 많이 지지를 받는 순서대로 논하도록 하겠다. 그런데 이는 어떤 방법이 최선인가 보다는 학자들이 어떤 것을 연구하기로 선택하였느냐에 더 가깝다. 만일 미래계획기억 증진을 위한 정신적인 기술을 시도하고자 한다면 나한테 가장 잘 맞는 방법을 찾기 위해 이 세 가지 방법을 모두 시험해 볼 것을 추천한다. 내 기억 수업에 들어오는 학생들은 명확한 선호도를 갖는데 놀라운 것은 이 선호도가 늘 그런 것이 아니라는 점이다. 처음 두 방법은 대중적이다. 세 번째 방법은 덜 선호되지만 그 역시 지지층이 있다.

실행의도 Implementation intentions

이 방법은 사실이라고 하기에는 너무 근사하게 들린다. 만일 당신이 비타민 먹는 것을 잊지 않고 싶다면 스스로에게 진심으로 "내일 아침을 먹기 위해 식탁에 앉을 때 비타민을 먹을 것이다"라고 말한다. 이것이 실행의도이다. 이 간단한 행동이 비타민을 먹을 확률을 높이는 주요 동력이 된다. 그러나 중요한 것은 당신이 언제, 어디서 이 행위를 할 것인가를 명확히 해야 한다는 것이다. 단순히 "나는 내일 비타민을 먹을 것이다"라거나 "나는 아침식사 때 비타민을 먹을 것이다"라고 말하는 것으로는 안된다. 의도는 행위가 일어날 시간과 장소에 관해서 매우 구체적이어야만 한다.

과거에 기억 전문가들이 이 방법을 많이 추천했었지만 실행의도에 대한 이론적인 근거를 발전시키고 이를 위한 세미나를 진행한 사람은 심리학자 피터 골위처Peter Gollwitzer이다.[10] 이 실행의도는 현재 미래계획기억을 강화시키는 효과적인 방법으로 강한 지지를 받고 있다. 어떻게 실행의도만으로 기억에 도움이 되는지에 대해서는 여전히 활발한 조사가 진행되고 있는데[11] 그 중의 하나는 실행의도가 '아침을 먹기 위해 식탁에 앉는다 → 비타민을 먹는다' 같이 상황과 행위 간의 연상을 만든다는 것이다. 이러한 연상은 의도의 자발적 인출을 위한 단서를 만든다. 이것이 바로 구체성이 중요한 이유이다. "아침에 비타민을 먹겠다"라고 하면 아침 중 언제 이 일이 일어나게 될 지 알 수 없다. 실행의도는 행위와 촉발단서 간의 연결을 매우 명료하게 만든다. 실행의도는 특별히 의도된 행위에 대한 단서가 주의를 끌 가능성이 적을 때 더 도움이 된다.[12] 예를 들어 집에 들어가서 휴대전화를 충전기에 꽂아 저녁식사를 하러 가기 전까지는 충전시키고 싶은데 이 일을 하도록 상기시킬 만한 어떤 단서도 찾지 못할까봐 걱정이 될 때 같은 경우 말이다. 실행의도는 이 일이 일어날 확률을 증가시킨다. 또한 노인들의 경우 노화에 따른 주의력과 하향식 조절 감소를 실행의도가 보상함으로써 부가적인 이득을 제공하는 것으로 보인다.[13]

여기 한 대학생의 성공적인 사례를 보자. 각 문장이 느낌표로 끝나는 것에 주목하라. 이는 이 시도에 매우 필요한 진지한 몰입을 나타낸다. 하고자 하는 행위는 실행의도를 충분히 실행시킬 수 있을 만큼 일어났으면 하고 바라는 일이어야 한다.[14] 적당한 의도는 효과가 없다.

> "아침에 알람을 끌 때 나는 아내를 위해서 알람을 7:45에 다시 맞춰놓을 것이다!"
> "나는 저녁 설거지를 마치고 나면 친구의 이메일에 답장을 할 것이다!"
> "점심을 먹은 후 식당에서 나오면서 나는 내 차에서 다니엘의 물건을 가져와서 그녀에게 줄 것이다!"
> "엘렌 드제너러스의 프로그램이 끝나면 공과금을 낼 것이다!"

실행의도의 세부적인 몇 몇 부분은 아직 밝혀지지 않았다.[15] 의도를 속으로 생각하는 것보다 밖으로 크게 소리 내서 말하면 더 도움이 되는가? 실행의도를 몇 번이고 반복해야 하는가? 그 행위를 하는 모습을 상상해야 하는가? 여러 학자들이 이에 대해서 연구했지만 아직 명확한 결과는 없다. 나는 스스로 효과적인 방법을 찾기 위해 실험을 해보라고 권하고 싶다. 나는 하루 중 한 두 번 실행의도를 반복하는 것이 그 힘을 더 증가시킨다고 생각한다.

이 방법은 미래계획기억에만 효과적인 것이 아니라 여러 다른 자기 조절 상황에서도 도움이 된다.[16] 예를 들어 오늘 아침에 운동을 하려고 했던 것은 기억하지만 운동을 하지 않는 것처럼 문제는 기억이 아니라 단순한 게으름인 경우가 있다. 또는 체육관을 향해 가다가 이웃을 만나 대화에 빠지는 것처럼 다른 행위로 인해 원래 계획한 일에서 벗어날 수도 있다. 실행의도는 이러한 장애물을 극복하도록 돕는다. 실행의도는 운동, 건강한 식생활, 학업성취, 약

복용, 당 수치 점검, 가슴 검사 같이 다양한 범위의 활동에 적용되는 것으로 나타났다.

이 기술이 적용되는 다른 분야는 용 법칙(Dragon Principle) 중의 하나인 보유의도이다. 이는 특별한 상황에서 기억정보를 얻고자 구체적인 계획을 만드는 것과 그것을 진지하게 다루는 일을 말한다. 이전 장에서 우리는 이름 기억에서 보유의도의 중요성에 대해 알아보았다. 일단 이름을 기억하고자 하고 그에 대한 계획을 가지고 있다면 이름을 외울 가능성이 높아진다.

단서 이미지 cue imagery

이 기술은 실행의도와 목표—즉, 의도된 행동을 위해 기억을 불러일으키는 것—는 같지만 매우 다르게 이루어진다. 어떤 의미에서는 실행의도와 전혀 다르다고도 할 수 있다. 실행의도가 설명적이고 정교하고 언어적이라면 단서 이미지는 개별적이고 창조적이고 시각적이다. 단서 이미지는 좀 더 전통적인 기억술과 유사한 방식이다.

다음의 예를 보자. 퇴근길에 치약을 사기 위해 가게에 들러야 한다는 사실을 기억할 가능성을 높이기 위해서 당신은 아침에 주차를 한 다음에 잠깐 멈춰서 운전대가 치약으로 범벅이 되 있는 상상을 하며 그 엉망인 상태로 운전하는 것이 얼마나 끔찍할 지를 생각할 수 있다. 요점은 당신이 파블로프의 개처럼 될 수 있다는 것이다: 당신이 차로 돌아와서 운전대를 볼 때 '치약'을 생각할 수 있다.

실행의도와 다르게 이 전략은 행위의 계획을 설명하지는 않는다. 여기서 단서는 단순하게 치약과 관련되어 하려고 했던 무언가가 있다는 사실을 알려주는 것이고 이는 두 가지 방식 중 하나가 될 수 있다.[17] 하나는 그 단서가 차로 돌아왔을 때 더러워진 운전대에 대한 명료한 이미지를 상기시킬 수 있거나 혹은 다른 경우, 단서의 효과가 좀 더 미약해서 마치 아직 해결되지 않은 일이 있는 것 같은 이상한 느낌 같이 계획된 행위에 관한 기억을 뒤지도록 당신을 자극할 정도만 될 수도 있다.

대학생들이 말하는 단서 이미지에 대한 예는 다음과 같다.

> "나는 내가 가진 반액할인쿠폰의 유효기간이 끝나기 전에 문구점에 들러 문서파쇄기를 샀어야 했기 때문에 파쇄된 종이가 현관문에서 차로 이어져있고 공중에 떠 있는 파쇄기에서 파쇄된 종이들이 뿜어져 나오는 것을 상상했다. 이것은 효과가 있었다."
>
> "나는 비닐봉지를 재활용박스에 넣는 것을 자꾸 잊어버렸기 때문에 그 봉지들이 내 남자친구 차 뒤에 마치 꼬리처럼 잔뜩 달려있는 것을 상상했었다. 그래서 남자친구가 나를 데리러 왔을 때 그것을 기억해냈다."

이 두 사례에서 단서 이미지가 각 상황에서 확실히 눈에 띌 수 있는 자극하고 어떻게 연결되는지를 잘 보라. 단서자극이 초점주의 내에 있어야 한다는 사실이 중요하다.[18] 이미지를 강렬하고 다른 것과 확실히 구별되게 만드는 것 또한 중요하다. 또 다른 좋은 장치는 정서적인 톤으로 연상에 생생함을 더하는 것이다. 운전대에 범벅이 된 치약 이미지는 단서에 불쾌한 느낌을 더하면서 시각적일 뿐만 아니라 정서적인 속성을 제공한다. 다음은 단서에 정서적인 매력을 더함으로써 성공한 예이다.

> "나는 화학실험 리포트를 찾아왔어야 했기 때문에 내 배낭에 조심스럽

게 옮겨야 할 위험천만하고 거품이 부글부글 나는 산성 용액이 담긴 커다란 비이커가 있는 것을 상상했다. 수업이 끝난 후 배낭을 집어 들었을 때 나는 리포트를 기억해냈다"

"퇴근길에 아기 기저귀를 샀어야 했다. 나는 조수석에 더러운 기저귀가 잔뜩 쌓여있는 것을 상상했다. 차에 탔을 때 기저귀가 떠올랐다"

단서 이미지 전략은 실행의도보다는 덜 과학적이지만 아인슈타인과 맥다니엘은 미래계획기억 실험[19]의 참여자들에게 단서 이미지를 주었을 경우 성공률이 증가하는 것을 보고한다. 나의 경험에 비추어 봐도 이는 사실이고 나의 기억 수업의 학생들의 경우도 마찬가지였다. 단서를 최대한 이용하려면 나중에 기억을 되살리고자 하는 바로 그 장면에 단서를 만들어라.[20] 그것이 내가 치약에 관한 단서를 집이 아니라 운전석에 앉아있는 동안에 만들라고 제안하는 이유이다. 단서를 한 두 번 연습하는 것 또한 그 강도를 증가시킬 것이다.

과장된 중요도 Exagerrated Importance

매우 중요한 행위는 기억하기 쉬운데 중요도 때문에 그 행위가 자꾸 의식되기 때문이다. 복권에서 매우 큰 상금을 탔고 수요일 오전 10시에 그 돈을 받기 위해 복권 사무실에 전화를 걸어야 한다고 상상해보라. 그것을 기억하기 위해서 냉장고에 메모를 써서 붙여야 할 필요가 있을까? 아마도 아닐 것이다. 그 임무는 너무 중요하기 때문에 당신의 의식 속에 활성화된 목표로 내내 남아있을 것이다. 과제가 매우 중요하면 사람들은 단서를 찾아내기 위해 적극적인 탐지를 사용한다. 과제가 더 중요해질수록 적극적 탐지는 더 잘 이루

어진다.[21)]

과장된 중요도 전략은 일상적인 과제들을 강력하게 중요한 일로 바꾸는 것으로 그렇게 함으로써 적극적 탐지가 그 행위 수행을 상기시킬 가능성을 높이도록 한다. 그러나 치약 사는 것 같은 일상적인 과제를 어떻게 적극적 탐지로 연결될 만큼 중요한 목표로 전환시키는가? 당신에게 필요한 것은 풍부한 상상으로 이루어진 과감한 접근이다. 중요한 필요성을 가진 가짜 이유를 만들어내고 믿어야 한다. 그래서 바로 이 순간 박테리아 떼가 이를 망가뜨리는 상상을 하고 유일한 희망은 치약을 사서 집에 들어가서 열심히 이를 닦는 것 뿐 이라고 생각해볼 수 있다. 이 박테리아들이 입 안에서 움직이는 것을 느낄 수 있다고 상상할 수도 있다. 자신에게 양치질을 오늘 하지 아니면 이가 모두 없어져서 웃을 때 뻥 뚫린 구멍이 보일 것이라고 말할 수도 있다. 우리의 목표는 의도한 과제를 완수할 때까지 적극적 탐지를 불러올 수 있을 만큼 중요한 활동으로 전환시키는 것이다. 여기서 이미지는 자발적 인출을 불러올 수 있는 초점단서와 연결되지 않았다는 점에서 단서 이미지와는 다르다. 이런 노력은 행위를 위한 동기를 목표로 하며 이 동기를 적극적 탐지가 일어날 만큼 강력하게 만들고자 하는 것이다.

중요도를 과장하는 것은 모든 사람을 위한 것이 아니고 모든 미래계획기억 상황에 맞는 것도 아니지만 창조적인 도전을 즐기고, 평범한 미래계획기억 과제를 시급하고 극적인 시나리오로 전환시키기에 충분한 연극적 감각을 가진 상상파 들에게는 성공적일 수 있다. 이 모든 것이 합해지면 과제를 흥미롭고 즐겁게 수행할 수 있다. 여기 대학생들이 보고하는 두 개의 성공적인 적용 사례가 있는데 어떤 것은 좀 과하게 느껴질 수도 있다.

"나는 과자를 사려고 했다. 나는 내가 과자를 사지 않으면 전 세계 사람들이 굶어죽을 거라고 스스로에게 확신을 주었고 그래서 이 일이 내게는 인류를 구하는 일이 되었다. 이는 효과가 있었다. 오레오 과자를 샀을 때 나는 마치 영웅이 된 것 같은 느낌이었다. 과자를 산 지금 나는 미소를 짓고 있다"

"나는 고양이 사료가 필요했다. 나는 네 마리의 고양이를 키우는데 그 중에 두 마리는 매우 컸다. 나는 지금 즉시 사료를 사지 않으면 작은 고양이들은 약해지고 병이 나며 더 큰 고양이들은 포악해져서 탐욕스럽게 나를 잡아먹으려고 할 거라고 상상했다. 이것이 큰 효과가 있었다. 나는 하루 종일 고양이 사료 생각을 떨쳐버릴 수가 없었다. 그리고나서 밤에는 악몽까지 꾸었을 정도이다!"

특별한 시간에 행위 수행하기
Performing an Action at a Specified Time

만일 "배관공에서 4시에 전화하기" 같이 어떤 일을 특별한 시간에 해야 한다면 이 행위를 위한 단서를 얻기가 쉽지 않다. 전형적으로 시간이 가까워질수록 주기적으로 시간을 점검하면서 적극적으로 탐지하게 된다. 그런데 만일 주의가 흐트러지면, 그리고 그것은 쉽게 일어나는 일인데, 단서를 잊어버리게 된다.

해결책 중의 하나는 휴대전화 알람이나 타이머 같은 외부적 단서의 도움을 받는 것이다. 그러면 기억기술의 실천가들을 위한 영광은 어디에 있는가? 여기서 당신은 작동 가능한 내적 단서를 만들 수 있다. 만일 당신이 바로 그 시간에 어디에 있을지 어떤 일을 할지 알 수 있다면 말이다. 오후 4시 직전에 당신이 회의를 끝내고 당신 자리로 돌아갈 것이라고 하자. 당신은 바로 그 시간에 자신의 초점주의 내의 어떤 것을 배관과 연관된 이미지로 만들어낼 수 있다. 예를 들어 책상 뒤 쪽 배수관이 터져서 컴퓨터가 오물로 망가지는 이미지를 생각해볼 수 있다. 자발적 인출을 불러오기 위해 만든 이미지는 어쩌면 적극적 탐지를 완전히 없애지 않을 수 있고 그러면 바로 그 시간에 탐지하고 전화 걸어야 한다는 사실을 기억할 가능성을 높일 수 있다.

마무리
A final thought

미래계획기억 상황은 기억술사에게 만족스러울만한 성공과 겸손한 패배를 안김으로써 도전을 제공한다. 망각의 대가가 너무 크지 않으면 시계를 거꾸로 차거나 벽을 메모로 뒤덮어버리는 대신 정신적 준비 기술을 시도해보는 것이 어떤가? 게다가 ICE의 세 가지 방법은 기본적인 기억기술을 연습하는 것과 같다.

여기서 바로 미래계획기억 과제를 만듦으로써 당신의 기술을 연마할 수 있다. 지금 당장 쓰레기를 가지고 나가는 대신 공과금을 낸 다음에 할 것을 기억하도록 ICE 전략을 사용해보라. 만일 화분에 물을 줘야 하는데 장 보고 온 다음에 그것을 하도록 기억할 수 있는지 해보는 것은 어떤가? 어렵지 않게 만들 수 있는 이러한 과제들은 당신에게 기억기술을 연습하고 다른 기억술을 실험하도록 해준다. 성공은 성취감을 가져올 것이고 기억에 확신을 가져올 것이다. 항상 그러하듯이 실패에도 주의를 기울여서 어디가 잘못 됐는지 이해하고 이로부터 배울 수 있는지 보라.

기억연구소: ICE 아크로님Acronym*을 위한 이미지 도우미

이번 기억연구소에서는 ICE를 기억하기 위한 이미지 도우미를 소개한다. 이는 물론 간단한 기억술이라서 도움 없이도 잘 기억될 수 있다. 나는 일차적으로는 다른 장에서 시각적 이미지를 소개했듯이 이 장에서도 시각적 이미지가 있었으면 하는 바람에서 이 도우미를 제안한다. 이 이미지들은 14장에서 기억궁전을 탐험할 때 다시 등장할 것이다. 나는 이미지들을 위한 기억 구조로 작용할 궁전을 어떻게 만드는지 보여줄 것이고 그 중요한 지점들을 각 장에서 가져올 것이다. 나는 책의 중요한 아이디어에 대한 요약을 제공하고 이를 쉽게 사용할 수 있게 할 것이다. 에스키모 이미지와 ICE와의 관계는 그 기억궁전 안에 이미 자리를 차지하고 있다.

* 머리글자를 따서 줄임말을 만드는 것. 역자 주

이 이미지에는 언급할 만한 특징이 있다. 이미지 도우미가 언어적인 기억술 인출을 촉진시키기 위한 목적을 가진다는 점을 기억하라. 용(Dragon)과 친절한 라마(Friendly llamas)에 대한 이미지 도우미는 연관된 아크로스틱의 첫 번째 단어에 대한 단서이다—"낭만적인 용(Romantic dragons)…" 그리고 "친절한 라마(Friendly llamas)…" 흥미롭게도 ICE에 대한 에스키모 이미지는 아크로님을 촉진시키는 것 이상의 일을 하는데 전구는 마음에 톡톡 터지는 의도를 말한다. '불이 켜지는 것'이 나에게는 기억술과 연관된 상황을 연상시키므로 이상적인 이미지 도우미인데 이는 미래계획기억이 필요한 상황에서 에스키모가 이를 다룰 수 있는 언어적인 기억술을 촉발시키는 것을 돕는다. 단서는 함께 작용해서 기억술을 재빨리 떠올릴 수 있게 만들 가능성이 있다.

9장 사실기억하기

Remembering Facts

새로운 사실들은 여러 방향에서 우리 삶으로 들어온다. 내일 날씨 예보, 최근의 정치 스캔들, 새로 제시된 영양지침, 화염에 휩싸인 숲에 대한 이야기들. 이들 중 대부분은 삶에 유용한 것은 아니라서 결국에는 잊히고 또 그렇게 되어야만 한다. 기억시스템은 유용한 정보를 보유하는데 잘 맞춰진 것으로 일상의 새로운 사실들 대부분은 저장되지 않게 된다. 예를 들어 치타가 달릴 때의 속도나 고전 영화의 대사들 같이 이상한 정보들을 기억하는 경우가 있는 것도 사실이지만 이는 예외에 속한다. 어떤 방식으로든지 우리가 사용하지 않는 대부분의 사실들은 대개 잊힌다.

그러나 흥미롭게도 때때로 중요한 사실 역시 같은 운명을 갖는다. 아이가 천식발작을 일으킬 때 어떻게 해야 하는가 같은 정보들은 아마도 우리가 즉각적으로 사용하지 않기 때문일 것이다. 또는 다음 주에 있을 생물학 시험이나 일에 필요한 새로운 절차 같이 우리에게 제공되는 정보의 양이 미약하기 때문일 수도 있다. 이 장에서 알게 되겠지만 좋은 소식은 중요한 새로운 정보를 잊을 수 있는 상황에서도 기억을 돕는 현명하고 효율적인 방법들이 있다는 것이다.

이런 전략들을 다루기 전에 먼저 새롭게 습득한 사실들의 보유를 증진시키지 않는다면 어떤 일이 일어날지부터 살펴보자. 70년도 더 전에 심리학자인 허버트 스피처Herbert Spitzer는 아이오와 주립대학의 박사논문의 한 부분으로[01] 망각과정에 대한 고전적인 연구를 수행하였다. 그는 91개의 학교의 6학년 학생들 3,605명에게 일반적인 주제에 관한 짧고 사실적인 에세이를 읽게 하였다. 학생 수가 많았기 때문에 학생들을 여러 그룹으로 나눌 수 있었고 총 63일에 걸쳐 각각 다른 시간이 지난 후 각 그룹의 학생들이 자료를 어떻게 기억하고 있는지 평가하였다.

스피처는 각 학생들에게 예고 없이 다지선다형 검사를 진행했는데 각기 다른 학생들이 0, 1, 7, 14, 21, 28, 63일 후에 검사를 받았다. 그 결과는 다음 페이지의 그래프에 나타나는데 이는 망각이 시간의 흐름에 따라 어떻게 일어나는지를 보여준다. 그래프 곡선의 모양을 잘 보면 정보를 습득한 직후 대부분의 세부정보들이 사라지는 것에 비해 다른 것들은 시간이 갈수록 점진적으로 감소하는 것을 볼 수 있다. 이는 잊히기 쉬운 정보가 사용되지 않을 때 어떻게 되는지를 보여준다.

사실들은 다양한 망각곡선을 가질 수 있다. 망각곡선의 모양은 대개 스피처가 발견한 곡선과 유사[02]하지만 시간의 틀은 더 빨라지거나 느려질 수 있을 것이다. 방금 배운 일본어 단어 같이 새로운 정보가 특히 더 어려운 것일 때 망각곡선의 시간 틀은 일(day) 단위가 아니라 시간(hours) 단위가 될 가능성이 크다. 그런가하면 친구 생일파티의 세세한 부분에 대한 망각곡선은 스피처 곡선과 모양은 같지만 수 일이 아니라 수 개월에 걸쳐서 분포할 가능성이 크다.

이전 장에서 다룬 용 원리(Dragon Principles)와 특별한 기억술은 망각과 싸우는 방법들이다. 여기서 우리는 기억을 연습하며 강화시키는 용 원리같이 기억 연습을 좀 더 자세히 들여다 봄으로써 선택지를 넓힌다. 기억연습은 사실기억을 증진시키는 강력하고 믿을 만한 방법으로 오랫동안 알려져 왔고 [03]많은 최근의 연구들은 그것을 어떻게 잘 적용하는지를 명료하게 제시하고 있다.

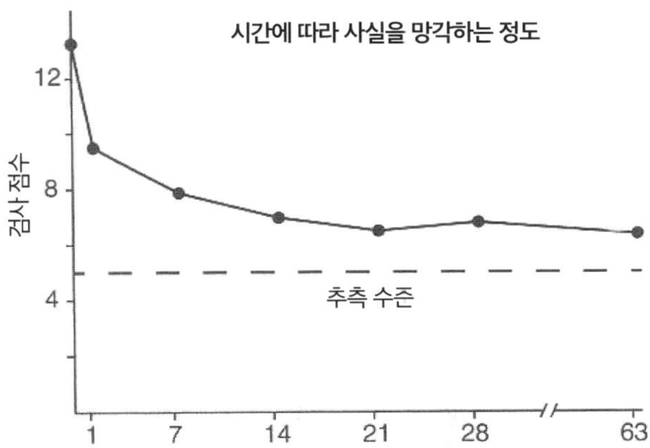

기억 연습 옵션들
Memory Practice Options

당신이 지금 막 새롭고 잊히기 쉬운 사실, 예를 들어 그리스의 기억의 여신 므네모시네Mnemosyne의 이름을 알았다고 하자. 다음의 그림은 이 여신 이름 기억을 강화시키고 상기시키기 위한 세 가지 기억훈련의 방식을 보여준다.

그리스 여신에 대한 기억을 강화시키는 세 가지 방법

회상

여신의 이름은 ________

재인

여신의 이름은:
(a) 메모리아
(b) 므네모시네
(c) 마벨

재학습

여신의 이름은 므네모시네

회상(Recall) 가장 직접적인 방법은 그것을 회상하는 것이다. 이것이 우리가 일상적으로 접한 사실 대부분을 배우는 방법이다—친구의 이름, 동료의 생일, ATM의 비밀번호 등. 매번 우리는 이러한 사실들을 회상하며 기억은 강화되고 이 기억은 시간이 지나면서 바위처럼 견고해진다.

재인(Recognition) 이는 다지선다형 시험에 대비하여 대학능력평가시험을 공부하는 학생들이 사용하는 유형의 기억훈련이다. 사실기억은 정답을 인지할 때 강화된다.

재학습(Restudying) 기억은 그 자료를 다시 공부하면서 새로워진다. 단상에 올라가기 직전에 자신의 연설문을 마지막으로 들여다보는 연설자를 생각해보면 알 수 있다.

기억 과학자들은 이러한 방법들의 효율성을 조사하였고 그 결과 훈련 후에 얼마나 빨리 평가하느냐에 따라 가장 좋은 방법이 다르게 나온다는 것을 알게 되었다. 어떤 방법이든 즉시 측정을 하면 제일 좋은 방법으로 나오고 측정을 늦게 하면 그렇지 않았다. 이는 워싱턴 대학의 헨리 뢰딩거Henry Roediger와 제프리 칼픽Jeffrey Karpicke[04]의 연구결과로, 이들은 회상 방법과 재학습 방법을 비교하였는데 대학생들에게 바다수달 같은 주제들에 대한 글을 읽게 하였다. 연구자들은 학생들이 글을 읽은 다음에 나중에 볼 시험을 위해 더 공부할 수 있는 시간을 제공하였는데 그들은 같은 글을 반복해서 읽거나(재학습 방법), 또는 자신들이 기억하는 것을 회상하도록(회상 방법) 하였다. 이후 연구자들은 학생들을 여러 그룹으로 나누어 다른 시간대에 평가하였는데 각각 5분 후, 2일 후, 1주일 후에 평가하였다.

그 결과는 다음의 그래프에 나타나 있다.[05] 연습이 끝난 뒤 5 분후 기억을 검사하였을 때는 재학습이 회상보다는 높은 기억 점수를 보였다. 그러나 2일 혹은 1주일 후에 검사하였을 때는 회상 방법이 더 우수한 결과를 보였다. 일주일 후에 측정하였을 때 회상방법을 사용하여 기억을 연습한 학생들은 재학습을 한 학생들보다 38 % 더 많이 기억하였다. 더 긴 기간동안 진행한 연구에서도 회상이 지연된 기억테스트에서 더 선호되는 연습전략으로 나타났다.

그러면 재인은 어떠한가? 다지선다형 시험은 기억을 강화시키는 유용한 방법[06]으로 회상과 유사한 이점을 갖는다. 그러나 꼼꼼하게 비교해본다면 회

회상과 재학습 중 어느 것이 더 나은 방법인가?

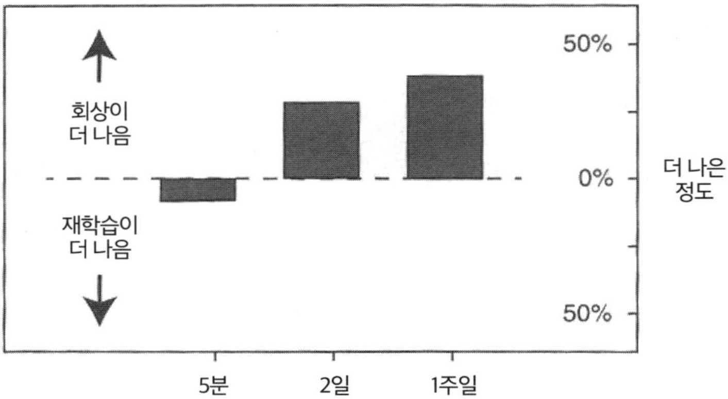

상 방법이 대체적으로 더 낫다. 회상 테스트는 다지선다형 인지 테스트에서 일어날 수 있는, 오답을 기억함으로써 잘못된 정보를 배울 수 있는 위험이 없기 때문이다.

반복된 기억 훈련
Repeated Memory Practice

뢰딩거와 칼픽은 학생들에게 오직 한 번의 기억훈련만 허용했는데 현실적으로 생각한다면 더 많은 시간이 필요했을 것이다. '므네모시네'라는 이름을 기억하는 데는 몇 주 간이라도 여러 번의 연습이 필요할 것이다. 그러므로 어떻게 연습하느냐가 어떤 방식의 기억훈련을 사용하느냐 만큼 중요한 것으로 여겨진다. 예를 들어 '므네모시네'라는 이름을 다섯 번 연습하기로 결정했다고 하자. 그것을 한 번에 다 할 것인지 다섯 번에 나누어서 할 것인지를 결정해야 한다. 4장에서 기억훈련을 소개했을 때 나는 분산학습(spacing practice out)을 제안했었고 그 때 한 가지 방법으로 도미닉 오브라이언의 '5의 법칙(Rule of Five)'을 설명했었다. 즉 기억 훈련을 한 시간, 하루, 한 주, 두 주, 한 달 후에 하는 것이다. 분산학습에 대해서 좀 더 설명할 건데 그 전에 모든 연습을 한 번에 집중하는 다른 대안에 대해서 먼저 생각해보자.

어떤 학생들은 시험에 대비해서 이렇게 공부한다. 집중적인 학습 시간 내 교재나 노트를 마침내 그 자료들을 다 알았다고 느낄 때까지 몇 번이고 반복하는 것이다. 이는 물론 '벼락치기(cramming)'로 25~50%의 대학생들이 사용하는 일차적인 학습방법이다.[07] 심리학자들은 이러한 형태의 기억 연습을 "대량화(massed)"라고 부르는데 모든 연습이 한 회기안에 이루어지기 때문이다. 이는 짧은 시간 내 기억을 잘하게 하고 많은 학생들을 낮은 학점으로부터 구제한다. 그러나 이것은 심각한 후유증을 가진다: 벼락치기가 제공하는 기억증진은 지속력이 짧아서 시험을 치룬 일주일 후에는 머리에 쑤셔 넣었던 많은 사실들을 더 이상 기억할 수 없을 가능성이 높다.[08] 이는 대량으로 이루어진 연습이 장기기억보유에 도움이 되지 않는다는 불행한 사실을 보여준다.

이는 기억훈련에 대한 주요한 관점을 시사한다: 사실기억을 촉진시키는데 가장 좋은 방법은 다음 박스에 정리되어 있는 것처럼 상황에 따라 다르다는 것이다. 당신이 지금 알게 된 사실들은 다음 주 학회 발표 같이 다가오는 일회적인 행사에 필요한가? 그렇다면 그 발표 몇 시간 전에 마지막 준비를 하고 자료가 확실히 머릿속에 자리 잡을 때까지 반복적으로 살펴보는 연습을 하라. 이렇게 재학습하는 방법을 사용하면 기억회상으로 연습하는 것보다 정신적인 노고를 적게 하면서도 더 강한 즉시적 기억을 얻을 수 있다. 그러나 이때 습득한 사실들은 단지 일시적으로만 당신의 것이 된다는 것도 충분

추천하는 기억연습

가까운 미래에 사용할 경우 (수 시간 내)	장기적으로 사용할 경우 (수 일 이상)
대량 반복에 의한 재학습	분산 반복에 의한 회상

히 알고 있어야 한다—망각은 빨리, 광범위하게 일어날 가능성이 크다. 만일 정보가 미래에도 가치 있다면 이후에 내가 설명할 자기평가방법(self-testing method) 중 하나를 사용하여 그 정보를 회상함으로써 관련된 사실들을 훈련하고 연습을 분산시키는 것이 더 나은 방법이다. 이것이 기억을 유지시키는 방법이다.

이 두 전략은 당연히 배타적이지 않고 상호적이므로 중요한 발표 같은 실제상황에서 자기평가와 함께 회상 방법을 사용하여 먼저, 여러 번 연습하는 것이 좋다. 그리고 중요한 순간 전에 짧게 잠깐, 회상보다는 자료를 반복해서 읽는 벼락치기 학습을 하라. 이는 그 순간의 수행을 확실하게 하고 나중까지 기억할 수 있게 한다. 이는 또한 훌륭한 학생들이 대학수업에서 어떻게 좋은 학점과 지속된 지식을 갖는지를 보여준다.

왜 분산된 기억회상이 효과적인가?

UCLA 기억 과학자인 로버트 비요크Robert Bjork는 분산된 인출 연습의 이점이 연습회기 사이에 일어나는 망각으로부터 온다고 설명한다. 만약 당신이 내일 므네모시네의 이름을 회상한다고 할 때 내일은 오늘만큼 그 이름이 생생하지 않을 것이고 그래서 이름을 외우기 위해 어느 정도의 정신적인 노력이 필요할 것이다. 비요크는 이러한 노력이 기억하는 것을 도와준다고 말한다. 이는 "바람직한 어려움(desirable difficulty)" [09]으로 불리는 데 인출 연습으로 이득을 얻을 수 있는 장기기억을 얻기 위한 핵심적인 필요조건이다. 만일 기억이 쉽게 떠오른다면 그것을 연습함으로써 얻게 되는 것은 적다. 그러나 기억인출을 위해 노력을 해야 한다면 장기적으로 유지되는 기억력을 가질 수 있다.

바람직한 어려움은 회상이 재학습보다 기억강화에 더 우수한 이유를 설명한다. "그리스 여신의 이름은 ______________이다"처럼 기억을 회상할 때 당신은 이것을 기억해내기 위해 애를 쓰고 이것이 이후 더 큰 기억강화로 이어진다. 그러나 당신이 "그 여신의 이름은 므네모시네이다"라고 같은 사실을 반복해서 읽으면 기억을 상기시키는 데는 좋지만 여기에는 정신적인 노력이 덜 관여하게 되므로 지속적인 기억 강화는 덜 일어나게 된다.

그러면 얼마만큼의 어려움이 바람직한가? 장기기억 강화의 최고점을 이야기한다면 어려울수록 좋을 것이다. 심지어 그것을 연습하기까지 너무 오래 기다려서 그것을 기억할 수 없게 되고 다시 공부해야 한다고 해도.[10] 이러한 경험은 낮은 난이도와 짧은 간격을 갖는 회상 경험과 비교할 때 더 장기적인 관점에서는 기억에 유리하여 자료를 성공적으로 기억할 수 있을 것이다. 그러나 나는 사실의 재학습은 없어도 되는 조건이므로 사실을 기억 못할 때까지 오래 기다리지는 않는 것을 선호한다. '5의 법칙(Rule of Five)'은 이러한 철학을 행동으로 옮긴 하나의 예이다. 이는 사실을 배운 바로 직후 기억이 여전히 회상될 수 있을 때 기억훈련을 시작하고 기억이 공고해짐에 따라 좀 더 긴 분산 간격을 사용해서 추가적인 연습을 하는 것이다. 비요크Bjork와 그의 동료 토마스 란다우어Thomas Landauer는 이러한 접근을 "확장된 인출 연습(expanding retrieval practice)"[11]이라고 부른다. 분산간격을 잘 조정한다면 기억 손실이 적은 바람직한 어려움을 경험할 것이다. 이는 자신의 기억에 긍정적인 느낌과 확신을 주고 실패에도 잘 견딜 수 있게 한다. 전문적인 기억술사들은 이러한 접근을 지지한다.[12]

당신이 보유하고자 하는 기억자료들은 확장된 인출 연습을 사용하는데 가장 좋은 가이드이다. 좀 더 안전한 온라인 은행 계좌 비밀번호가 필요해서 은행의 권고에 따라 kRm-3bY라는 매우 안전한 비밀번호를 만들었다고 하자. 이는 기억하기 매우 어려워서 기억하려면 당연히 분산훈련이 필요할 것이다. 처음 익힌 다음의 그 첫 번째 연습이 특별히 중요한데 왜냐면 스피처의 망각곡선에서 보았듯이 초기 망각이 매우 빠르게 진행될 수 있기 때문이다. 매우 중요한 이 기간에 새로운 기억을 얻는 것이 우선되어야 할 필요가 있다. 그러나 바람직한 어려움은 이 초기 연습에서도 중요하다. 만일 최초의 회상 시도가 너무 빠르면 기억이 너무 쉽게 떠오르고 그러면 이득이 적을 것이다. 그렇다고 너무 오래 기다리면 그 사실이 기억나지 않아서 자존심에 상처를 입을 수 있다.

이것이 이도저도 아닌 골디락(Goldilocks) 상황이다—어려움은 '충분해야' 하지만 너무 어려우면 바람직하지 않다. 기억연습을 너무 오래 기다렸다고 말하는 것은 쉽다. 왜냐하면 기억회상에 실패하기 때문이다. 그러면 얼마만의 기억연습이 '충분한' 간격인가? 이를 판단하기 위한 실제적인 방법이 여기 있다. 기억을 검색하는 순간 사이의 간격과 기억인출이 이루어지는 그 순간에 집중하라. 만일 짧더라도 기억지연이 일어나면 당신의 시스템은 기억을 인출하기 위해 일을 해야만 한다. 기억지연은 말하자면 "그러니까 비밀번호가… 아, kRm-3bY" 같은 것이다. 이러한 지연이 바람직한 어려움의 필요조건을 충족시킨 것이다. 그리고 인출에 더 많은 기억검색이 필요하면 할수록 더 좋은 것이다.

바람직한 어려움 개념은 왜 '5의 원칙(Rule of Five)'이 보편타당한 원칙이나 어떠한 경우에도 적용되는 처방은 아닌지를 보여준다. 이것은 자료의 종류와 기억되어야 하는 기간 등에 따라 조정할 수 있는 시작점으로써 최적이다. 이 비밀번호처럼 자료가 복잡할수록 연습간격을 촘촘히 하라. 만일 자료가 쉬우면 더 여유롭게 분산시켜라. 더 오래 기억하고자 하면 다섯 번도 충분하지 않을 수 있다.

왜 분산된 인출 연습이 좀 더 자주 사용되지 않는가

회상방법이 재학습 방법보다 거의 명백하게 우수한데도 불구하고 학생들은 공부할 때 회상방법을 거의 사용하지 않는다고 보고한다.[13] 그 이유 중의 하나는 단순히 회상법이 자기평가를 하고 이를 회상함으로써 사실들을 연습하는데 더 많은 일을 하기 때문이다. 그러나 그 외 다른 이유도 존재한다. 학생들은 회상법으로 공부하는 것이 노트를 다시 읽어가며 공부하는 것만큼 효과적이지 않다고 여기기 때문이다. 대학생에게 다음과 같은 시나리오를 주고 어떻게 생각하는지 묻는다고 해보자.

다른 두 학급의 학생들이 같은 한 장짜리 에세이를 읽었다. A반 학생들에게는 에세이를 읽은 후 기억나는 내용을 모두 적으라고 하였다. B반 학생들에게는 다시 한 번 에세이를 살펴볼 기회를 주었다. 일주일이 지난 뒤 학생들

을 대상으로 그 문장에 대한 기억을 테스트했다. 어떤 학급의 학생들이 더 높은 점수를 받았을 것으로 예상되나?

(a) A 반 (b) B 반

기억연구자 제니퍼 맥카브Jennifer McCabe[14)]는 대학생들에게 유사한 질문을 주었을 때 두 번째 전략 즉 재학습에 대한 압도적인 선호를 확인할 수 있었는데 이 재학습이 같은 상황에서 더 불리한 방법으로 알려져 있음에도 불구하고 선호되었음을 알 수 있다. 왜 학생들은 잘못 이해하고 있는가? 그들은 자신들의 경험에 기초해서 대답했을 가능성이 높다. 그들은 자신이 그 자료를 반복해서 읽을수록 기억할 것이라는 확신을 갖기 때문이다. 이 사실은 명료하고 신선해 보인다. 학생들이 반복해서 자료를 볼수록 자료들은 빠르고 쉽게 머릿속에 떠올랐다.—자기평가로 사실을 회상할 때는 항상 그렇지는 않다—사실들을 기억하기 위해서는 더 많은 노력이 필요하기 때문에 이 사실들이 그렇게 견고해 보이지는 않는다. 학생들의 관점에서는 재학습 방법이 명백히 더 나은 학습인 것으로 보인다. 로버트 비요크Robert Bjork은 이를 가리켜 재학습 후의 "확신에 대한 착각(illusion of competence)"[15)]이라고 부른다. 학생들은 자신이 그 순간에 느낀 습득에 대한 확신에 기초하여 그 자료를 잘 안다고 결론내리는 것이다. 그리고 시험을 본 며칠 이후에도 자기 스스로 같은 수준을 보일 것이라고 기대하는 것이다. 이러한 확신에 대한 착각은 벼락치기 할 때도 작용하는데 벼락치기할 때 사람들은 그 자료를 안정되고 확고하게 습득했다고 느낀다. 그 순간의 그 느낌은 사실이겠지만 그로 인해 장기간 유지되는 기억이 강화되었다고 가정하는 것은 실수이다.

확신에 대한 착각은 매혹적이다. 이는 사람들로 하여금 자신의 기억 강도를 잘못 판단하도록 쉽게 호도할 수 있고 학생들이 공부할 때 장기기억을 방해할 수 있는 방법을 취하도록 권한다. 이에 대한 최선의 방어는 증명된 기억술을 사용하고 현재 기억이 얼마나 견고한가에 기초하여 미래기억강도에 관한 예측을 의심해보는 것이다.

인출 연습의 힘을 강화하기
Harnessing the power of retrieval practice

당신이 어려운 사실적 자료들을 지금 당장 사용하는 것이 아니라 미래를 위해 기억할 필요가 있다면 항상 인출 연습을 염두에 두어야 한다. 기억술이 필요한 연습 양을 극적으로 감소시킬 수 있으나 아무리 효과적인 기억술이라도 일정한 인출 연습은 도움이 된다. 여기 몇 몇 접근들이 있다.

읽기-연습하기-점검하기

단지 한 세트의 이 연습으로도 어려운 자료를 명료화하고 쉽게 기억할 수 있다. 예를 들어 지금 국방부 경비 감축을 위한 두 개의 반대되는 논쟁을 설명하는 기사를 읽고 있다고 할 때 즉석에서 내용을 되뇌임으로써 단단히 기억한다고 확신할 수 있다. 이를 위해 필요한 것은 기사를 읽은 후 잠시 멈춰 자료를 떠올리고 정확히 기억하는지 점검하고 그 다음으로 옮겨가면 된다. 마크 맥다니엘Mark McDaniel과 그의 동료[16]는 신속한 자기 점검의 장점을 대학생들에게 바로 그대로 하게 함으로써 보여줬다. 학생들은 한 구절을 읽고 기억할 수 있는 한 많은 내용을 크게 말했고 점검하기 위해 다시 그 구절을 확인하였다. 연구자들은 자료를 회상하는 것이 같은 자료를 두 번 읽거나 혹은 읽고 난 다음에 노트필기를 하는 것보다 더 우수한 방법임을 밝혀냈다. 복잡하지만 중요한 구절을 읽은 후 바로 멈춰 자기 점검을 하는 것이 그 자료의 기억을 향상시키는 간단하면서도 효과적인 방법이다.

다른 사람과 공유하기

기억을 강화시키는 다른 방법은 다른 사람에게 그것에 대해 이야기하는 것이다. 마이크로소프트사의 창립자이며 기부가인 빌 게이츠Bill Gates는 매우 다양한 분야에 관심을 가진 탐욕스러운 독자이다. 텔레비전 인터뷰에서 그는 자신이 읽은 자료들을 얼마나 자주 그의 아내 멜린다Melinda와 토론하는지 설명하였다. 그는 또한 자신이 읽은 책을 리뷰하고 의견을 제시하는 블로그를 운영하고 있다. 이러한 공유 활동은 그가 자극적이라고 생각하는 아이디어들의 장기기억을 위한 단계를 만들어주면서 인출하고 강화시키는데 도움을 준다.

자기 점검

빌 게이츠는 아니지만, 만일 당신이 다음 주에 어려운 생물학 시험을 앞두고 있거나 직장에서 새로운 절차를 익히려고 애쓴다면 좀 더 체계적인 접근이 필요할 것인데 여기에 분산된 인출 연습은 포함되어야 한다. 효과적인 전략은 단서를 제시하고 사실을 회상하게 하고 대답에 피드백을 제공하는 자기 점검의 형태를 사용하는 것이다. 교과서적인 학습질문이나 연습평가가 이런 과정을 제공할 수 있지만 지금까지 학생들에게 가장 많이 사용되는 자기 점검 전략은 플래시카드flashcard[17]로, 한 연구는 학생들의 2/3가 이 방법을 사용한다고 밝혔다. 단지 대학생들만 그런 것은 아니다. 플래시카드를 상업적으로 생산하는 시장은 방대하고 온라인으로 상품을 제공할 수 있다는 점에서 매우 유리하다. 영유아들이 색과 모양을 배울 수 있도록 도와주는 플래시카드가 있다. 곱하기와 나누기를 가르치고 화학, 역사, 문학, 심리학을 가르치는 플래시카드도 있다. 그런가하면 SAT, GRE, MCAT, 그 외 다른 중요한 시험을 위한 플래시카드도 있다. 종이로 만든 플래시카드와 경쟁하는 것은 전자식 버전으로 자기 점검을 온라인으로 이동시킨 것이다. 종이로 만들든 컴퓨터를 이용하든 플래시카드는 자기 점검을 위한 거의 이상적인 조건을 만든다. 당신은 기억단서를 읽고 정보를 기억해내려고 노력하고 답을 점검한다.

이러한 인출 연습이 단지 국소적이고 기계적인 학습을 형성한다고 걱정할 수 있을 것이다. 그러나 이러한 우려를 종식시키는 증거들이 있다.[18] 사실, 자기 점검은 바람직한 교육적 성취의 범위를 확장시킨다. 자기 점검은 평가된 사실을 위한 기억을 도울 뿐 아니라 관련된 사실들을 위한 증폭제를 제공한다. 더 많은 인출 연습과 함께 학생들은 그 자료들을 새로운 환경에 더 잘 적용시킬 수 있게 되고 관련된 지식들을 더 쉽게 배울 수 있게 된다. 예를 들어 워싱턴 대학의 연구자들은 한 그룹의 대학생들에게 컴퓨터 버전의 플래시카드를 이용하여 조류를 참새과, 꾀꼬리과, 제비과 같이 과(family)에 따라 분류하는 것을 가르쳤다.[19] 다른 그룹의 학생들은 동일한 시간동안 조류와 분류를 그들의 첫 번째 대답에 대한 회상 없이 공부하였다. 인출 연습을 한 학생들은 그들이 공부한 조류를 더 정확히 분류하였을 뿐만 아니라 그들이 한 번도 본 적 없는 새들이 분류상 어디에 속하는 지 더 적절하게 추측하였다.

• SCRR 방법[20)]

이 기법은 플래시카드 방법을 취한 것으로 특별한 카드를 준비할 필요 없이 온갖 종류의 프린트된 자료를 사용하는 방법이다. 이는 자기 점검을 위한 조건을 신속하게 설정할 수 있게 한다. SCRR은 주요한 단계를 나타낸다.

S Segment(부분): 자료를 주요한 아이디어 몇 개로 나눈다

C Cue(단서): 각 아이디어를 위한 단서를 만든다.

R Retrieve(인출): 단서를 이용하여 아이디어를 떠올린다.

R Review(점검): 기억의 정확도를 점검한다.

이의 적용은 다음 페이지에 있는 구절에 나타나있다. 먼저, 전체 내용 중 기억하기 위해 노력을 기울일 만큼 중요한 키포인트를 정하였다. 나는 줄을 긋거나 하이라이팅 하는 것을 선호하기 때문에 그렇게 하였다. 표시를 할 때 더 집중해서 제한적으로 할수록 진짜로 표시할 필요가 있는 것이 0이 될 가능성이 커진다. 그 다음으로 내가 표시한 것들을 점검하고 여백에 가로선을 그어서 주요한 아이디어들을 분리하였다. 모든 문장을 기억해야만 하는 것이 아니므로 여기서 선별을 잘 하는 것이 중요하다. 찾아야하는 문장은 기억하기 위한 노력을 정당화할 만큼 중요한 사실들이다. 나는 처음 부분을 X로 표시했는데 이는 중요한 부분이 아니기 때문에 건너뛰라는 신호이다. 그 다음 문단에서는 두 개의 중요한 아이디어를 찾았기 때문에 그룹을 나누어 표시하였다. 나는 각각을 위한 기억단서를 만들었고 이를 여백에 적었다. 단서는 단어, 구문, 혹은 그림 같이 개념과 관련된 어떤 것이라도 가능한데 이 개념을 제안할 수 있을 정도면 충분하다. 각 부분은 하나의 플래시카드와 동일

이전에 밑줄 그은 문단을 분할하고 단서 단어 넣기

교육은 당연히 암기 이상이지만 교육내용을 습득하고 기억하는 것에 대한 요구는 피할 수 없는 필요조건이다. 기억은 시험에서 살아남기 위해서 필요할 뿐 아니라 견고한 지식 기반을 습득한 학생들이 이를 바탕으로 다른 성공을 이룰 수 있는 좋은 위치에 있게 한다. 비판적 사고, 창조성, 문제해결, 기술적 역량 같은 모든 가치 있는 교육적 결과들은 학습시간에 이루어진 활동들을 통해 이전에 배우고 기억된 지식으로 이어진다.

X

공부에 관한 첫 번째 요점은 학생들이 쏟은 시간의 양이 놀라울 정도로 학업적 성취와는 관계가 없다는 것이다. 학점이 좋지 않은 많은 대학생들은 성적이 좋은 학생들만큼 공부하지만 같은 결과를 받지는 못한다. 학생들 간에 지적 능력의 차이가 있기는 하지만 이것이 상황을 설명해주지는 않는다. 많은 양의 자료들은 학생들이 자신의 공부를 통한 변화가 심각할만큼 적다는 것을 제시한다. 이렇게 아깝게 기회가 없어지지만 노력을 기울이면 성적은 향상될 수 있다.

학습과 성취

공부시간은 두 개의 매우 다른 목표를 가질 수 있다: 새로운 사실적 지식의 습득 또는 새로운 기술의 습득. 첫 번째 목표는 역사, 생명과학, 심리학처럼 중요한 사실적 지식이 강의와 교재로 습득되어야 하는 과목과 관련 있다. 두 번째 목표는 영작, 수학이나 컴퓨터 프로그래밍처럼 결과를 도출하거나 문제를 푸는 것이 기대되는 과목들에서 나타난다. 이러한 조건을 맞추기 위해서 사실적 지식이 필요하지만 그것으로 충분하지는 않다. 기술을 기반으로 한 과목들에서 수행을 잘하기 위해서는 경험에 의해서만 습득될 수 있는 절차적 지식이 필요하다.

두 종류의 과목들

한 것이 되고 단서 단어는 그 카드의 앞에 써져 있는 것과 같다.

단서가 있는 상태에서 첫 번째 자기 점검은 단서만 가지고 전체 구절을 떠올리는 것으로 시작해서 관련된 사실들을 회상하는 것이다. 마지막 단계는 이 정보들을 점검하는 것이다. 점검은 모든 단서를 다 다룬 뒤에 하는 것이 좋은데 점검 단계를 조금 늦추는 것이 기억에 유리한 점이 있다.[21] 그러나 점검 단계를 빼면 안된다. 연구들은 이러한 종류의 피드백이 자기 점검의 효과성을 증가시킨다고 밝혔다.

• 얼마나 많은 자기 점검이 필요한가?

자기 점검은 자료를 총체적으로 익힌 다음에 반복되어야 한다. 다시 단어들을 통해 최소한 한 번 완벽하게 전체를 기억할 때까지 자기 점검을 계속하는데 완벽하게 기억하는 게 세 번이면 더 낫다는 증거가 있다.[22] 전통적인 플래시카드를 사용하든 SCRR 방법을 사용하든 이는 공통으로 적용된다.

초기 학습 후 얼마나 많은 분산학습이 더 필요할지 결정할 수 있는데 이는 그 자료를 기억하고 싶은 기간에 따라 결정된다. 구체적인 학문적 자료를 기억하는 연구에서 일주일 간격으로 5번 연습한 경우 1개월 후 자료[23]의 63%를, 4개월 이후 48%를 기억하는 것으로 나타났다. 간격을 한 시간, 하루, 한 주, 두 주, 한 달로 둔 5의 법칙(Rule of Five)은 이런 종류의 자료들에서 일반적으로 유사한 결과를 보인다. 더 많이 기억하려면 더 많은 연습이 필요하다.

사실들을 조직화하기

나는 사실들을 조직화된 구조로 정리하는 것이 기억훈련을 돕는다고 생각하는데 이는 사실들을 연결시키는 것을 돕는다. 나는 '마인드매핑mindmapping'[24]이라는 시각적 접근을 선호하는데 이는 영국 기억 훈련사 토니 부잔Tony Buzan이 소개한 기법이다. 연구들은 매핑하는 것 자체가 기억에 도움을 준다고 설명하는데 나는 매핑이 인출 연습에 특별한 이점이 있음을 알게 되었다. 이를 설명하기 위해서 이 장의 핵심 사실들을 묘사하는 지도를 만들었다. 나는 중심 주제인 "사실을 기억하기"를 중앙에 놓는 것으로 시작하여 방사선으로 각각의 주요한 주제들을 덧붙였다. 각 선들은 바깥으로 뻗어가며 중요한 개념을 위해 가지를 덧붙였다. 부잔은 마인드맵을 그림, 색 등으로 돋보이게 하고 좀 더 기억을 잘 할 수 있도록 풍성하게 만들 것을 권장한다.

기억훈련을 위한 마인드맵을 사용하기 의해서는 기억단서에서 시작해서 그것에 관한 세부적인 것들을 회상하라. 지도가 너무 복잡하지 않다면 계속 볼 필요 없이 그 지도 자체를 기억할 수 있다는 것을 알게 될 것이다. 이로서 당신은 구조화와 특정 정보 모두를 연습하게 된다.

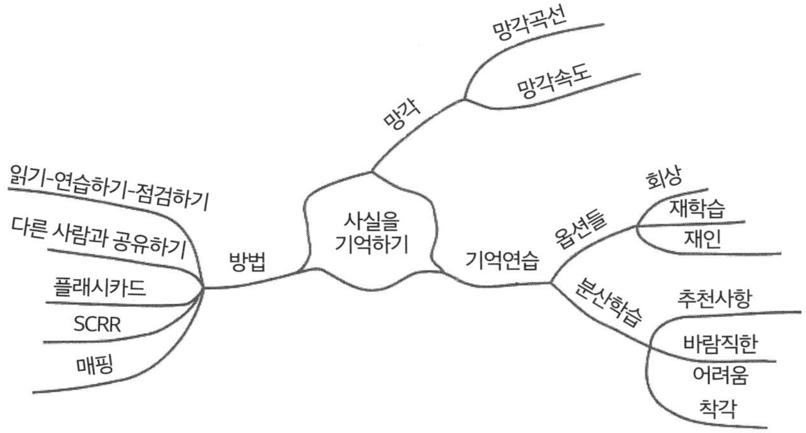

이 장에서 제시된 주요개념을 기억하기 위한 기억 지도

퍼마스토어
PERMASTORE

우리는 오랜 기간동안 어떤 사실을 기억한다. 고등학교 때 역사, 지리 또는 과학 시간으로 돌아간다고 생각해보자. 조금 시간을 들인다면 당신은 몇 년 동안 떠올린 적이 없는 이 수업시간에 얻은 정보의 조각들을 거의 틀림없이 찾을 것이다. 오하이오 웨슬리안 대학의 연구자인 해리 바릭Harry Bahrick은 이 장기보유정보의 저장소를 '퍼마스토어permastore'[25] 라고 부르는데 이 정보는 망각과정에서 탈출한 것으로 보인다.

바릭은 대학 때 스페인어 수업시간에서 배운 정보에 대한 장기기억연구를 진행 하던 중 이 퍼마스토어에 관한 아이디어를 얻게 되었다. 그는 약 600명의 웨슬리안 대학 졸업생을 모집하였는데 이들은 졸업한 지 몇 달된 사람부터 50년 된 사람까지 있었다. 이들 대부분은 인터뷰를 진행했던 때에 스페인어를 거의 사용하지 않았던 것으로 드러났는데 이로써 오랜 기간동안 어떻게 그 학습이 유지되고 있는지를 조사할 수 있었다.그가 진행한 스페인어—영어 단어 검사의 결과는 다음의 그래프에 나와있다.

먼저 다지선다형 시험의 결과를 보라. 학생들의 점수가 그들의 마지막 스페인 수업 직후 70% 주변에서 안정화되어 있는 것에 주목하라. 놀라운 것은 그 수준이 상대적으로 50년 동안 유지되고 있다는 것으로 이 지식은 괄목할 만한 기간 동안 안정적인 것이다. 답을 고르는 대신 실제적으로 기억해내는 것을 요구하였을 때 수행은 낮아졌으나 같은 기간 동안 기억이 고르게 유지되는 것을 볼 수 있다. 두 곡선 간 차이는 퍼마스토어 기억이 강도에 따라 다양하다는 것을 보여준다.[26] 다지선다형 검사에서는 지식에 대한 강도가 회상

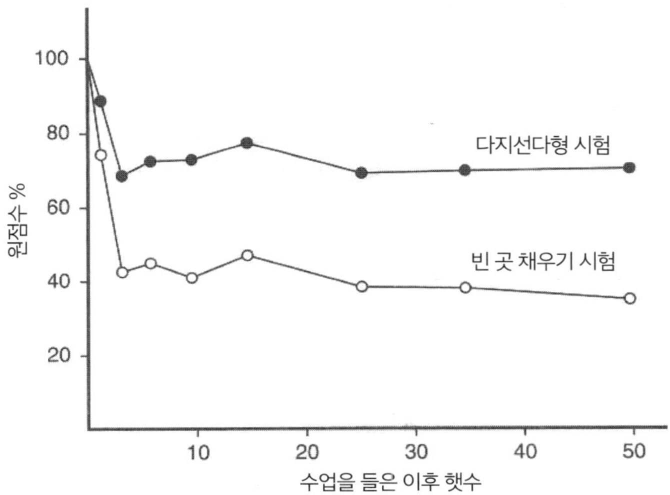

학부에서 스페인어를 공부했던 대학졸업생의 스페인어 단어 검사결과

검사에서 만큼 강하지 않더라도 답을 고를 수 있다. 예를 들어 학생들은 선택지가 있는 경우 'pelirrojo'의 뜻으로 '빨간 머리'를 제대로 고를 수 있으나 독립적으로는 알아내지 못할 수 있다.

퍼마스토어 기억에서 공통적인 것은 안정성이다. 여기서 망각은 유예된 것으로 보인다. 바릭은 우연히 퍼마스토어를 발견했다. 지평을 흔드는 그의 발견 이후 이 개념을 지지하는 확실한 추가적인 증거들이 발견되었다. 유사한 장기보유기억들은 수학적 지식, 어린 시절 살던 동네 거리 이름, 그리고 고등학교 친구들의 기억 등에서 발견되고 있다.[27)]

이런 사실들은 어떻게 망각되지 않고 퍼마스토어의 한 부분이 되었을까? 바릭은 방대한 자료들을 정교하게 정리하여 어떤 개인의 특질이 그들의 퍼마스토어의 기억 수와 연관되어 있는지를 살펴보았다. 그 결과 두 예측인자가 발견되었는데 그 중 하나는 초기 학습 수준이다. 스페인어 수업에서 A를 받은 학생들은 C를 받은 학생들보다 바릭의 검사에서 50% 더 나은 수행을 보이곤 했다. 초기 학습이 강력할수록 더 많은 지식이 퍼마스토어로 이동하는 것을 도왔다. 두 번째 요인은 그들이 받은 수업의 횟수이다. 부가적으로 받은 수업은 새로운 정보를 주었을 뿐 아니라 학생들에게 이전 수업에서 배운 내용을 연습할 수 있는 기회를 제공하였다. 외국어 수업은 다른 과목과 달리 이전에 배운 내용들에 대한 분산 기억 훈련의 기회를 제공한다. 이러한 추가적 연습은 퍼마스토어에서 드러난다. 정규적 연습 기회를 주는 다른 환경 역시 확실한 퍼마스토어 지식을 보여준다. 극적인 예가 고등학교 동창생을 기억하는 것이다.[28] 바릭은 사람들이 35년 후에도 졸업앨범에서 친구들의 사진을 거의 90%의 정확도로 이름과 연결시키는 것을 알게 되었다. 그는 이 인상적인 기억을 고등학교 시절동안의 기억훈련의 기회 때문으로 설명한다.

바릭의 기억곡선은 대부분의 망각이 초기 몇 년 동안 약한 기억이 없어지면서 일어나는 것을 보여준다. 그는 일단 기억이 초기 3년에서 5년 사이에 유지된다면 퍼마스토어 상태로 갈 수 있고 수 십년 동안 안정적일 수 있다고 믿는다. 바릭의 집중적인 연구에서 얻은 메시지는 강력한 초기 학습이 분산기억훈련과 결합되면 새로운 사실들이 이 중요한 지점을 지나서 놀랄 만큼 오래 유지되는 기억이 될 수 있다는 것이다.

마무리
A final thought

중요한 사실을 기억하도록 도울 필요가 있을 때 기억술 훈련가들은 두 가지 선택지를 갖는다. 하나는 기억 속 사실들의 부호화(encoding)를 향상시키는 것이다. 부호화는 시작하기에 언제나 유용한 시점인데 용 원칙(Dragon Principle)에서부터 이를 위한 다양한 방식을 이미 다루었다. 일단 기억이 확립되면 두 번 째 선택지는 실행에 옮기는 것이다. 즉 기억연습으로 기억을 강화시킨다. 이 두 경우는 상보적이고 망각과 싸우는 강력한 방법을 제공하며 때때로 퍼마스토어에 더해지기도 한다.

기억연구소: 기억 도우미로서의 운율(rhyme)

운율은 오랫동안 기억 도우미로 사용되어 왔다. 13장에서 운율과 리듬에 대해서 좀 더 이야기할 것이다. 이 장에서 나는 두 개의 운율을 이용한 기억술을 미리 접해보도록 초대하고자 한다.

첫째로, 분산기억학습의 장점을 찬양하는 운율을 가정해보라.

Henry	헨리
There once was a boy named Henry	헨리라는 아이가 있었지
Who tried to improve his memory	헨리는 기억을 잘하고 싶어했지
He practiced the facts he faced	헨리는 자신이 접하는 사실들을 연습했지

With retrieval well spaced,	간간히 기억해가면서
And found his recall exemplary	그리고 기억을 잘하게 되었지

여기 SCRR 방법의 기억을 돕는 두 번째 운율이 있다.

Segment(부분), *Cue*(단서)

Retrieve(인출), *Review*(점검)

운율 기억을 연습할 때는 리듬감 있게 과장해보라. 예를 들어 "There ONCE was a boy named HENRY/ Who TRIED to improve his MEMORY/…". (헨리라는 소년이 있었지, 헨리는 기억을 잘하고 싶어했지) 이런 과장된 리듬이 운율을 더 쉽게 기억하게 해준다.

시각적 기억술 역시 유용한데 나는 다음과 같이 제안한다. 이 그림은 기억 단서가 헨리 이미지 안에 정리되어 있는 것인데 헨리는 H로 표시되고(헨리에 대한 오행시의 단서로) 팔각형은 'Stop정지' 신호이다(s는 SCRR의 첫 번째 단어인 "Segment(부분)"에 대한 단서이다). 나는 여기에 덤벨dumbbell을 추가하였는데 이는 기억강도를 증가시키고자 할 때 5의 법칙(Rule of Five)과 바람직한 어려움(Desirable Difficulty) 간의 연결을 제안하기 위해서이다. 헨리 이미지가 제시하는 단서로 정보를 기억하기 위해서 그것을 기억하는 연습이 필요할 것이다. 연습 일정을 잡고 얼마나 잘 진행되었는지 평가해보라.

사실기억 증진 방법을 위한 기억술

10장 숫자 기억하기
Remembering numbers

2005년 11월 20일, 중국 양링의 23세 챠오 루Chao Lu는 수학 상수 파이pi의 처음 61,890자리의 수를 암기하여 이전 기록을 갱신하고 기네스북 세계기록을 세웠다.[01] 이 기록은 이 글을 쓰는 지금까지 유지되고 있다.

차오 루는 한 일본 사람이 이전에 파이pi를 암기한 기록을 가지고 있다는 사실에서 영감[02]을 받았는데 그 사실이 루를 불편하게 만들었기 때문이다. "원주률을 발견한 것은 고대 중국의 수학자인 주 공치Zu Chongzhi였다," 루는 말했다. "그리고 중국인이 파이pi 암송시합에서 반드시 이겨야 한다." 그는 2004년 기록을 위해 진지하게 훈련하기 시작했는데 하루에 3-5시간씩, 때로는 10시간까지도 연습하였다. 그는 지난 해 동안의 연습시간을 무려 1,300시간으로 추정하였다. 이는 매우 어려운 과정이었는데 그는 불면증, 낙담에 시달렸고 탈모를 겪기도 했다.

기록에 도전할 때 차오 루는 90,000 자리를 외우려고 했었는데[03] 그 과정은 심판 앞에서 숫자를 한 자리씩 명확하게 말하는 것이었다. 이는 너무나도 지독한 과정이었다. 기네스 규칙에 따르면 성공적으로 숫자를 말하는 간격이 15초 정도였고 음식을 먹거나 화장실에 다녀오는 것은 불가능하다. 24시간 4분이 지난 후 67,891 자리수를 말할 때 그는 0 대신 5라고 잘못 말했고 거기서 그의 시도는 현재의 기록을 수립하면서 끝이 났다.

그의 승리의 가장 매혹적이고 놀라운 측면 중 하나는 차오 루가 비상한 기억력을 가지고 있는 것이 아니라는 점이다. 기록을 수립한 수년 후 그가 27세가 되었을 때 그는 중국과 미국의 심리학자들에게 숫자와 단어로 구성된 기억검사를 받았다.[04] 학자들은 그의 원래 능력이 중간 범위에 속한다고 결론지었다. 그의 놀라운 성취는 기억기술과 엄청난 노력의 결과였던 것이다.

차오 루의 기록은 그가 기억한 양 때문만이 아니라 특히 잘 잊어버리는 기억자료인 숫자와 연관된 성취이기 때문에 더 인상적이다. 숫자는 평범하고 추상적이고 독특하지 않다. 수학 상수 파이pi 는 의미 없는 숫자의 무한 공급을 원하는 사람에게는 완벽한 자원인데 왜냐면 이는 원하는 만큼의 소수점을 계산해낼 수 있기 때문이다. 이 숫자를 기억하는 단 하나의 실제적인 방법은 기억술에 의존하는 것이다. 이 장에서 우리는 숫자를 기억하는 다양한 방법들을 볼 것인데 단순한 것에서부터 차오 투가 사용한 체계같이 복잡한 것까지 다 포함된다.

그러나 그 전에 왜 숫자를 기억하는 방법을 배우려고 애써야 하는지 물어볼 수 있다. 당신도 나처럼 차오 루의 기록에 도전하는 데는 어떤 관심도 없다고 가정할 수 있다. 요즘에는 어떤 숫자를 기억해야 할 필요도 적다. 전화번호, 카탈로그 번호, 주소, 찾아가는 곳의 지도 등의 자료는 전자기기에 모두 들어있다. 경우에 따라서는 종이에 메모하거나 휴대전화에 기록할 수 있다.

그렇다면 숫자를 기억하는 것의 장점은 무엇인가? 다른 자료들에 관한 기억술은 실제적 유용성을 가지고 있다. 기억술로 이름과 사실들을 기억하는 능력을 연마하고 성취할 필요가 있는 과제들을 위한 미래의 기억을 증진시킬 수 있다. 그러나 숫자를 기억하는 것은 또 다른 일이다. 숫자 기억을 위해 노력하는 것은 좋은 투자인가? 물론 당신 스스로 이를 결정해야 하지만 나의 결정은 다음과 같다.

계단으로 걷기

숫자가 기억술사들에게 작지만 보상적인 도전을 제공하는 것은 사실이다. 우리 대부분에게 숫자를 기억하는데는 집중된 단기의 노력이 필요할 것이다. 그러나 이 짧은 과제는 평범한 숫자를 쉽게 기억할 수 있는 무언가로 바꾸기 위해 기억 전략을 전개할 때 가장 고도의 세련된 정신능력, 즉 주의, 작업기억, 하향식 통제 등을 작동시킬 것이다. 그리고 나중에 성공적으로 숫자를 기억할 때 스스로 기쁠 것이다. 이는 쉽게 피할 수 있지만 일부러 하겠다고 선택한 정신훈련이다. 마치 엘리베이터 대신 계단을 택하는 사람처럼, 외부적 기억도우미를 거부하는 기억술사는 인공적인 도움 대신 자신의 개인적 자원에 의존하고 그 댓가로 그렇지 않았다면 하지 않았을 훈련을 얻는다. 나는 기억술을 숫자에 적용시키고자 하는 사람들에게 이러한 마음가짐을 추천한다. 도전, 정신훈련, 그리고 개인적 만족을 위해 훈련하라. 숫자 기억에서 오는 실제적 이점은 단지 보너스가 될 것이다.

숫자를 기억하는 방법: 쉬운 세 가지 방법들
How to remember numbers: Three Easy Ways

숫자를 기억하는 데 있어서의 요점은 이러한 일반적인 대상을 구체적이고 기억할만한 것으로 만드는 길을 찾는 것이다. 그것은 그리 어려운 일은 아니다.

패턴 찾기

우리는 일반적으로 숫자에 의미가 없다는 것을 당연하게 생각하기 때문에 숫자들을 자세히 들여다보지 않는다. 279-9980 같은 전화번호는 숫자들이 뒤범벅되어 있는 것처럼 보이지만 만일 노력한다면 때로는 기억을 향상시킬 수 있는 흥미로운 특징을 발견할 수도 있다. 이것이 패턴 찾기의 핵심으로 숫자를 자세히 보고 거기서 무언가 의미 있는 것을 발견하도록 노력하는 것이다.

만일 숫자가 길다면 두 개, 세 개, 네 개 식으로 묶음을 만드는 것이 최선이다. 어쩌면 일련의 숫자 3456, 연도 1492, 짝수나 홀수 패턴 1357, 생일 6월 14일인 614, 완전제곱식 625, 대칭숫자 383, 수학적 관계인 257(2+5=7), 가족 중 누군가의 나이 36, 반복되는 수 4466, 지역전화번호 206, 또는 익숙한 주소 1600 같은 것을 찾을 수 있을 것이다.

이제 전화번호 279-9980으로 다시 돌아가 보자. 이 숫자로 무엇을 만들 수 있을까? 사람들이 숫자로 만드는 패턴과 관계는 매우 개인적이기 때문에 맞고 틀린 답이 존재할 수 없다. 내가 찾은 것은 이것이다. 나는 먼저 9개의 숫자 모두에 주목했다. 9가 연이어 세 번 나올 뿐 아니라 처음의 2와 7을 더하면

9가 된다는 것에도 주목했다. 그리고 처음의 숫자 세 개는 올림차순인데 다음의 숫자 4개는 내림차순이라는 것도 알았다. 그리고 9 × 9 = 81 이라는 것도 아는데 이는 뒤의 네 자리 수와 딱 맞지는 않지만 가까운 것이다.

관찰을 통해 얻은 이 자료들 외 이 숫자들을 기억하기 위해 다른 무엇이 필요할 것인가? 만일 몇 시간 후에 이 숫자를 기억해내야 한다면 아마 다른 무언가는 필요하지 않을 것이다. 이 정도의 연상만으로도 그 때까지는 이 전화번호를 기억할 수 있다. 그러나 좀 더 오랫동안 전화번호를 기억하기를 원한다면 그리고 만약 이 숫자들을 잊어버릴 것 같은 느낌이 든다면 내가 찾아낸 패턴을 되뇌어보는 연습이 필요할 것이다.

이 접근이 갖는 장점은 또 있다. 비록 패턴을 찾는 것이나 숫자에 어떤 연상을 만드는 것이 목적이기는 하나 그러한 패턴과 연상을 찾는데 관련된 내부의 과정 역시 가치가 있다는 것이다. 비록 숫자에서 어떤 특별한 패턴도 찾지 못한다 할지라도 당신이 들인 진지한 노력 때문에 그 숫자들을 기억하게 될 것이다. 패턴을 찾기 위해 숫자에 집중하고 모든 각도에서 이를 들여다봄으로써 그 숫자 자체를 기억할 수 있도록 뇌가 활성화된다.

아크로스틱 이용하기

숫자를 의미 있는 실체로 바꾸는 또 다른 방법은 변형된 아크로스틱을 이용하는 것이다. 아크로스틱에서 기억단서는 문장의 각 단어의 숫자나 글자이다. 예를 들어 개인식별번호(PIN) 6327을 생각해보자. 이것을 당신은 "Prince Tom is wealthy(톰 왕자는 부자이다)"라는 문장으로 만들 수 있다. 여기서 단어의 글자수가 숫자를 의미한다—Prince(6), Tom(3), is(2), wealthy(7). 문장은 그 자체로 의미를 가지므로 상대적으로 외우기가 쉽다.

여기 수학 상수 파이pi 값을 외우는데 사용할 수 있는 특별한 예가 있다. 이는 3.1415926 이라는 8개의 숫자에 의미를 제공하는 문장이다: "How I wish I could enumerate pi easily(파이를 쉽게 셀 수 있으면 얼마나 좋을까)"*

0을 부호화하는 것은 아크로스틱 전략에서는 어려운 일이지만 적용시킬 만한 해결책은 z으로 시작하는 어떤 단어로 zero(0)를 나타내는 것이다. 그러므로 3306은 "The dog zestfully played(그 개는 열심히 놀았다)"로 나타낼 수 있다. 모든 숫자를 문장으로 바꿀 수 없는 문제야 말로 해결책이 없다(9119를 한 번 시도해보라). 그러나 대부분의 경우 변형된 아크로스틱은 오랫동안 기억할 필요가 있는 숫자를 기억하는 유용한 방법이 된다.

숫자-모양 시스템[05)]

이미지는 숫자에게 없는 구체적인 의미를 제공하는 또 다른 방법이고 이 시스템은 최소 17세기로 거슬러 올라간다. 이 기법 중의 하나는 그 숫자와 유사한 모양을 가진 어떤 구체적인 대상을 사용하는 것이다.

그 예는 다음과 같다.

0: 공, 바퀴, 지구

1: 초, 로켓, 연필

2: 백조, 낫, 오리

3: 수갑, 양 볼, 가슴

4: 보트, 깃대와 깃발, 도끼

5: 해마, S자 고리, 뱀

* 각 단어의 글자수를 세면 각각 3, 1, 4, 1, 5, 9, 2, 6이 된다. 역자 주.

6: 골프채, 코끼리 코, 체리

7: 부메랑, 절벽 끝, 목수의 쇠 자

8: 눈사람, 모래시계, 안경

9: 끈 달린 풍선, 테니스 라켓, 정자

이 방법으로 주차장 5층에 주차한 것을 기억하기 위해서는 조수석에 커다란 해마가 앉아있는 것을 떠올리면 된다. 이 달 26일 오후 3시에 있는 치과 약속을 위해서는 부리로 골프채를 물고 수갑을 찬 의사를 치고 있는 백조를 그려볼 수 있다. 이 숫자-모양 시스템은 숫자 하나 혹은 두 개에 가장 잘 적용된다.

• **달력 기억하기**

숫자-모양 시스템을 더 잘 이용하려면 마음속의 달력을 사용할 수 있다. 이는 매달 첫 번째 일요일이 언제인지 알고 있다면 그 달의 모든 날이나 요일을 계산할 수 있다는 사실에 기초한다. 열 두 달의 첫 번째 일요일을 안다면 일 년치 달력을 머릿속에 넣어두고 있는 것이다. 이것이 어떻게 가능한지 보자. 만일 내가 아내의 생일인 8월 27일이 어느 요일인지 알고 싶다고 하자. 올해 8월의 첫 일요일이 8월 3일이라는 것을 기억한다(그 방법은 이후 간단하게 설명하겠다). 그러므로 그 이후의 세 번째 일요일은 21+3=24 즉 8월 24일이므로 아내의 생일 27일은 3일 후 즉 수요일이라는 것을 알게 된다. 위원회가 열리는 6월의 두 번째 주 화요일이 언제인지 알고 싶다고 하자. 6월의 첫 번째 일요일이 1일이라는 것을 알면 첫 번째 화요일이 1+2=3 즉 3일인 것을 계산할 수 있고 두 번째 화요일은 10(3+7)일이라는 것을 알 수 있게 된다.

이 시스템을 이용하기 위해서는 열두 개의 일요일을 기억하고 있어야 한다. 나는 이것을 그 날의 숫자-모양 이미지와 그 달의 이미지를 연결시켜서 기억한다. 월별 이미지는 개인적으로 선택할 수 있는데 다음이 그 예 중 하나이다.

1월—새해의 아기	2월—큐피드
3월—사자	4월—바보

나는 매월 이미지를 적절한 숫자-모양 이미지와 연관시킨다. 예를 들어 2014년 1월 첫 번째 일요일은 1월 5일이므로 새해의 아기가 해마를 타고 있는 것으로 이미지화한다. 2월의 첫 일요일은 2월 2일로 이는 큐피드가 백조

에게 먹이를 주고 있는 그림이 된다. 간간히 연습하면 이런 이미지들은 쉽게 이용할 수 있을 정도로 기억된다. 매해 후반기로 갈수록 다음 해의 달력으로 지난 달력을 교체한다. 나는 월별 이미지는 동일하게 유지하지만 숫자-모양 단서는 다르게 이용하여 전년도와는 다른 새로운 연상을 만든다. 매년 다른 이미지를 유지하기 위해서 나는 해당연도마다 다른 색을 선택하여 이를 이미지에 첨가한다. 올해 나의 달력의 모든 이미지에는 빨간 색이 들어간다. 예를 들어 새해의 이미지에 빨간 해마와 큐피드 이미지에 빨간 백조 같은 것이다. 내년의 이미지는 푸른 빛을 띨 것이다. 색은 연도와 이미지들이 섞여버릴 가능성을 낮추는 유용한 기억단서가 된다.

숫자기억을 위한 주요시스템
How to remember numbers: the major system

이제 숫자를 기억하는 아주 강력한 기억술을 살펴보자. 오래되고 잘 증명된 이 시스템은 주요시스템, 음성학적 시스템, 숫자-음절 기법, 숫자-자음 기억술, 숫자-음성 시스템 등으로 불리운다. 심리학자 알란 파이비오Allan Paivio [06)]는 이 시스템이 1648년부터 시작되었다고 밝혔다. 이후 정교해지면서 19세기 중반 현재의 버전이 확립되었다. 이 강력한 기법은 여러 세대의 기억술사들에게 칭송받은 것으로 오늘날 기억전문가들에 의해 다양한 형태로 광범위하게 이용되고 있다.

주요시스템은 숫자를 의미 있는 단어로 만드는 도식이다. 이는 개별 숫자를 특별한 소리와 연결시키는 부호를 이용하는데 이 부호는 자음의 음가만을 사용한다. 예를 들어 "t"와 "d" 소리는 숫자 "1"을 가리킨다. 모음과 묵음은 숫자를 의미하지 않으므로 단어를 만들기 위해서만 첨가한다. 그러므로 숫자 "1"은 여러 방법으로 표현될 수 있다; "tie", "doe", 또는 "dough". 각각의 경우 추상적인 숫자는 구체적이고 확실한 실체로 전환되어 매우 잘 기억될 수 있다. "11" 같은 두 자리 숫자는 두 개의 t와 d 소리가 들어간 단어로 표현될 수 있는데 "tot", "tide", "dad", "duty" 같이 된다.

각 숫자는 각각의 특별한 소리와 연결되는데 아래의 표에 나타나있다. 이 표에는 또한 기억도우미로 사용될 수 있는 부호들과 이를 사용할 수 있는 규칙을 위한 근거가 제시되어 있다.

주요시스템의 숫자 - 소리 규칙

숫자	소리	기억도우미
0	z, s, 약한c	"zero 영"
1	t, d	아래로 긋는 선이 하나임
2	n	아래로 긋는 선이 두 개임
3	m	아래로 긋는 선이 세 개임
4	r	"four 4"에 있는 것
5	L	로마숫자로 50이 L임
6	j, sh, ch, 약한g	j를 뒤집으면 6과 비슷함
7	k, g, 강한c 나 g	ㄱ자를 두 개 붙이면 k가 됨
8	f, v	f가 8자와 비슷함
9	p, b	p를 뒤집으면 q; b를 돌리면 q가 됨

숫자 - 소리 규칙

· 여기 나오지 않은 모음과 h, w, y 등은 단어를 만들기 위해 자유롭게 사용할 수 있고 숫자적 의미를 갖지 않음(hat은 1, woods는 10임)
· 자음이 묶음일 때는 의미를 두지 않음(lamb은 53, knife는 28임)
· 반복되는 자음이 단음으로 발음될 때는 한번만 셈(mummy는 33임)
· 글자 x는 사용하지 않음

부호에 대한 감을 얻기 위해 다음을 두 자리 숫자로 풀어보라;[07]

bell, coin, chef, lily

이제는 다음 번호를 나타내는 단어들을 찾아보라.[08]

41, 19, 47, 35

야드파운드법 측량을 미터법으로 전환하는데 나오는 세 자리 숫자는 이 기법에 의하면 다음과 같다.

1 인치 = 25.4 mm (kneeler)

1 마일 = 1.61 km (dashed)

1 파운드 = 0.454 kg (roller)

규칙대로 하면 각 숫자는 이 시스템에서 구체적인 단어로 표현될 수 있다. 기억 전문가 해리 로레인Harry Lorayne과 제리 루카스Jerry Lucas는 “a beautiful naked blonde jumps up and down[09](벌거벗은 아름다운 금발여인이 깡총깡총 뛰고 있다)”이라는 문장이 22개 숫자 9185-2719-5216-3909-2112를 나타낼 수 있음을 제시하면서 그 가능성을 보여준다. 그러나 이것은 기억할만한 정보를 가진 숫자치고는 드물게 긴 숫자로 그것을 알아내는데는 많은 시간이 소요될 것이다. 그렇기 때문에 주요시스템을 사용하는 가장 일반적인 방법은 긴 숫자를 하나나 두 개 정도의 묶음으로 나누어 각 묶음을 단어기준표를 이용하여 부호화는 것이다.

이 방법으로 279-9980를 외운다고 하자. 먼저 이를 2+79+99+80으로 나눈다. 그 다음에 각각을 당신이 외운 다음 표(p. 222의 표)에 나오는 기준 단어로 바꾼다. 그러면 그 단어는 hen(2)+cop(79)+baby(99)+fuzz(80)가 된다. 이를 다 묶어서 이야기를 만들고 시각화한다: a **hen** dressed as a **cop** is anxiously watching over a **baby** as a cloud of **fuzz** blows by(경찰처럼 차려입은 암탉이 솜털구름이 걷히자 불안해하며 새끼를 돌본다).

주요시스템은 숫자를 기억해야 할 어떤 상황에도 적용될 만큼 유연하다. 예를 들어 내가 일 년에 기껏해야 한 번 정도 사용하는 자물쇠가 있는데 그 번호를 만화매니아**(ma)**가 후라이팬을 흔들며 로마를 불지르기 위해 돌진하는 네로**(Nero)**를 뒤쫓고 있는데 손에는 성냥**(match)**을 꼭 쥐고 있는 만화 이미지를 이용해서(즉 3-24-36) 몇 년 동안 기억하고 있다. 26일 3시 치과의사와의 약속을 기억하기 위해서 나는 그가 만화매니아(**ma**:3)를 치료하는 동안 자기 앞니 사이의 커다란 틈(**notch**:26)을 보여주기 위해 음흉하게 웃고 있는 모습을 그려본다. 파인[Pine] 가 6541에 새로 생긴 레스토랑 광고를 보고 가보고자 한다면 소나무(Pine tree)에 앉아있는 커다란 쥐(**rat**: 41)를 즐겁게 해주고 있는 첼로 연주자(**cello**, 65)를 상상할 수 있다.

연구자들은 주요시스템이 대학생의 숫자 기억을 향상시킬 수 있다는 것을 알게 되었는데 그 숫자들은 부호 단어를 가지고 있었다. 개리 패튼[Gary Patton] [10]과 그의 동료들은 학생들에게 주요시스템 습득을 위한 짧은 훈련을 시킨 후 스물 두 자리 숫자를 기억하도록 하였다. 어떤 학생들에게는 숫자를 위한 부호 단어를 제공하였고 다른 학생들에게는 자신만의 부호 단어를 만들 것을 요구하였다. 부호 단어를 제공받은 학생들이 아무런 도움이 제공되지 않은 통제집단보다 더 나은 수행을 보였다. 이 사실은 연구자들을 놀라게 하였는데 일반적으로 다른 사람의 것을 사용하는 것보다 자신 고유의 기억술을 창

110개의 숫자를 위한 주요시스템 부호

0 - zoo	동물원	28 - navy	해군	66 - choo- choo	칙칙폭폭
1 - tie	묶다	29 - knob	손잡이	67 - chalk	분필
2 - hen	암탉	30 - mouse	쥐	68 - chef	요리사
3 - ma	마니아	31 - mat	매트	69 - chip	칩
4 - rye	호밀	32 - moon	달	70 - case	케이스
5 - law	법	33 - mummy	엄마	71 - cot	아기침대
6 - shoe	구두	34 - mower	잔디깎기	72 - coin	동전
7 - cow	암소	35 - mule	노새	73 - comb	빗
8 - ivy	아이비	36 - match	성냥	74 - car	차
9 - bee	꿀벌	37 - mug	컵	75 - coal	석탄
00 - sauce	소스	38 - movie	영화	76 - cage	우리
01 - suit	정장	39 - mop	걸레	77 - cake	케이크
02 - sun	해	40 - rose	장미	78 - cave	동굴
03 - sum	총합	41 - rat	쥐	79 - cop	경찰
04 - seer	예언자	42 - rain	비	80 - fuzz	솜털
05 - sail	항해하다	43 - ram	숫양	81 - foot	발
06 - sash	유리창	44 - rower	뱃사공	82 - fan	선풍기
07 - sock	양말	45 - roll	두루마리	83 - foam	거품
08 - safe	안전한	46 - roach	바퀴벌레	84 - fur	모피
09 - soap	비누	47 - rock	바위	85 - filly	어린암말
10 - toes	발가락	48 - roof	지붕	86 - fish	물고기
11 - tot	어린아이	49 - rope	로프	87 - fog	안개
12 - tin	깡통	50 - lace	레이스	88 - fan	5
13 - tomb	무덤	51 - lad	청년	89 - fob	시계줄
14 - tire	피곤하다	52 - lion	사자	90 - bus	버스
15 - towel	타올	53 - lamb	양	91 - bat	방망이
16 - tissue	휴지	54 - lure	유혹	92 - bone	뼈
17 - tack	방향	55 - lily	백합	93 - bum	엉덩이
18 - taffy	태피	56 - leech	거머리	94 - bear	곰
19 - tub	통	57 - log	통나무	95 - bell	종
20 - nose	코	58 - lava	용암	96 - beach	해변
21 - net	망사	59 - lip	입술	97 - book	책
22 - nun	수녀	60 - cheese	치즈	98 - beef	소고기
23 - name	이름	61 - chute	낙하산	99 - baby	아기
24 - Nero	네로	62 - chain	사슬		
25 - nail	손톱	63 - chum	친구		
26 - notch	눈금	64 - chair	의자		
27 - neck	목	65 - cello	첼로		

조하는 경우가 더 낫기 때문이다. 다른 연구들 역시 주요시스템에 관한 이 연구결과를 지지하였다. 여기서의 교훈은 이 접근을 이용하고자 하는 사람들은 그 상황에서 무언가를 만들어내려고 하기 보다는 0부터 99까지의 숫자에 이미 "정해진" 부호단어를 기억해야 한다는 것이다.

진지하게 연습을 하면 주요시스템을 통해 숫자를 획기적으로 기억할 수 있다. 브리검 영 대학의 기억술사이며 기억연구자인 케네스 히그비Kenneth Higbee [11]는 4명의 학생들에게 주요시스템을 가르치고 40시간을 주고 숫자 기억 연습을 시켰다. 4명 중 3명의 학생이 50개의 숫자를 보여준 지 정확히 3분 후에 이를 기억하였다. 4번 째 학생은 50개 중 42개의 숫자를 기억했다. 오하이오 대학의 연구자이자 기억술사인 프랜시스 벨레짜Francis Bellezza [12]는 한 학생에게 주요시스템을 가르쳤고 그 학생은 컴퓨터 스크린에 한 번에 한 쌍씩 보여 지는 많은 숫자들을 훈련받았다. 일 년에 걸쳐 100시간 동안 진행된 훈련을 받은 후에 학생은 99%의 정확도로 80개의 숫자를 기억했다.

이러한 결과는 집중적인 훈련 후에 무엇이 가능한 지 보여주지만 실제 생활에서 주요시스템을 적용시키는 데에는 이런 수준의 훈련과 집중이 요구되지는 않는다. 우리가 80개의 숫자를 외워야 할 때가 있겠는가. 일상적으로 접하는 주소, ID 번호, 신용카드 번호, 가격, 측정치, 상품 번호, 날짜, 시간들 같은 숫자들은 주요시스템에 관한 기본 훈련만으로도 충분하다. 이를 촉진시키는 방법은 기억연구소에서 찾아볼 수 있다.

변형된 주요시스템

기억선수들은 기억 콘테스트에 맞게 주요시스템을 변형시켜왔다. 이러한 혁신은 선수들 사이에서 "군비경쟁(arms race)"이라고 불려왔는데 이는 좀 더 빠르고 효율적으로 기억자료를 부호화하는 방법들을 찾는 것이다. 영국 최고의 기억술사인 벤 프리드모어Ben Pridmore 13)는 1,000까지 모두 다른 부호를 가지는 확장된 주요시스템으로 숫자와 날짜를 기억한다. 기존 주요시스템이 두 자리씩 묶어 기억하는 것에 비해 확장된 주요시스템은 긴 숫자를 세 자리 묶음으로 기억한다는 장점이 있다. 이는 프리드모어가 긴 숫자를 기억해야 할 때 씨름할 이미지가 적어진다는 것을 의미한다. 물론 이를 효과적으로 사용하기 위해서는 엄청난 연습이 필요하다는 단점이 있긴 하다. 이를 사용해서 프리드모어는 인상적인 수행을 보여줬는데 2008년 세계 기억 챔피온십에서 한 시간 동안 1,800자리 숫자를 외웠다.

8번이나 세계 챔피온을 지낸 도미닉 오브라이언Dominic O'Brien 14)은 숫자를 사람들로 표현하는 변형된 주요시스템을 개발했다. 그는 00부터 99까지의 숫자를 다른 사람들로 연결시켰는데 각 개인은 또한 특징적인 행위와 연결되었다. 예를 들어 13은 술병을 들고 있는 알 카포네, 15는 칠판에 글씨를 쓰고 있는 알버트 아인슈타인으로 연결하였다. 이 시스템은 4자리 숫자를 하나의 이미지로 부호화할 수 있다는 점에서 뛰어나다. 오브라이언이 1315를 기억하기 원한다면 알카포네(13)가 글씨를 쓰고 있는(15) 것을 상상하면 된다. 처음 두 숫자를 사람과, 뒤의 두 숫자를 행위로 연결시킴으로써 그는 주요시스템이 요구하는 것보다 절반의 이미지로 긴 숫자를 기억할 수 있다. 오브라이언과 프리드모어가 만든 이런 변형시스템은 그것을 유용하게 사용하고 익히기 위해서 막대한 노력을 투여하는 선수들을 위한 것이다. 다른 일상적인 기억술사들에게 이러한 시스템은 멀리서 바라보며 경외하는 것이다.

차오 루의 시스템

차오 루가 61,890개의 숫자를 기억하기 위해서 사용한 방법은 이 주요시스템과 유사하다.[15] 그는 파이pi를 한 번에 10개씩의 숫자로 묶어서 다루었는데 이 그룹은 다시 각각 두 개의 묶음으로 나뉘었다. 그 다음에 그는 00부터 99까지 그가 만든 부호를 이용하여 각 묶음을 구체적인 단어로 부호화하였다. 그는 10자리 숫자에 대한 부호단어를 하나의 선명한 이야기로 짜 맞췄는데 다음과 같다: "**장미**(rose, 14)는 한 부분이 **앵무새**(parrot,15)에 의해 뜯긴 채 **라이 팡**(Lei Fang, 92)*에게 배달되었는데 라이 팡은 **외양간**(cow house, 65)에 있었고 **담배**(cigarette, 35)를 피우고 있었다." 각 이야기는 앞뒤의 다른 이야기들과 어떤 방식으로든 연결되어 하나의 내러티브를 만들었다. 비록 주요시스템의 원리는 간단했지만 방대한 수의 이야기들을 유지하는 것은 어마어마한 양의 기억연습을 필요로 하였다.

차오 루의 전략은 두 가지 측면에서 도움이 되었다. 첫 번째로는 숫자를 기억시스템이 쉽게 기억할 수 있는 종류, 즉 구체적이고 시각적이고 의미 있는 대상으로 바꾸었는데 그가 만든 00-99 부호단어들이 바로 그것이다. 다음으로 필요한 것은 기억에서 적합한 순서로 소환할 수 있도록 이 부호들을 한데 붙이는 것인데 그가 만든 이야기들이 바로 그 기능을 하였다. 이 두 접근—개별적 기억 아이템을 부호화하는 것, 그리고 그것을 구조화하는 것—은 다른 강력한 기억도구들에서도 공통적인데 가장 주목할 만한 기억궁전은 14장에서 다룰 것이다.

---

* 유명한 중국군인. 역자 주.

마무리
A Final Thought

우리가 일상에서 접하는 숫자들은 매우 다양한 중요도를 가지고 있어서 기억에 의존하기 보다 더 안전하게 기록되어야만 하는 것들이 존재한다. 그런데 기억전략이 살아남을 수 있는 다른 경우들도 많이 있다. 만일 당신이 서툴러서 숫자를 기억하기 위해서 처음으로 다시 되돌아가야 한다면 자존심에 상처를 입겠지만 그래서 기억에 집중하도록 동기를 부여하고 그 과정에서 기억술이 증가하는 것 역시 사실이다. 그러나 그 과정은 외부 도구보다는 자신의 정신자원에 의존하여 높은 수준의 정신능력을 연습하는 것임을 기억하라. 이는 지적능력과 가장 가까운 인지적 과정으로 모든 종류의 정신적 도전에 적용가능하다.

숫자 기억을 시작하는 가장 좋은 방법은 패턴 찾는 기법을 연습하는 것이다. 숫자가 너무 길지만 않다면 그리고 숫자를 비교적 가까운 미래에 사용할 것이라면 이 전략만으로 충분하다. 아크로스틱과 숫자-모양 접근들은 특별한 조건에서 유용하다. 좀 더 심도 있는 기억을 위해서는 주요시스템을 고려해봐야 한다. 주요시스템이 물론 공원 산책 같은 것은 아니지만 아마추어 기억술사들의 경우 적절한 수준에서 꽤 해볼 만하다. 내가 그랬듯이 당신 역시 이 강력한 시스템을 익히는 것이 만족스럽다는 것을 알 수 있을 것이다. 그리고 수 세기를 거슬러 올라가는 기억술사의 긴 대열에 합류할 수 있다.

기억연구소: 어떻게 주요시스템을 익히는가

여기서는 주요시스템을 사용하는데 주요한 110개의 부호단어를 배우도록 한다. 첫 번째 단계는 앞에 제시한대로 각 숫자와 연결되는 소리를 익히는 것이다. 이를 위한 기억단서는 **Satan may relish coffee pie**[16](사탄은 커피 파이를 좋아할 것이다)라는 문장으로 이는 0123456789를 나타낸다. 이미지 도우미는 아래와 같다. 부호가 안정적으로 기억되면 110 단어를 시작할 준비가 된 것이다. 부호단어는 218 페이지의 표에 있다. 만일 어떤 단어가 마음에 들지 않거나 기억하기 어려울 것 같으면 그 숫자를 위한 더 나은 단어를 생각해도 된다. 특정 번호를 위한 부호단어를 제안하는 자료들을 온라인으로 찾을 수 있으니 "주요시스템 단어 생성기(major system word generator)"로 검색해 보라.[17]

"Satan may relish coffee pie"는 숫자 0123456789에 해당하는 주요시스템 부호를 기억하기 위한 기억술이다.

이런 길이의 리스트를 배우는 가장 최선의 방법은 구역을 나누는 것이다. 처음 10개로 시작해서 그것을 쉽게 암송할 수 있을 때 다음 10개를 외우라. 한 구역을 끝낼 때 마다 여전히 기억하고 있는지 확인하기 위해서 이전 단어들을 다시 한 번 다루도록 하라. 자음이 제공하는 단서들이 매우 도움이 된다는 것을 알 것이다. 만일 어려운 단어가 있다면 다른 것으로 바꾸도록 하라. 목표는 110개 단어를 순서대로 말할 수 있게 되는 것이다.

그 다음으로 부호를 무작위적으로 연습하면 숫자 쌍에 맞는 어떤 단어도 재빨리 생각해낼 수 있게 될 것이다. 플래시카드를 이용할 수도 있다. 또한 부호단어를 연습시키는 온라인 사이트나 휴대전화 앱도 있다. 인터넷에 "주요시스템 기억훈련(major system memory training)"을 검색하여 찾아보라. 연습기간을 분산시키고 부호단어를 쉽게 떠올릴 수 있을 때까지 계속하라. 그것이 전부이다. 이제 당신은 그 노력을 잘 사용할 수 있는 기회를 찾을 준비가 되어있다. 이것은 또 다른 장점이 있다: 잠들기 어려워 뒤척이는 밤에는 110개의 부호단어를 떠올려라. "zoo… tie… hen… ma… zzzzz"

11장 기술기억하기
Remembering Skills

에스프레소 기계 뒤의 바리스타는 줄지어 서 있는 다음 컵의 코드를 보았다-중간 크기의 스키니 바닐라 라테—그리고 행동에 들어갔다. 무설탕 바닐라를 컵에 4번 펌프질 해 넣는다. 커피를 갈고 다져넣는다. 에스프레소 두 샷을 뽑아 바닐라에 섞는다. 메탈 피처에 정확히 계량한 탈지우유를 넣는다. 그 다음이 결정적인 단계이다: 스팀을 이용해 우유에 거품을 내고 150도에 맞춘다. 바리스타는 우유를 컵에 섞고 위에 정확한 양의 거품을 올림으로써 주문을 완성하였다. 뚜껑을 닫은 뒤 라테는 손님에게 전해졌다. 바리스타는 다음 주문을 만들었다. 이렇게 바쁜 곳에서 바리스타는 한 시간에 100개의 음료를 만들기도 한다.

그러나 이 주문은 아직 마무리되지 않았다. "실례합니다, 잠깐만요" 고객이 불렀다. "이 라테는 충분히 뜨겁지 않아요." 바리스타는 의심을 할 수도 있다.—온도계는 온도를 정확하게 잴 수 있도록 세심하게 관리되고 있었다. 사실 고객의 불만은 온도보다는 첫째로 커피 자체에 관한 것일 가능성이 크다. 그러나 그녀가 문제를 의식하지 못했기에 문제가 드러나지 않았다는 것이 뭔가 잘못된 일이다. 고객과 눈을 맞춘 후 그녀는 일을 바로잡기 시작했다. 만일 그녀가 미숙한 바리스타였다면 불만을 제기하는 고객을 대하기 위해 스타벅스의 아크로님을 기억해낼 수 있었을 것이다[01)]-**LATTE**: **L**isten, **A**cknowledge, **T**ake action, **T**hank the customer, and **E**xplain what might have caused the problem(듣고 알아채고 행동을 취하고 고객에게 감사하고 문제가 어떻게 발생하였는지 설명하라). 그러나 그녀에게는 이것이 필요 없었다. 그녀는 고객의 문제에 어떻게 반응해야 하는 지 아는 노련한 바리스타였으므로 이 일을 부드럽게 처리했다.

바리스타의 일은 기구들을 다루는데 필요한 운동기술 뿐만 아니라 고객들이 다시 찾아올 수 있도록 상호작용하는 데 필요한 인지적이고 대인관계적 기술 같이 기술(skill)에 관한 일이 대부분이다. 우리처럼 바리스타도 그녀의 일의 범위를 넘어서는 넓은 범위의 기술을 가지고 있고 그 기술들이 그녀가 어떤 사람인지를 알려준다. 기술은 우리에게 목표를 성취하는 유용하고 예측가능한 방법을 알려준다. 이는 우리가 요리하고 운전하고 컴퓨터를 사용하며 운동을 할 때도 사용된다. 이 기술들은 외과의사의 기술에도, 주식중개인의 조언에도, 그리고 정치인의 협상에도 존재한다. 우리가 1장에서 본 것처럼 기술은 사실과 개인적 경험에 관한 기억과는 다른 특화된 형태의 기억에 의존한다. 숙련된 기술을 가진 사람들에게 일을 어떻게 하는지 물어볼 때 이를 알 수 있는데 숙련가들은 종종 만족할 만한 설명을 주지 못한다. 그들의 기술은 말로 설명할 수 없는 어떤 것이기 때문이다.

기술이 어떻게 습득되는가
How skills are acquired

바리스타는 선생이 보여주는 기술을 관찰하면서 어떻게 라테를 만드는 지를 배웠는데 이 경험은 어떻게 만드는지에 관한 기억 너머에 남겨져있다. 대부분의 기술 습득은 이런 방식으로 시작된다. 즉 명시적 기억으로 보유되는 기본 지식의 습득으로 이루어진다. 1장에서 설명한 장기기억시스템은 대부분 기술학습에 관계된 것으로 아래와 같다. 바리스타는 선생의 수행을 일화적 기억으로 보유하였다. 그녀는 또한 형태, 크기, 자신의 취향 등 라테에 대해 다양한 많은 것을 알고 있었는데 이러한 지식은 그녀가 바리스타로 일하기 전에 이미 여기저기서 얻은 것들이다. 그녀는 처음에는 이 명시적 지식에 의존하였다. 그녀가 자신의 첫 번째 라테를 만드는 것을 주의 깊게 살펴봤다면 선생이 보여준 것을 기억하면서 과정을 속으로 따라 말하느라 입술이 아주 미세하게 움직이는 것을 보았었을 수도 있다. 이 과정은 느리고 비효율적이며 바리스타는 자신의 인지적 자원을 오직 각 단계에 투입하면서 주의를 유지해야만 한다.

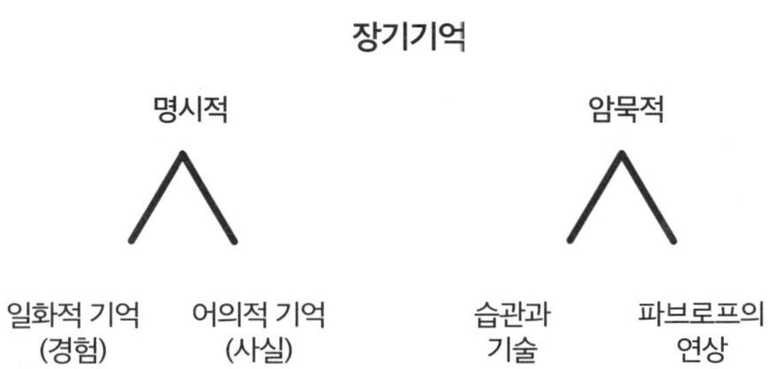

더 많은 라테를 만들수록 바리스타는 빠르게 발전한다. 매번 그녀는 필요한 단계를 성공적으로 끝마쳤고 그 행동패턴은 기술기억(skill memory)으로 강화되었다. 이것은 특수한 목표를 위해 효율적인 움직임을 수행하도록 특화된 시스템이다. 명시적 기억시스템과 달리 기술기억은 아래 그래프가 보여주듯이 개별적인 성공을 통해 향상되고 점진적으로 확립된다. 즉 스팀봉을 더 솜씨 있게 사용하고 에스프레소 샷을 더 능숙하게 추출하게 되는 것 같은 작은 향상들의 시리즈로 볼 수 있다. 그녀는 또한 딱 적당한 양의 거품을 얻기 위해 우유거품을 낼 때 무엇을 보고, 샷을 추출할 때 그 품질을 어떻게 가늠 하는가 같은 중요한 일들에 주의를 집중하면서 덜 명시적인 방식으로도 실력이 향상될 것이다. 이러한 지각적인 기술은 기계 조작에 쓰이는 운동기술만큼이나 중요한 요소이다.[02] 이러한 각각의 발전들로 인해 기술은 그녀의 암묵적 기억시스템 안에 더 잘 확립되고 그녀는 자신의 명시적이고 의식적인 지식에 덜 의존한다. 그녀는 "그 사실을 아는 것(knowing that, 명시적 지식)"에서 "어떻게 할지 아는 것(knowing how, 기술)"로 옮겨가는 것이다.

그녀가 더 능숙해질수록 더 쉽고 자연스럽게 조작하므로 커피를 만들면서 손님과 잡담을 나누거나 커피와는 상관없는 주제에 대해 생각하는 것이 가능

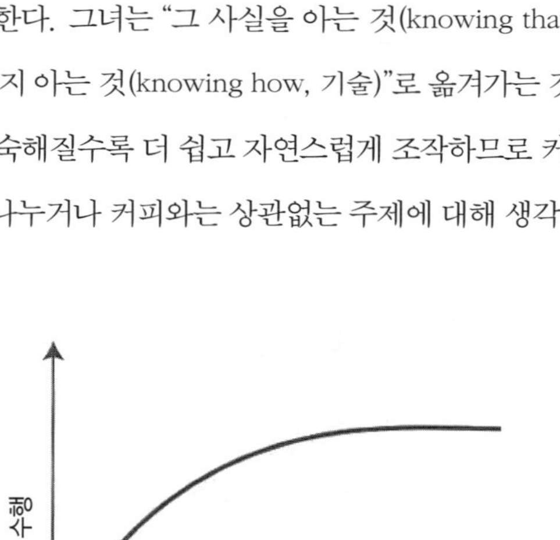

하게 된다. 이전에는 그러면 커피를 망쳤을 것이다. 심리학자들은 이 행동을 자동적이라고 부르는데 이 행동이 의식적 통제를 거의 요구하지 않기 때문이다.[03)]

자동적 기술(automatic skill)들이 거의 대부분 노력 없이 이루어진다는 사실은 복잡한 과정을 가진 기술의 경우 더욱 유리하다. 피아니스트의 경우 잘 연습된 곡을 연주하는 손가락의 움직임이 거의 자동적이 되면 자신의 인지적 자원을 유쾌함, 흥분, 또는 놀라움을 제공하는 곡의 표현에 더 집중할 수 있게 된다. 덜 숙련된 연주자의 경우 세부적인 손가락 움직임에 더 많은 의식적 주의를 기울여야만 한다. 거의 자동적인 수준으로 어떤 과정을 연습한 전문적인 외과의사는 자신의 높은 수준의 정신능력을 예기치 못한 문제를 다루고 다음 단계를 계획하는데 쓰기 위해 남겨둘 수 있다.

어떤 기술들은 신체적인 움직임보다는 정신적 조작에 가깝다.[04)]—불만족스러운 고객을 대하는 일, 컴퓨터 프로그래밍, 항공 교통 통제, 또는 카드 묶음을 순서대로 외우는 일. 흥미롭게도 이런 기술의 발전은 피아노를 연주하거나 메스를 사용하는 것 같은 신체적인 기술과 좀 더 유사하다. 이런 기술들은 처음에는 명시적 지식에 의존하여 의식적으로, 그리고 단계적으로 기억되고 사용된다. 초보 체스 선수는 폰과 루크, 킹과 퀸이 움직이는 방법을 기억

친절한 라마, 이름 기억에 관련된 아크로스틱을 회상하는데 사용되는 이미지 도우미.

하고 각각 가능한 선택지를 통해 이들을 걸러내야 한다. 그러나 연습을 통해서 게임의 기본적인 것들이 자동화되고 선수는 자신의 인지적 자원을 게임의 보다 전략적이고 복잡한 양상에 사용할 수 있게 된다.

기술기억술 역시 같은 방식으로 발전한다. 7장에서 설명한 전략 즉 "Friendly Llamas Seek People(친절한 라마가 사람들을 찾는다)"—**F**ind a feature(특징을 찾고), **L**isten to the name(이름을 듣고), **S**ay it back(다시 한 번 불러보고), **P**ractice(연습한다)—라는 아크로스틱을 이용하여 사람들을 이름을 기억해보자. 처음 이 네 단계를 기억하기 위해서는 노력을 해야 할 것이다. 어쩌면 아래와 같은 도우미가 필요할지도 모른다. 이 단계에서 당신은 전략을 수행하기 위해 명시적 기억에 의존하고 있다. 그러나 커피기계 앞의 바리스타처럼 각각의 성공은 기술기억으로 과정을 강화시키고 각 단계는 더 쉽게 수행된다. 더 많이 연습할수록 당신은 사람들의 개성적인 특징을 잡아내고 어려운 이름들을 소화하고 새로운 이름을 연습하며 이름을 대화에 끌어오는 방법을 더 정교하게 만든다. 그러면서 명시적 기억에 덜 의존하게 되며 각 단계를 수행하는 데 주의와 정신적 노력이 덜 드는 것을 알게 된다. 결과적으로 'Friendly Llamas(친절한 라마)'가 더 이상 필요하지 않게 되는데 당신의 암묵적 기억시스템이 행동을 주도할 것이기 때문이다. 이제 주요한 단계들은 거의 노력 없이 이루어지고 기억이 불필요해진다.

"충분함"에서 "훌륭함"으로 가기.
Getting from "Good Enough" to "Good"

대부분의 기술은 연습으로 수행이 더 이상 향상되지 않는 지점에 이르게 된다. 아무리 많이 연습을 해도 테니스 수준이 중간수준에서 벗어나지 않는 것을 보게 된다. 아무리 매일 저녁 만찬을 차린다고 해도 요리솜씨가 더 늘지 않을 수 있다. 이는 당신의 훈련이 현 상태를 유지하고 있는 것이다. 당신의 기술은 더 정교해지지 않지만 그렇다고 무뎌지지도 않는다.

그러면 지속적인 향상을 유지하는 사람들과는 무엇이 다른가? 동기가 물론 한 부분을 차지한다. 당신은 현재 당신의 수행에 만족하고 있어서 더 이상 나아지는 것에 강한 흥미를 느끼지 못할 가능성이 충분하다. 많은 기술들이 그렇다. 야구를 하거나 집을 고치거나 투자를 하건간에 우리 대부분은 전문가에는 미치지 못하는 수준이지만 만족한다.

그러나 당신이 향상시키고 싶어하는 기술의 경우는 어떠한가? 동기 그 하나는 향상을 가져오는데 충분하지 않다. 당신은 항상 더 나은 요리사가 되고 싶어 했지만 그런 일은 일어나지 않는다. 테니스도 마찬가지이다. 전문성의 발전에는 욕구 이상이 필요하다. 실제로 높은 성취를 이룬 사람들의 연구는 이들이 자신의 기술을 연마하는데 집중된 노력을 하는 것을 밝혀냈다. 이 연구를 진행한 심리학자 앤더스 에릭슨Anders Ericsson [05]은 체스, 음악, 의학, 브릿지, 컴퓨터 프로그래밍, 스포츠, 기억술 같이 다양한 분야의 최고의 전문가를

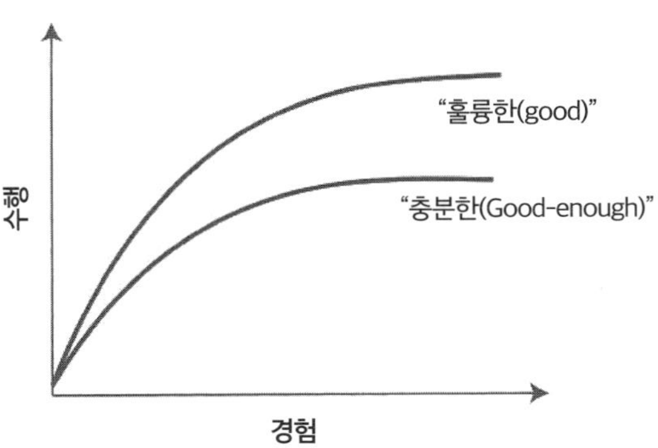

연구하였다. 이들의 수행은 다음 페이지에 나오는 그래프에서 '충분한' 수준 이상이었다. 에릭슨과 그의 동료들은 이 엘리트들이 연습하는 방식에서 공통된 요소를 발견하였다. 그들에게 연습은 아주 진지한 노력이었다. 그들은 각 세션에서 가능한 한 많은 결과를 얻을 수 있게 연습하였다. 그들은 성공적인 것이 무엇인지 고민했고 어떻게 하면 더 나아질 수 있는지 알아냈다. 에릭슨은 이를 "성찰적 훈련(deliberate practice)[06]"이라고 불렀는데 이는 아마추어에서 올림픽 유망주까지 모두에게 적용되는 것이었다. 그는 이 성찰적 훈련에서 기술발전을 '충분함(good-enough)'에서 '훌륭함(good)' 수준으로 끌어올릴 수 있도록 상호작용하는 세 가지 요소를 찾았다.

1. 특정한 부분의 향상을 목표로 할 것

기술을 향상시키는 가장 최선의 방법은 특정한 것에 집중하는 것이다. 테니스선수는 서브를 연습할 수 있고 요리사는 볶음 기술을 연마할 수 있다. 기본을 습득한 바리스타는 최고급 라테를 위해 부드럽고 폭신폭신한 거품을 만들 때까지 우유를 계속 스티밍하는 기술을 향상시키기로 마음먹을 수 있다. 거품을 독립시킴으로써 다른 부분의 기술은 수행을 쉽게 하는 자동적 단계에 그대로 둔다. 거품에 집중한다는 것은 자동화된 단계를 의식적 단계로 바꾼다는 것이다. 그녀는 이제 자신의 주의, 작업기억, 추론능력을 기술향상에 사용할 수 있다. 그녀는 더 나은 거품을 만들기 위해 자신의 인지적 자원을 써야하므로 손님들과 더 이상 잡담을 나눌 수 없다. 에릭슨과 그의 동료가 기술향상이 매우 어려운 정신적 작업임을 알아낸 것은 놀라운 일이 아니다.

성찰적 훈련의 중요한 부분은 문제해결이다.[07] 바리스타는 어떻게 해야 스팀막대가 우유에 작은 거품을 만들어내는지 알아내고 어떻게 저어야 자신이 원하는 부드러운 촉감의 거품이 만들어지는지 배워야 한다. 그러기 위해서는 반복적인 연습이 필요하지만 만일 집중한다면 알아낼 수 있고 더 많이 연습하면 새로운 행동이 거의 자동화될 것이다. 그러면 그녀는 좋은 거품을 만들어내면서도 손님과 이야기를 나눌 수 있게 된다.

2. 피드백을 소중히 여기기

바리스타가 자신이 만드는 우유거품의 질을 판단할 수 없다면 발전할 수 없을 것이다. 피드백은 작업을 성찰적으로 수행하기 위해 중요하다. 바리스타의 경우 더 숙련된 동료가 피드백을 제공하고 실제적인 목표를 제안하는 코치가 될 수 있을 것이다. 이것이 이상적인 기술발전의 상황이다. 이것이 코치들과 트레이너들이 뛰어난 수행을 위한 과정에서 높게 평가되는 이유이다. 만일 바리스타가 그런 사람을 찾을 수 있다면 자신의 기술을 빨리 향상시킬 수 있을 것이다.

만일 코치를 찾는 것이 가능하지 않다면 피드백을 얻을 수 있는 다른 방법을 찾아봐야 한다. 만일 이름 기억을 증진시키고자 하는 기억술사라면 어떤 피드백이 가장 유용한 것일까? 그리고 어떻게 그런 피드백을 얻을 수 있을까? 단순히 한 행사에서 얼마나 많은 이름을 외울 수 있는지를 아는 것은 기술향상에 특별한 그리고 충분한 도움이 되지는 않는다. 그 행사 직후 자신의 수행을 돌아볼 수 있는 시간, 즉 'Friendly Llamas(친절한 라마)' 단계를 얼마나 잘 수행하였는지 여전히 기억할 수 있는 시간을 갖는 것이 더 나을 것이다. 기억이 생생할 때 자신이 관찰한 것을 기록할 수도 있고 다음 기회를 위한 실제적인 목표들을 정할 수 있다. 각 기술마다 도전해야할 것들이 있다. 피드백을 얻을 구체적인 방법을 찾는 것이 기술향상에 관심을 가진 사람들에게는 우선

과제인데 피드백 없는 연습은 실수와 비효율성을 강화시키기 때문이다.

3. 많이 연습하기

성찰적 훈련의 또 다른 주요요인은 반복연습이다. 얼마나 많은 연습이 필요할지는 기술의 복잡성과 훈련생의 열정에 달려있다. 음악, 체스, 외과수술, 또는 과학 같은 경쟁적인 분야에서 가장 높은 성취를 이루는 사람들은 전형적으로 10년을 진지하게 그 일에 투자한 사람들이다.[08]

그런 종류의 헌신은 취미로 하는 골프, 음악, 기억술에게는 다가갈 수 없는 일이다. 그들이 유지할 수 있는 훈련의 양은 삶의 다른 관심사들에 의해 타협될 뿐만 아니라 훈련할 기회를 찾는 과정에 의해 저하될 수 있다. 그들이 어떻게 우선순위를 고민하고 기회를 찾고 자기 훈련을 통제하는가가 그들의 수행을 '충분함'과 '훌륭함' 사이 어느 지점에 머무르게 하는지를 결정할 것이다.

정신적 연습
Mental Rehearsal

모든 연습이 외부 활동과 연관되어야 하는 것은 아니다. 연습은 머릿속에서 일어날 수도 있다. 최고의 운동선수는 경기를 위해 연습할 때 부분적으로 정신적 연습을 사용한다. 다음은 성공한 올림픽 다이빙 선수가 그의 연습에 대해서 말한 것이다.[09]

> 나는 항상 머릿속으로 다이빙을 한다. 저녁에 잠자리에 들기 전에 항상 10번 다이빙을 한다. 전방 다이빙(a front dive)으로 시작하는데 이것이 올림픽

에서 내가 첫 번째로 해야 하는 다이빙이다. 그 다음에 실제로 거기 있는 것처럼 모든 것을 한다. 나는 똑같은 수영복을 입고 발판 위에 서 있는 나를 본다. 모든 것이 동일하다. 만일 실수를 하면 다시 돌아가서 처음부터 다시 시작하였다. 모든 다이빙을 완벽하게 그려내는 데는 많은 시간이 걸리지만 운동을 한 번 하는 것보다 더 나았다.

정신이미지(mental imagery)는 올림픽 훈련 과정의 하나로 자리잡았다. 2014년 소치 동계올림픽[10) 때 미국은 9명의 스포츠 심리학자를 데리고 가서 운동선수들이 경기를 준비하는 것을 돕게 하였는데 이미지를 사용하여 기술을 향상시키는 것을 주요 초점으로 삼았다. 올림픽 선수들에 관한 초기 연구들[11)]을 보면 가장 성공적인 선수가 그렇지 않은 선수들보다 더 많은 이미지를 사용하는 것으로 나타났다.

정신적으로 연습함으로써 기술을 향상시킬 수 있다는 아이디어는 심리학에서는 잘 알려진 원리이다.[12)] 이는 스포츠 뿐 아니라 수술을 하거나 음악을 연주하거나 춤을 추거나 비행기를 착륙시키거나 실험실의 과제를 수행하거나 뇌졸중을 극복하는 데서도 증명되었다.

당신이 정신적 연습을 시도해보려고 마음먹었다면 먼저 실제 연습을 통해 기초적인 기술을 습득하고 그 기술이 사용되는 환경에 익숙해져야 한다. 이것이 매우 중요한데 왜냐면 정신적 연습은 그 기술을 사용하는 실제적인 신체적 감각을 가장 가깝게 흉내 내는 수행을 상상할 때 가장 잘 되기 때문이다.[13)] —그리고 당신이 이 이미지를 구성하기 위해서는 경험이 필요하다. 실제적인 경험과 이미지는 유지할 수 있는 한 최대로 비슷하게 일치되어야 하는데 이는 그 기술을 수행할 때 어떻게 보일지 심지어는 무엇을 입을 지까지 세팅

하는 데서부터 시작한다. 신체적 움직임에 대한 감각은 정신적 연습의 중요한 부분이다. 피아니스트는 건반을 누르는 자신의 손가락을 느낄 수 있어야만 한다; 소프트볼 투수는 마음속으로 투구를 하기 전에 투구동작을 느껴야만 한다; 그리고 기억술사는 상상 속의 만남에서 악수의 감각을 느껴야 한다. 기술에 동반되는 정서—불안하거나 흥분되거나—는 이미지를 좀 더 현실적으로 만들고 그래서 더 효과적이다.

당신이 파티나 업무 회의 때 만난 사람들의 이름을 기억하는 능력을 향상시키고 싶다고 가정하자. 당신은 스스로 'Friendly Llamas(친절한 라마)' 전략을 성공적으로 수행하고 다가 올 모임에서 만날 가상의 사람들의 이름을 기억하는 모습을 그릴 수 있다. 인사를 나눌 실제 장소를 마음속으로 시각화할 수 있도록 방문하는 것이 이상적이지만 그렇게 하지 못한다면 유사한 환경을 그려볼 필요가 있다. 거기서 그날 입을 옷을 입고 있는 당신을 보고 실제 모임에서 행동하기 바랐던 대로 행동하는 당신을 상상할 것이다.[14] 나는 특히 처음에는 이미지를 인도할 수 있는 대본을 써볼 것을 권한다. 여기 예시가 있다 :

나는 모임이 있는 방으로 들어가고 있다… 나는 푸른 스포츠코트와 회색 바지를 입고 있으며… 오늘은 넥타이를 매지 않았고… 태블릿을 가지고 있다… 나는 방 구조와 의자, 탁자, 스크린, 커피주전자 등을 본다… 나는 오늘 나의 보유의도를 기억한다… 나는 진정으로 가능한 한 많은 이름을 알게 되기를 원한다… 나는 미래 고객들 생각에 흥분된다. 나는 모르는 사람들을 만나기 시작한다… 나는 그들을 확인한다… 나는 그들이 누구인지 어떤 사람인지 궁금하다… 나는 구별되는 특징들을 찾는다… 나는 내가 아는 여인에게

고개를 끄덕인다… 그녀는 내가 만나고 싶어 하는 사람과 함께 서 있다… 나는 그 사람을 기억하기 위해 사용할 수 있는 특징을 알아냈다—그의 풍성한 머리칼이다. 그리고 걸어가면서 그것을 기억한다… 그녀가 있는 곳으로 걸어가며 움직이는 내 다리를 느낀다… 우리는 안녕이라고 인사한다… 그녀가 그 새로운 사람에게 나를 소개하기 시작할 때 나는 눈을 맞춘다… 나는 그에게 완전히 집중한다… 나는 내 손이 앞으로 나가는 것을 느낀다… 나는 악수를 한다… 나는 그가 자신의 이름을 말할 때 최대한의 집중을 유지한다… 나는 그가 '제이Jay'라고 말하는 것을 듣는다… 나는 반복한다… "만나서 반갑습니다. 제이"… 나는 그의 눈에 띄는 특징에 다시 주목한다… 우리는 이야기를 나눈다… 나는 머릿속으로 그의 이름을 되뇌인다… 나는 다른 사람과 인사하기 위해 자리를 떠난다… 떠나면서 나는 "만나서 반가웠습니다. 제이"라고 다시 반복한다.

대본은 단순한 기술 이상이 될 수 있다; 대본은 앞에서 그러했듯이 동기를 만들어낼 수 있고 당신이 맞닥뜨릴 수 있는 어려움에 대한 대비가 될 수 있다. 예를 들어 연달아 많은 사람들을 소개받으면 당황할 수 있다. 당신은 이전 경험을 통해서 자신이 한 번 놓치면 이름을 기억하고자 하는 시도를 포기하는 경향이 있다는 것을 안다. 포기하는 대신 이름을 놓쳐도 어떻게 다룰지 대본에 첨가함으로써 이런 상황에 스스로 대비하라. 당신은 스스로 당황하는 자신을 보게 되고 무슨 일이 일어나는지 인지하며 당신의 주의를 내부로 돌려 숨을 고르고 재집중하며 'Friendly Llamas(친절한 라마)' 전략으로 돌아가게 될 것이다. 대처반응을 미리 연습하면 실제 상황에서 그것을 수행할 기회가 증가된다.

글로 쓴 대본을 사용할 수도 있고 그것을 녹음해서 다시 들어도 된다. 어떤 경우든 목표는 대본이 묘사하는 이미지를 만들어내는 것이다. 정신적 연습을 훈련할 때 그 자체가 기술이고 숙련되기 위해서는 연습이 필요함을 잊지 말라.[15] 두 가지 주요 전제는 이미지를 가능한 한 생생하게 만들기 그리고 조절하기 인데 이로써 연습하는 그 기술을 정확하게 그려낼 수 있게 된다.

이 연습기법은 기술 발전을 위해서도 또는 특별한 경우를 준비하기 위해서도 쓸 수 있다. 기술 발전을 위해서는 실제 연습에 동반해서 사용할 때 가장 효과적이다. 다가올 행사를 위해서는 그 기술이 필요한 시점이 가까워질 때 사용하는 것이 제일 효과적이다.

'새는 양동이' 문제
The Leaky Bucket Problem

기술을 습득했다는 사실이 기술을 언제나 잘 수행할 것을 의미하지는 않는다. 응급심폐소생술(cardiopulmonary resuscitation; CPR) 훈련과정을 성공적으로 마쳤다고 하자. 6개월 뒤에 응급상황에서 당신은 이를 성공적으로 수행할 수 있을 것인가? 명백하게도 수행에서의 일정한 감소가 있을 것이다. 그런데 얼마나 감소하는가? 이것이 영국의 연구자 이안 글랜든Ian Glendon[16]과 그의 동료들이 전문강사에게 CPR 훈련을 받은 점원과 사무직원들을 대상으로 한 연구의 질문이었다. 수행이 좋은 사람들을 각기 다른 시간 후 재검사를 위해 다시 모집했다. 그들은 검사를 위해 '부상자'가 있는 방으로 안내 되었다. '부상자'는 CPR의 세부적인 과정을 기록하는 장치가 있는 마네킹이었다. 이로써 전문가들은 각 참여자가 실제 사람의 생명기능을 생존 가능한 수준으

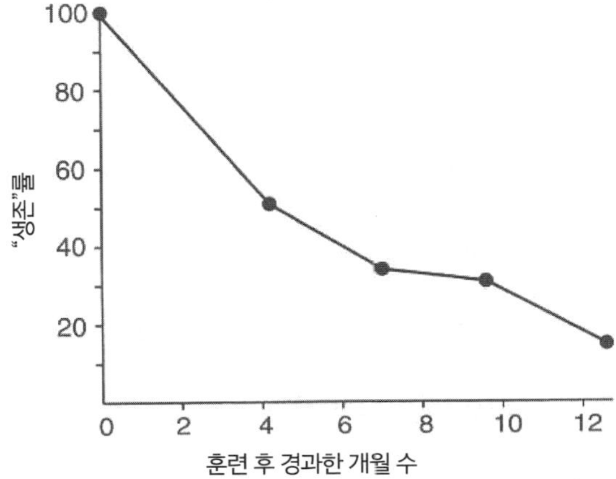

CPR훈련 후 몇달 간의 CPR 수행능력

로 유지할 수 있는지를 판단할 수 있었다. 다음 페이지의 그래프는 기술 수준이 일 년의 기간 동안 어떻게 감소하는지 보여준다. 12개월 반이 지난 후 CPR 시도의 14%만이 부상자를 구하기에 적합한 수준이었다.

이것이 새는 양동이(leaky bucket) 문제이다—기술을 연마하지 않을 때 시간에 따라 능력이 감소하는 것. 얼마나 감소하느냐는 기술의 종류에 달려있다.[17] 연습을 하지 않더라도 수영하는 법이나 자전거 타는 법을 잊기는 쉽지 않다. 환경적 단서들에 의해 인도되는 반복적인 움직임들은 단순한 구조를 가지고 있어서 쉽게 잊히지 않는다. 그러나 단계가 많고 시간의 압력을 받는 기술이라면 매우 빨리 감소한다. 이것이 CPR 연구에서 나타난 것으로 CPR은 정확하게 행해지는지를 확인할 수 있는 피드백도 없는 상황에서 특정한 리듬으로 정교하게 수행되어야 하는 일련의 행동들로 이루어져 있다. 시간이 지날수록 감소가 일어난다. 단계들을 뛰어넘고 압박도 약해지며 박자도 너무 빨라질 수 있다. 이 때는 정기적인 연습만이 처방이 된다. 적십자[18]는 3개월

마다 CPR을 다시 연습하기를 권하는데 그래프는 이것이 너무 빠른 것이 아님을 보여준다.

더 복잡한 기술들의 경우 더 자주 연습하지 않으면 수행이 어려워진다. 위대한 피아니스트인 이그나시 패더레위스키Ignacy Paderewski는 "만일 연습을 하루 빼먹는다면 내가 알 수 있다.[19] 이틀 간 연습하지 않으면 비평가들이 알아차린다. 만일 3일 연습하지 않으면 관객이 알아차린다"고 말했다. 다른 도전적인 기술들도 훈련의 필요성 면에서는 유사하다. 전형적인 F-15 조종사들[20]은 실제 임무를 수행할 만큼 능숙함을 유지하기 위해 한 달 동안 13번의 훈련 비행을 해야 한다. 올림픽에 나가기 위한 선수들은 그들의 삶을 실제로도, 이미지로도 이에 맞춰 조정한다.

마무리
A final thought

기억수업을 듣는 많은 사람들은 즉각적으로 기억력을 증진시키는 기술을 배우고 싶어 한다. 물론 그렇게 되기는 어렵다. 라테를 만드는 법을 배우는 것만으로 능숙한 바리스타가 될 수는 없다. 어떤 복잡한 기술도 전문가의 수행은 명시적, 암묵적 기억시스템 간의 상호작용인데 여기에는 연습이 필요하다. 이 통찰은 기억술의 전문가가 되고자 열망하는 사람에게 특히 더 중요하다. 왜냐면 이런 기술은 쉽게 설명되서 기술을 아는 것이 다 인 것처럼 사람들을 홀리기 때문이다. 그러나 명시적 지식은 시작점에 불과하다. 실제적인 효용성은 기술이 암묵적 기억시스템 안에서 물 흐르듯이 자연스러운 과정으로 확립되어야만 얻어지기 때문에 적정한 양의 성찰적 연습이 반드시 필요하다.

기억연구소: 연결법(link method)

이번 기억연구소에서는 일련의 기억 품목을 특정한 순서로 외우는데 유용한 방법을 소개한다. 여기서는 이 방법에 관한 예시를 살펴보고 좀 더 자세한 내용은 13장에서 다룰 것이다.

연결법(link method)은 한 품목에서 다른 품목으로 옮겨가고자 할 때 특히 유용하다. 예를 들어 당신이 장 봐야 할 픔목리스트를 머릿속으로 훑는다고 가정하자. 당신은 지금 막 버터를 집어 들었고 이제 리스트의 다음 품목이 필요하다. 연결법은 바로 다음 품목이 떠오르는 것을 도와준다.

여기서 우리는 성찰적 연습의 세 요소를 순서대로 기억하기 위한 기억단서를 만든다. 구체적인 문맥을 더하기 위해서 이 자료에 대한 강의를 준비한다고 가정하는데 나는 노트에 의존하고 싶지는 않다. 연결법은 외부적 기억단서 없이도 주제들을 순서에 따라 기억할 수 있도록 돕는다. 비록 예시에서는 단지 3개의 주제에 적용하기는 하나 원하는 만큼의 주제로 과정이 확장될 수 있을 것이다.

성찰적 연습의 세 요소는 1) 기술의 특정한 양상을 목표로 삼기 2) 수행에 대한 피드백 얻기 3) 연습하기 이다. 연결벙을 적용하기 위해 나는 기억하기 원하는 순서대로 요소간의 연상을 만든다.

기술을 향상시키기 위해서 →

특정한 것을 목표로 삼고 →

피드백을 받고 →

연습한다

각 화살표는 품목을 양쪽에서 연결시키는 시각적 이미지가 될 것이다. 이 그림은 세 가지 연결을 위해 세 가지 시각적 이미지가 필요함을 보여준다.

• 첫 번째 연결: 기술을 향상시키기 위해 → 특정한 것을 목표로 삼는다

나는 기술을 위해서는 저글링 하는 사람을, 특정 목표를 위해서 황소의 눈을 사용하였다. 황소의 눈을 저글링하는 것을 보여줌으로는 두 개를 결합시켜서 내가 원하는 연상을 가져왔다. 강의 중에 기술들을 향상시킬 때, 그 주제에 관한 연상을 마음속에서 찾고 나는 저글링하는 사람 이미지를 기억한다. 황소 눈은 성찰적 훈련의 첫 번째 요소를 기억하는 것을 도와줄 것이다; 기술의 특정 부분을 목표로 삼으라.

성찰적 연습의 단계들을 서로 연결시키기 위한 세 개의 이미지 중 첫 번째. 기술습득(저글링하는 사람)이 특정기술요소(목표)와 연결된다.

• **두 번째 연결: 특정한 것을 목표로 삼기 → 피드백 얻기**

연결법의 흥미로운 특징은 각 연상이 다른 것과 독립적이라는 것이다. 그러므로 두 번째 연결을 만들기 위해 나는 저글링 하는 사람을 제쳐두고 '특정 목표'와 '피드백'을 연결시키기 위한 무언가를 찾았다. 왜냐하면 '피드백'이 추상적이고 시각적 이미지로 쉽게 제시되지 않기 때문에 나는 '피드백feedback'을 제안할 수 있는 대체 단어를 찾았다. 나는 '푸드(food, 음식)'를 선택하였고 다음에 그려진 것처럼 중앙에 음식이 있는 표적(target)을 상상하였다. 이는 나에게 '피드백'을 떠올리기에 충분하다. 강의에서 특정한 것을 목표로 삼는 것에 대한 이야기를 마치면서 나는 마음속으로 '목표(targeting)'에 대한 연상을 찾고 이 이미지를 연상하며 다음 주제가 '피드백'이라는 것을 안다.

연결법의 두 번째 시각적 이미지.
성찰적 연습의 두 번째 단계는 '피드백 얻기'로 특정한 것을 목표로 삼는 전 단계와 연결된다.

• **세 번째 연결: 피드백 얻기 → 연습하기**

내가 세 번째 요소를 말하려고 할 때 나는 피드백에 대한 연상을 찾을 것이고 다음 페이지에 나와있듯이 세 번째 연결을 기억할 것이다. 이는 실망한 관

성찰적 연습의 세 번째 단계를 기억하기 위한 마지막 연결.
피드백과 더 많은 연습이 연결된다.

중들이 토마토를 던지는 등 적대적인 피드백으로 두들겨 맞은 불운한 음악가를 보여준다. 그에게 더 많은 연습이 필요한 것이 명백한데 이것이 마지막 주제를 암시할 것이다. 효과적인 기억단서들은 개성적이라는 것을 기억하라. 이 이미지들이 나에게는 효과적이지만 당신이 강의를 하고 연결법을 쓴다면 다른 이미지를 쓸 수 있다.

일단 이 연결을 만들면 한 주제에서 다른 주제로 옮겨갈 때 내 마음에 확실히 떠오를 수 있도록 강의하기 전에 마음 속으로 여러 번 반복한다. 만약 연결 이미지를 잘 고른다면 노트 없이도 이야기하는 것이 편할 것이며 강의는 내가 원하는 대로 이어질 것이다.

12장 삶 기억하기
Remembering life

제임스 맥고우James McGaugh는 기억술의 권위자이다. 최고 연구자로서 그는 여러 편의 과학논문을 출판하였고 기억시스템에 관해 칭송받는 중요한 통찰을 보여주었다. 이런 점 때문에 2000년 6월 8일 질 프라이스Jill Price는 그에게 이메일을 보냈다.

현재 34세인 나는[01] 11세부터 과거를 기억하는 믿을 수 없는 능력을 가지고 있었는데 이는 단지 과거를 회상하는 것이 아니었습니다. 나의 첫 번째 기억은 요람에 누워있는 아기로서의 모습인데(대략 1967년) 1974년부터 오늘까지 모든 날들을 다 말할 수 있고 그날의 요일도 말할 수 있으며 그날 내가 무엇을 했는지 그날 일어난 중요한 일은 어떤 것인지 또한 말할 수 있습니다. 나는 미리 달력을 보지 않고 24년간의 일기를 읽지도 않습니다. 내가 텔레비전이나 다른 곳에서 어떤 날을 보게 되면 언제나 자동적으로 그 날로 돌아가서 그날 내가 어디서 무엇을 했는지, 그날이 무슨 요일인지 같은 내용이 계속 기억납니다. 이 기억은 멈추지 않고 조절할 수도 없으며 나를 탈진하게 합니다.

프라이스는 캘리포니아 어바인 대학의 맥고우McGaugh, 래리 카힐Larry Cahill, 그리고 그의 동료들이 자신의 기억을 어느 정도 조절할 수 있도록, 그래서 자신의 에너지를 고갈시키지 않도록 도와줄 것을 희망했다. 맥고우는 만남에는 동의했지만 그녀의 기억이 그렇게까지 놀라울지에 대해서는 매우 회의적이었다. 이를 학자들은 "자전적 기억(autobiographical memory)"이라고 부르는데 이 기억에 대해서 알려진 사실들은 그녀의 주장이 불가능하다는 것을 제시할 뿐이었다.

맥고우 팀이 프라이스에게 일련의 집중적인 기억검사를 했을 때 마침내 그녀가 놀랄만한 자전적 기억을 가지고 있다는 것이 명백해졌다. 연구자들은 그녀의 오래된 일기들로 그녀의 회상을 테스트하였다. 그녀의 기억들은 변함없었다. 테스트 중 하나는 1980년부터 2003년까지 매년 부활절의 날짜를 적는 것이었는데[02] 그녀는 날짜 뿐 아니라 그날 그녀가 한 일까지 자발적으로 적었다. 예를 들면 1986년 부활절은 3월 26일 일요일이었고 그녀의 부모님은 팜스프링스에 있었으며 그녀는 친구 세 명과 함께 집에 있었다고 보고했다. 1989년 부활절은 3월 26일이었고 그녀는 친구와 함께 시간을 보냈다고 기억했다. 일기에 적힌 내용들은 그녀의 기억과 일치했다.

흥미롭게도 검사들을 통해 다른 종류의 정보—숫자, 단어, 그림, 도표—에 관한 프라이스의 기억은 일반적이라는 것을 알아냈다. 그녀는 자신이 학교 준비물을 기억하는데 애를 먹었다고 보고했다. 그러나 그녀가 흥미롭게 생각하거나 개인적으로 관심 있는 삶의 사건들에 관한 그녀의 기억은 입이 떡 벌어질 정도로 놀라웠다.

맥고우와 카힐은 프라이스의 기억을 몇 년 동안 연구하였고 다른 연구자들에 의해서 이전에 연구된 적이 없는 능력에 대해서 기록하였다. 프라이스는 인내심을 가지고 그들의 노력을 지원했고 기억이 그녀의 삶에서 어떤 역할을 했는지에 관한 책, "잊어버릴 수 없는 여인(The woman who can't forget)"을 쓰면서 자연스럽게 자신의 비상한 기억을 편안하게 받아들이기 시작했다.

맥고우의 연구결과가 알려지면서 유사한 능력을 가진 사람들이 더 발견되었다. 프라이스와 달리 그들은 자신의 이상한 능력을 높게 평가하였다. 그러나 프라이스가 그랬듯이 그들도 임의로 고른 날짜의 일상적인 경험들을 회상할 수 있었고 그들의 기억을 검사하였다. 맥고우와 그의 동료들은 많은 사람들을 면담, 기억검사, 그리고 뇌 스캔 등을 통해 면밀하게 연구하였다.[03] 그들은 이 드문 능력을 "고도로 우수한 자전적 기억(HSAM: Highly superior autobiographical memory)"이라고 이름 붙였다. 그들이 알아낸 것에 대해서는 조금 있다가 더 자세히 다루겠지만 우선은 우리 대부분이 어떻게 자신의 과거를 기억하는지 살펴보도록 하자. 이는 완전히 다른 것이지만 특별한 사람들을 이해하기 위한 근거를 제공할 것이며 삶을 더 잘 기억하고자 할 때 어떻게 할 지를 알려줄 것이다.

우리가 기억하는 것
What we remember

질 프라이스 같은 능력이 없는 우리 대부분은 삶에서 일어난 일의 대부분을 잊어버릴 것이다. 매일 새로운 기억이 첨가되는 것이 사실이다. 아침식사 때 대화, 주차공간을 찾아 헤매는 것, 동료와의 미팅, 식당에서의 점심 등. 이러한 사건들은 대개 며칠이나 몇 주, 혹은 좋은 기억단서가 있다면 더 길게까지도 기억날 수 있다—만일 다음 달에 그 식당에 다시 간다면 그날 친구와 나눈 대화를 기억할 수도 있다. 그럼에도 불구하고 이런 정보 대부분은 망각의 운명에 처한다. 그러나 모두 그런 것은 아니다. 그럼 우리에게 남는 기억은 어떤 것인가?

이를 알아내고자 두 명의 영국 학자인 질리안 코헨Gillian Cohen과 도로시 폴크너Dorothy Faulkner [04]는 20세에서 87세 사이의 사람들 154명에게 가장 선명한 기억을 묻고 그것을 몇 단어로 표현하도록 하였다. 아래의 막대그래프에는 사

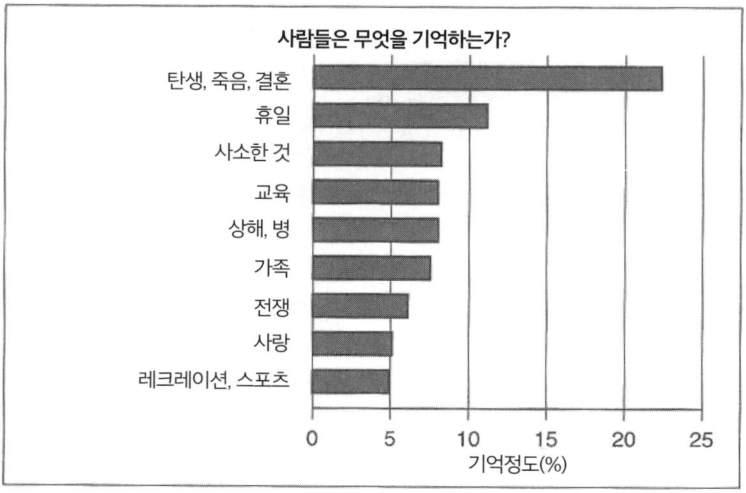

람들이 기억하는 상위 9개 주제가 있다. 이는 보고된 모든 기억들의 80% 이상에 해당한다. 다른 많은 것들이 시간에 따라 잊히는 것과 달리 기억 속에 남아있는 사건들은 어떤 것들인가? 코헨과 폴크너는 이들이 (1) 개인적으로 중요한 것 (2) 비일상적인 것 (3) 정서적으로 중요한 것, 혹은 이러한 속성들의 조합이라고 믿는다.

새로운 사건들이 기억에 유리하다는 점은 특별히 주목할 만하다. 우리가 이상하고 드물고 비일상적이고 기대하지 않은 일들을 더 잘 기억하는 것은 사실인데 앞의 연구에서 73%의 기억이 일상적이지 않은 상황과 연관되어 있었다 - 첫사랑, 해외여행, 질병 등. 이러한 독특한 경험들의 기억가능성은 웨즐리 대학의 데이비드 필레머David Pillemer와 그의 동료들의 연구에서도 극적으로 제시된다.[05] 그들은 졸업한 지 22년이 지난 졸업생들을 추적해서 그들의 대학 입학 첫 해에 대해 기억나는 것을 물었다. 아래 그래프가 보여주듯이 기

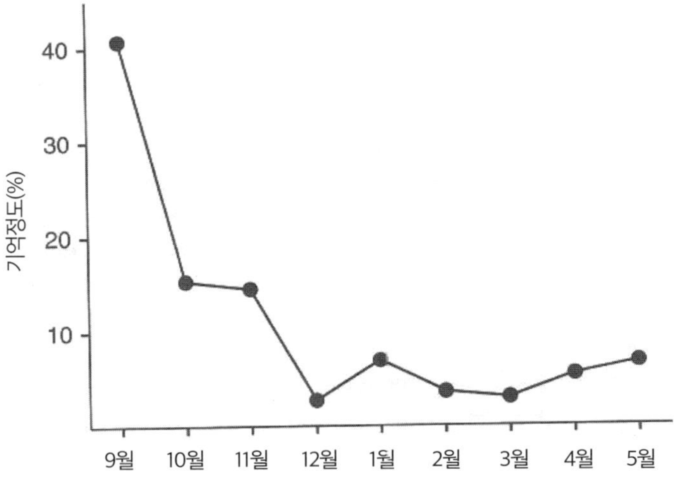

22년 후 측정한 대학신입생 때의 기억

억의 대부분이 9월에 집중되어 있는데 이는 그들이 대학생활을 시작한 첫 달이다. 이 때 룸메이트를 만나고 선생님들과 이야기하고 학교 교정을 파악하고 수업을 듣는 등 새로운 경험을 연이어 한 것이다. 첫 번째 경험은 오래도록 지속되는 인상을 남겼다. 반면에 그 이후의 경험들은 "늘 그런 오래된 기억"으로 기억에 잘 저장될 만큼 특별하지 않았다.

감정은 또 다른 강력한 기억 증가 장치이다. 웨즐리 연구에서도 기억의 대부분이 정서와 연결되어 있었다는 것이 증명되었다. 당신의 오랜 기억에서도 이것은 사실일 것이다. 당신이 대학이나 고등학교 때로 돌아가 마음속에 떠오르는 첫 번째 기억에 주목해보면 이들이 거의 확실하게 기억될 수 있었던 정서적 요인을 가지고 있었을 것이다—첫 번째 고등학교 무도회, 사진반에서의 성취, 축구시합에서의 우정.

정서는 기억과 특별한 관계를 갖는데 기억이 강력하게 생성되도록 만드는 능력을 가지고 있기 때문이다. 정서에 수반된 신경전달물질은 기억이 형성되는 뇌의 부위에 작용하여 결과적으로 사건을 더 생생하고 오래 가도록 만든다. 유명한 예가 "섬광 기억(flashbulb memory)"으로 이는 홍미로울 정도로 세밀하고 오래 기억되는 정서적 경험을 말한다. 다음은 덴마크 노인의 1940년 4월 9일 덴마크 침공에 관한 기억으로 그 때 그는 13세였다.

> 나는 우레 같은 소리에 잠을 깼는데 한 번도[06] 들어본 적이 없는 소리였다. 다락의 창문을 열고 남쪽을 바라보았다. 근처의 숲 너머 커다란 회색 비행기들이 오고 있었는데 한 번에 세 대씩 나무 꼭대기 바로 위를 날고 있었다. 조종석에 앉은 기장을 볼 수 있고 비행기의 옆에는 커다란 검은색, 흰색 십자가의 물결모양 판금이 붙어있다. 나는 가족—어머니와 할머니—이 있는

아래층으로 뛰어 내려간다. 어머니는 화가 잔뜩 나 있다. 라디오에서는 우리가 독일에게 점령당했다고 발표하였다.

이 기억은 여러 요소를 가지고 있다. 중요하고 비일상적이었을 뿐만 아니라 강한 감정을 불러일으켰다. 사실 섬광 기억의 대표적인 특징인 특별한 생생함과 세부묘사는 대개 정서적 내용에 기인하는 것이었다. 덴마크 심리학자인 도르테 번센Dorthe Berntsen과 도르테 톰센Dorthe Thomsen은 독일침공을 경험한 덴마크 노인들의 섬광 기억의 정확도를 확인하기 위해서 다양한 방법을 사용하였다. 대부분은 50년 이상의 기간에도 불구하고 대체적으로 정확한 것으로 확인되었다.

많은 사람들에게 섬광 기억을 심어준 더 최근의 사건은 2001년 9월 11일 뉴욕 월드트레이드센터 공격이다. 당신이 아주 어리지만 않다면 그것에 대한 선명한 기억이 있을 것이다. 그 기억이 지금 당장 떠오르는가? 당신이 어디에 있었고 무엇을 했는지 기억나는가? 그 공격에 대해서 어떻게 알았는가? 그 다음에 당신은 무엇을 했는가? 이 질문에 대답할 수 있다면 당신은 섬광 기억을 가지고 있는 것이고 그런 사람들은 많이 있다. 그 때 최소한 청소년 이상이었던 미국인들은 이를 놀랄 만큼 잘 기억하고 있을 뿐 아니라 영국, 벨기에, 이탈리아, 로마, 일본 그리고 다른 나라 사람들도 역시 잘 기억하고 있다. 이것이 전 세계적인 섬광 사건이다.[07)]

중세 때 정서는 기억술을 위하여 의도적으로 사용되었는데 이는 과정 중에 섬광 기억을 만드는 강력한 방식이었다. 역사학자인 모리스 비숍Morris Bishop은 이 시대에 대해서 다음과 같이 말한다.

중세적 정의(justice)의 또 다른 흥미로운 측면은 입회자(witness)의 기억에[08] 날짜와 판결을 각인시키는 방법인데 이는 서면 기록이 부족하거나 이에 접근할 수 없었기 때문이다. 입회자였던 소년들은 어른이 될 때까지 그들의 기억을 생생하게 유지하기 위해서 엄하게 격리되고 매를 맞았다. 쿨트론Coultron은 "로저 드 몽고메리가 모피를 입은 그의 아들 벨레메의 로버트를 물에 던졌는데… 증언과 기억에서 의해 그 시점까지 수도원장과 그의 수도자들의 재산은 유지되었다."고 적는다.

결정적인 사실을 정서적 경험과 연결시킴으로써 중세의 재판관들은 수도원장의 재산이 섬광 기억으로 어린 로버트와 함께 오랫동안 안전할 것이라고 확신하였다. 유사하게 형식적인 기록이 없던 시대에 결혼의 입회자였던 사람들은 진지한 책임감, 결합을 확실히 기억하기 위해서 서로 때리는 의식을 행했다.[09]

정서적 기억이 상대적으로 정확하지만 항상 그런 것은 아니다.[10] 사실 때때로 정서적 기억은 생생하고 흥미로운 오류를 포함하기도 한다. 2001년 9월 11일의 섬광 기억을 생각해보자. 공격이 있은 지 며칠 후 허포드쇼 대학의 리아 크버빌라쉬빌리Lia Kvavilashvili와 그의 동료들은[11] 많은 사람들에게 그들이 들은 것을 묘사하도록 요청하였다. 2년 뒤 그들은 같은 사람들에게 그 사건에 대해 기억하는 것을 다시 물었다. 참여자들 중 10% 정도의 사람들의 기억에서 주요한 왜곡이 나타났다. 예를 들어 사건 하루 후 한 여인은 그녀가 놀이터에서 자신의 손녀를 데리고 올 때 공격에 대해서 들었다고 기억하였다. 2년 후 그녀는 자신이 그 소식을 세탁소 직원에게 들었다고 대답했다. 그녀는 두 경우를 모두 생생하게 기억하였다. 이런 경우가 정서적 기억의 위험성을 보여준다.[12] 정서적 기억들이 너무 생생하기 때문에 우리는 그것을 무조건적으로 받아들인다. 기억을 공부하는 학생으로 마음에 새겨야 하는 교훈은 생생한 기억이 정확성을 담보하지 않는다는 것이다. 어떤 기억도, 섬광 기억일지라도, 오류는 가능하다.

돌출부
The bump

당신이 생각해낼 수 있는 최초 50개의 삶의 기억들을 적는다고 가정하자. 이들 중 많은 것이 작년쯤에 일어난 일일 가능성이 많지만 그것들을 잠시 제쳐두고 오래된 기억들을 한 번 보자. 그 기억들은 당신 삶의 어디에 속하는가? 당신이 50세가 넘었다면 많은 것들이 15세에서 30세 사이의 기간에서 왔음을 알게 될 것이다. '돌출부(bump)'는 다음 페이지의 그래프에 설명되어 있는데[13] 이는 70대 사람들을 대상으로 고양이, 꽃, 티켓 같은 일정한 단어를 제시하고 이에 관한 기억을 회상하도록 한 연구의 결과이다. 학자들이 이러한 사건들이 일어난 나이들의 점을 찍었을 때 '돌출' 부분을 발견하였다. 이는 놀랄 만큼 확고한 결과였는데 여기에는 자발적으로 떠오른 기억들과 단서단어로 촉발된 기억들 뿐 아니라 냄새로 촉발된 기억들이나 삶의 이야기들로 기억되는 기억들이 포함되었다.

돌출부는 아마 여러 요인들의 조합일 것이다.[14] 돌출부가 인지적 시스템의 효율성이 가장 최고조인, 그래서 기억검사에서 가장 높은 점수를 기록하고 반응시간이 가장 빠른 시기에 일어난다는 것이 우연은 아니다. 이 시기는 또한 사회적 발달에도 중요한 시기로 우리는 청소년기를 지나 성인 정체성을

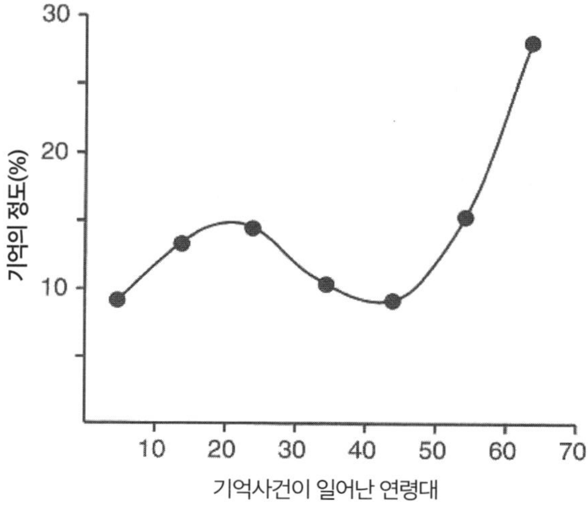

50세 이상의 사람들에게 자신의 삶을 회상하게 했을 때 15세에서 30세 사이에 자전적 기억의 돌출이 나타났다.

찾아간다. 삶의 서사에서 중요한 장들은 우리가 대학에 들어가고 직업을 얻고 결혼하고 자식을 낳는 과정으로 구성된다. 이런 많은 경험들은 강한 기억들과 연관된 모든 특징들을 가지곤 한다—개인적 중요성, 새로움, 정서적 내용. 이는 결국 삶의 특별한 시간이고 돌출부는 이를 반영한다.

그 이전의 기억들은 어떠한가?

돌출부가 최고 기억의 시간을 나타내는 것처럼 그 이전의 기간들은 최악으로 보인다. 성인에게 초기 기억을 물어볼 때 3세 이전의 경험을 기억하는 경우는 매우 드물다. 프로이트Freud는 이를 "유아기 기억상실(childhood amnesia)"이라 불렀다. 이는 3세 이전의 어린 아이가 아무 것도 기억하지 못한다는 것이 아니다; 이는 그들의 기억이 지속되지 않는다는 것이다.[15] 아이가 6세가 되어도 어린 시절의 기억은 매우 많이 사라진다. 그 이유 중의 하나는 뇌 발달에 있다.[16] 어린 아이가 자신의 경험을 오랫동안 기억하기에 주요 기억구조(key memory structure)는 너무 미성숙하다. 여기에는 사회적 요인도 있다. 아이들은 기억된 경험의 세부적인 것들을 하나의 일관된 이야기로 어떻게 엮는지를 배워야만 한다.[17] 부모와 다른 어른들과의 상호작용이 이런 기술을 점진적으로 가르친다. 아이들이 자신의 기억들을 좀 더 잘 표현할 수 있게 됨에 따라 새로운 정보 보유 또한 증가한다. 아이들이 8세나 9세가 되면 본성[18]적으로 그리고 양육에 의해 기억시스템이 견고해져서 어른들처럼 새로운 기억이 확고해진다.

삶의 이야기
The life story

기억 발달의 또 다른 국면은 10대로 진입하고 기억을 하나의 삶의 이야기로 조직화하기 시작하면서 일어난다.[19] 이 시기는 청소년들이 벅찬 과업에 직면하는 시기이다; 성 정체성의 확립, 민감한 또래관계, 교육진로결정, 그리고 변화하는 가족 역동 등. 이러한 도전들은 삶의 이야기에 흥미를 더하는데 이는 10대 중 다수가 일기를 쓴다는 것으로도 알 수 있다. 내가 가르친 대학생들의 1/3정도도 이 시기 동안 일기를 썼다고 말한다. 그들이 만들어가는 삶의 이야기들은 전체 삶의 과정동안 계속 발전해갈 것이고 그렇게 되면 기억들은 그들 경험의 다른 측면들을 포착하기 위해서 연결될 것이다. 고등학교 방과 후 아르바이트는 한 무더기의 분리된 기억들보다 더 많이 잊힐 것이다. 대신 기억은 그 때 그 활동에 관한 이야기를 만들 것인데 이는 사람, 사건, 정서, 그리고 책임감에 대한 서사로, 그 개인에게 특별한 의미를 갖는 것이다. 연구자들은 이러한 기억의 집합을 삶의 이야기의 “장(chapter)”이라고 부른다.[20] 삶의 다른 측면에 대한 기억들은 다른 장을 구성할 것이다—대학기숙사에서의 날들, 심각한 연애, 부모님의 병. 각 장은 관련된 사건들을 문맥과 의미를 갖는 서사적 구조로 뽑아낸다. 세월이 지난 후 삶의 이야기는 확장되고 업데이트되고 편집되고 교정되고 재해석될 것이다. 이는 과거에 대한 개인적 관점으로 기능하고 우리가 현재와 미래를 어떻게 바라보는지를 규정한다.

삶의 이야기가 자전적 기억을 구성하기 때문에 기억회상에서 하나의 역할을 담당한다. 유명한 학자인 마틴 콘웨이Martin Conway는 이러한 기억[21]이 세 수준의 위계를 가지고 구성된다는 이론을 제시하였다. 가장 위의 수준은 “기숙사 생활”처럼 장(chapter)을 형성하는 특정 주제에 따라서 연대기적으로 배열된 기억들의 집합이다. 두 번째 수준은 장의 상황들을 구성하는데 여기에 기억들이 모여있다. 예를 들어 “신입생 때 룸메이트 제라드”는 기숙사 기억들의 일반적인 상황을 명시한다. 가장 낮은 수준에는 “제라드가 내 컴퓨터를 망가뜨렸을 때” 같은 특정한 기억 에피소드가 있다.

이 시스템이 어떻게 작용하는지 보기 위해서 아내가 나에게 몇 년 전 우리가 캘리포니아에 살 때 그녀가 가꾸었던 작은 정원을 기억하는지 물었다고 가정해보자. 내가 가지고 있는 수천, 수 만개의 기억들 중에서 어떻게 그 기억을 찾아낼 것인가? 아마 그녀가 나한테 준 단서 “캘리포니아의 작은 정원”이 즉각적인 기억을 불러일으키기에 충분할 수도 있을 것이다. 그러나 이것이 너무 오래 전이라서 직접적인 기억은 실패할 가능성이 많다. 그렇더라도 다음 페이지의 박스에 나와 있는 것처럼 나의 삶의 이야기에서부터 접근한다면 기억을 찾을 수 있다. 나는 머릿속으로 캘리포니아에 살던 때, 나의 삶의 이야기의 장(chapter)으로 돌아가서 그 시절 우리가 살았던 집을 기억할 수

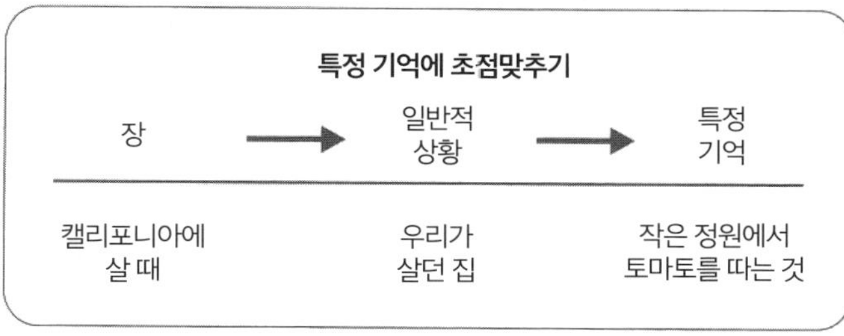

있다. 이 환경은 여러 기억들과 연결되는데 이곳이 정원을 가꾸었었던 곳이다. 거기서 나는 정원 기억을 떠올릴 수 있는—그리고 가지에서 바로 딴 토마토의 맛을 우리가 얼마나 즐겼는지 기억할 수 있는—단서들을 발견한다. 위계적 구조를 가진 삶의 이야기들은 개인 기억에의 대체적인 통로를 제공한다. 이는 기억을 직접적으로 연결시키는 좋은 단서보다는 느리고 덜 효과적이지만 적합한 단서가 가능하지 않을 때 도움이 될 수 있다.

고도로 우수한 자전적 기억
HSAM: Highly superior autobiographical memory

질 프라이스처럼 놀라운 자전적 기억을 가지고 있는 사람들은 어떤 사람들인가? 어떻게 그럴 수 있는가? 여기서 우리 삶을 더 잘 기억하도록 배울 수 있는 무언가가 있나?

많은 질문들이 여전히 남아있지만 HSAM을 가진 사람들에 관한 획기적인 발견들은 이어졌다. 이에 관한 4편의 과학논문과 2권의 책이 출간되었다.[22] 질 프라이스 말고도 마리우 헤너Marilu Henner는 "완벽한 기억개조(Total memory makeover)"라는 자조(self-help)서를 썼다. 헤너는 유명한 여배우이고 건강과 다이어트에 관한 다른 자조서의 작가이기도 하였다. 그녀의 새 책은 자신의 HSAM에 대한 것으로 독자들에게 과거를 기억하는 능력을 향상시키기 위한 방법들을 추천하였다. 이는 좀 있다 다룰 것이다. HSAM의 주요 결과 중 하나는 날짜 외우기다. HSAM을 가진 사람들은 대부분 11세 혹은 12세 이후로 전 생애동안 세세한 기억과 함께 어떤 날짜의 요일도 댈 수 있다. 그들은 언제가 윤년인지, 어떤 달들이 동일한지, 모든 날이 같은 해가 언제인지 안다. 그들의 기억은 특정한 날짜들과 결합되는데 이것이 기억을 쉽고 체계적으로 떠올릴 수 있도록 조직화한다. 그리고 연습을 통해 기억은 더 강해진다. 질 프라이스는 1980년의 12월 19일[23]이 크리스마스 휴일 전 10학년의 마지막 수업일이라고 기억한다. 1981년 12월 19일에 그녀는 딘과 해리와 베버리힐즈로 쇼핑 갔었다. 그녀는 지금까지의 12월 19일을 다 기억할 수 있다. 이 날짜에 그녀가 기억하는 것이 평범한 일이라는 점이 놀랍다. 이들은 중요한 사건들도 아니고 특별히 주목할 가치가 있거나 강한 정서를 가진 것도 아니다; 이는 단순한 일상적 사건으로 대부분 쉽게 잊어버리는 종류의 일이다. 사건들을 날짜와 결합시킴으로써 그녀는 이들을 기억하도록 하는 특별한 단서들을 만들었고 이를 반복하였다. 예를 들어 그녀는 매일 아침 머리를 말리면서 지난 해 같은 날 어떤 일이 있었는지를 마음속으로 되짚어 생각해본다. HSAM을 가진 마리우 헤너와 다른 사람들 역시 유사한 연습을 보고한다.

아마도, 당연히, HSAM을 가진 사람들 간의 공통점은 심리적 장애로 여겨질 만큼은 아니더라도 보통의 사람들보다는 훨씬 높은 강박적 경향성이다.[24] 그들은 옷, 음악 CD, 컵, 모자, 박제동물, TV가이드 같은 것을 모으고 조심스럽게 정리한다. 맥고우 팀은 그들의 정돈에 대한 욕구와 강박적 경향성이 아마도 HSAM과 연관되었을 것이라고 믿는다. 이것이 자신의 기억을 조직화하기 위한 방법으로 보이는 달력에 대한 그들의 열의를 설명하며 과거를 습관적으로 연습하는데 동기를 부여할 것이다.

이런 뛰어난 사람들 간의 공통점은 또 있다; 그들은 자신의 특별한 능력을 높이 평가한다. 이들 중 누구도, 질 프라이스를 포함해서, 그럴 수 있다 해도 자신의 능력을 포기할 사람은 없었다. 루이스 오웬Louis Owen [25)]은 다음과 같이 말했다. "내 생각에 이 능력은 나로 하여금 내 삶을 더 많은 의도와 즐거움을 가지고 살도록 해주는 거 같아요… 나는 오늘 일어난 모든 일을 내가 기억할 것이라는 것을 알아요. 내가 오늘을 특별하게 만들 수 있도록 무엇을 할 수 있을까요? 오늘을 기억할 수 있도록 무엇을 할 수 있을까요?"

자전적 기억 강화하기
Strengthening autobiographical memory

자전적 기억을 향상시키기 위해서 HSAM을 가진 사람들로부터 배울 수 있는 것은 없을까? 실제로 우리 누군가는 그들의 연습을 따라할 수 있을 것이다. HSAM을 가진 사람들은 과거의 기억을 매우 높이 평가한다. 그들은 회상 과정을 즐기고 정기적으로 기억을 연습한다. 비록 우리 대부분은 그들의 날짜기억능력을 따라갈 수는 없지만 그들처럼 해볼 때 회상 능력을 증진시킬 수 있고 과거를 되짚어보는 과정에서 더 많은 즐거움을 느낄 수도 있다.

물론 모든 사람에게 기억증진이 필요한 것은 아니다. 어떤 사람들은 자신의 과거 사건들을 자주 기억하고 또 기억하는 것을 즐긴다. 성찰적 자전적인 기억은 그들 정체성의 일부이다. 다른 사람들은 그러나 훨씬 덜 성찰적이고 실제적인 이유가 없는 한 자전적 기억에 의도적으로 접근하지 않는다. 이러한 양 극단 사이에 다양한 수준이 존재한다.[26] 일반적으로 여성이 남성보다 자신의 과거를 좀 더 기억한다.[27] 여성은 전형적으로 자신의 과거 경험들을 좀 더 생생하게 기억하고 더 상세히 보고하며 그 사건에 연관된 생각과 감정에 특별한 중요성을 부여한다.

여기 자전적 기억을 강화시키고자 하는 사람들을 위한 제안이 있다. 결국 우리 삶의 기억은 우리가 가진 가장 중요한 재산이고 자기 개념의 근본이며 삶의 교훈의 저장소임에 틀림없다. 필요한 주의가 주어지지 않는다면 노력을 기울일 만한 가치가 있다.

주의할 점: 모든 자전적 기억이 건강한 것은 아니다.[28] 사람들이 오래된 상처나 놓쳐버린 기회들을 반추할 때, 현실에서 벗어나기 위해 반추할 때 또는 더 이상 존재하지 않는 사람들에 관한 기억에 빠져들 때 우울해질 가능성이 높다. 건설적인 반추[29]는 두 가지 형태를 갖는다. 내가 걸어온 길과 인생을 돌아보고 내가 누구인지, 어떻게 그 길을 걸어왔는지를 이해하는 것은 건강한 일이다. 나의 삶에서 분기점이 되었던 기억들을 기억하고 그 기억들이 나에게 어떤 의미를 갖는지를 발견하기 위해서 반추할 수 있을 것이다. 다음에 한 학생이 보고한 것 같은 경험이 그것이다.

> 대학교 2학년 때[30] 나는 영문학수업을 들었다. 나는 수업을 좋아했고 과제를 즐겼으나 이 좋은 감정은 어떤 시의 해석을 담은 에세이를 쓰기 전까지였다. 나는 그 연(verse)의 특별한 의미에 대해 뛰어난 성찰을 가지고 있다고 느꼈다. 에세이를 돌려주면서 교수님은 내가 시의 내용을 전혀 이해하지 못하고 있다고 말했으며 영문학을 전공으로 하지 않았으면 하였다. 나는 나에게 이 말을 하던 교수님의 난처해하는 얼굴과 조그맣고 꽉 다물어진 입을 기

억한다. 나는 절대 그 교수님과 같은 사람이 되고 싶지 않았고 그래서 전공을 영문학에서 사회학으로 바꾸었다.

반추는 과거의 상황들을 어떻게 다루었지 살펴볼 수 있기 때문에 학습도구로 작용하기도 한다. 스타 농구선수인 마이클 조던이 대학교 2학년 때 대학팀에 들어가지 못했던 때의 기억을 보자.

그 팀에 들어가지 못하게 돼서 매우 당황스러웠다.[31] 대학팀은 명단을 오랫동안 게시했는데 거기에 내 이름은 없었다. 나는 정말 화가 많이 났던 것을 기억하는데 왜냐면 그 팀에 들어간 어떤 학생은 나만큼 잘하지 못했었기 때문이었다. 운동을 하다 지쳐서 그만두어야 한다고 생각할 때마다 나는 눈을 감고 내 이름이 빠진 채 라커룸에 걸려있는 명단을 생각하면서 마음을 다잡고 다시 운동하였다.

대부분의 기억들이 이렇게 강력한 영향력을 가지지는 않을 수 있다. 이런 기억들 중 일부는 긍정적이고 일부는 부정적이며 또 어떤 것은 중성적인 여러 경험들의 조합이 될 것이다. 사람들의 자전적 기억은 대부분 긍정적일 것이다[32]—연구들은 전형적으로 긍정적 기억 대 부정적 기억의 비율이 2:1 이상이라고 말한다. 건설적인 반추가 긍정적인 감정과 안녕감을 증진시키는 것은 바로 이 때문이다. 심리치료사들의 인도에 따라 이루어지는 건설적인 반추[33]는 잘 알려진 우울증 치료법이다. 이런 배경 속에서 여기 자전적 기억을 향상시키기 위한 여러 제안을 제시한다.

강한 기억을 획득하기

시작하기에 좋은 첫 단계는 처음부터 풍부한 자전적인 기억들을 얻기 위해 가외의 노력을 기울이는 것이다. 얼마 전에 시애틀에서 나는 여동생, 그녀의 파트너와 두 딸, 그리고 두 딸 중 한 명의 남편과 함께 저녁을 먹을 기회가 있었다. 이렇게 우리 모두가 모이는 것은 드문 일이었다. 나는 그 상황을 매우 잘 기억하고 싶었기 때문에 마리우 헤너가 이러한 경우를 위해 추천한 3단계 과정을 적용하였다;[34] 예측하기(Anticipate)—참여하기(Participate)—기억하기(Recollect). 헤너는 이것을 기억을 소중하게 생각한 자신의 아버지로부터 배웠다. 헤너의 아버지는 크리스마스, 해변에서의 파티, 생일 같은 잔치 때 모든 식구들에게 이 3단계를 따르도록 하였다. 헤너는 이러한 경험들을 매우 따뜻하게 기억하고 있었고 이런 날 아버지의 조언을 따른다.

나는 앞으로 일어날 일을 기억하려는 계획 아래 긍정적인 기대를 가지고 그 모임을 기다리는 예측 단계로 들어갔다. 이는 그 모임에서 나의 즐거움을 증가시키는 일종의 임무를 주었다. 다음 단계인 참여하기는 저녁식사동안 일어났는데 일어난 모든 것을 충분히 경험하도록 의식적인 노력을 기울임으로써 나는 강한 기억들을 만들 수 있었다. 저녁이 끝나감에 따라 나는 특히 기억할 만한 가치를 가진 것으로 여겨지는 어떤 순간들을 발견하게 되었다. 마지막 단계는 며칠 후 앵커리지에서 일어났는데 나는 조용한 곳에서 그 때로 다시 돌아가 그 저녁식사를 다시 상기하였다. 결과적으로 그 경험에 대한 풍부한 기억을 얻게 되었다.

무엇을 추억하는가

시간을 들여 추억할 만한 흥미를 일으키는 삶의 이야기의 측면들을 알아내는 것은 매우 유용하다. 이 이야기들은 성격과 가치관 형성을 돕거나 삶의 풍부함을 더하거나 중요한 교훈을 주거나 기억 자체로 보상이 되는 경험들일 것이다. 다음은 그것들을 찾기 위한 세 가지 제안들이다.

삶의 이야기의 주요 장

자신의 삶을 가장 중요한 부분들로 나누어보자. 그것은 어떤 것들인가? 여기서 말하는 장(chapter)이 바로 그 부분들이다. 원하는 것은 모두 장이 될 수 있는데 나의 경우 한 장의 기억들은 공통적인 주제를 가지고 있다; 각 장은 몇 주, 몇 달, 또는 몇 년의 기간이 포함될 수 있다; 그리고 이들은 뚜렷한 연대기적 순서를 가지고 있다. 마리우 헤너는 삶의 이야기의 장을 만들 때 자서전[35]을 쓰거나 자신에 관한 다큐멘터리를 만든다고 상상하라고 조언한다. 이야기는 어떻게 발전할 것인가? 아래의 박스 안에 그녀의 제안과 다른 자료들에 근거한 예들이 있다. 중년들을 대상으로 한 연구에서 삶[36]의 장은 개인마다 다양하였지만 평균 11개로 나타났다. 헤너는 8~15개의 장을 추천한다.

장(chapter)이 될 수 있는 것들

살던 곳	직업들	아이들
고등학교	대학	손자손녀
형제자매	어린 시절	결혼
부모	취미	이혼

다른 삶의 이야기 주제 찾기

어떤 의미 있는 기억들은 공통적인 주제를 가지고 있지만 연대기적 순서에 꼭 맞지는 않는다. 예를 들어 내가 하이킹 여행을 기억할 때 하이킹을 했다는 것 외 다른 여행과 특별한 연관성이 없으므로 장으로 잘 묶이지 않는다. 그럼에도 불구하고 그 여행들을 생각하는 것은 기쁘고 하나의 여행을 생각하면 다른 것들도 쉽게 떠오른다. 이는 작품을 되돌아보는 아티스트나 목공예가, 재미있는 경기들을 다시 떠올리는 야구팬 등의 경우에도 마찬가지이다. 이런 기억들과 연관된 주제들은 아래의 박스에 정리되어 있다. 이런 영역들을 명명함으로써 당신은 즐거운 추억을 시작한다.

다른 기억할만한 주제들

삶의 분기점	우정	반려동물
삶의 교훈	야외활동	로맨스
휴가	가족 행사	멘토
스포츠 활동	영적인 경험	훌륭한 식사
프로젝트	수집품	자동차

개인적 기념물

기억은 기억단서를 필요로 하는데 기억단서로는 기념물이 특히 효과적일 수 있다. 휴가지에서 찍은 사진, 고등학교 앨범, 친구가 만들어 준 커피 잔—이들은 기억을 상기시킬 수 있는 강력한 것들이다. 작은 기념물을 모으고 정리하는 전형적인 방식은 스크랩북이다. 사람들은 다양한 이유로 기념물을 간직한다—사건을 기록하기 위해, 과거를 정리하기 위해, 보기에 즐거운 것을 만들기 위해. 조심스럽게 붙인 모든 것들은 사건을 위한 기억단서이고 이것이 사진 앨범과 같은 방법으로 자전적 기억을 돕는 잠재적인 도우미로 기능한다. 스크랩북에 포함시킬 기념물을 선택할 때 이것이 기억할만한 것인지를 판단한다. 페이지에 단단히 고정시킬 때 이와 관련된 기억이 떠오르면서 더 강력해진다.

기억할 만한 다른 자원 역시 강력한 단서를 제공한다. 즐거운 경험과 연관된 음악을 듣는 것, 추수감사절 식사를 위해 음식을 준비하는 것, 장미의 향을 맡는 것 등도 그렇지 않으면 접근할 수 없었던 기억들을 다시 불러일으킬 수 있다. 연구를 보면 보석, 박제 동물, 편지, 일기[37] 등이 여성들에게 도움이 되는 단서들로 나타났다. 남자들의 경우 스포츠 용품, 자동차, 이전에 받은 트로피 등이 기억을 돕는 것으로 나타났다. 기념품은 HSAM을 가진 사람들의 삶에서도 과거의 세세한 부분들을 충분히 수집하고 정리하는 역할[38]을 담당한다.

기억하는 행위

당신이 탐색하고자 하는 기억을 하나 골랐다고 하자. 가장 풍부한 경험을 얻기 위해서 그것을 어떻게 회상할 것인가? 예를 들어 내가 아내와 함께 한 샌프란시스코 여행을 기억하고 싶다고 하자. 기억전문가 도미닉 오브라이언 Dominic O'Brien[39]은 하나의 특별한 작은 것에서부터 시작해서 바깥쪽으로 넓혀 가라고 말한다. 내 마음 속에 맨 처음 떠오른 것은 호텔의 안내 데스크이다. 그것에 집중하자 다른 것들이 떠오르기 시작한다—체크인을 도와준 유쾌한 직원, 고풍스러운 엘리베이터, 그리고 네 개의 기둥을 가진 침대. 더 많은 기억들이 쉽게 이어진다—가파른 길을 올라가던 것, 우리가 만난 친절한 사람들, 해변가 냄새. 하나의 기억이 다음 기억을 불러오면서 나는 그 경험을 재구성한다.

기억하는 방법은 그 기억들이 얼마나 생생한 지에 영향을 줄 수 있다[40)]—가장 강력한 방법은 기억을 "내부적(internal)" 관점에서 기억하는 것이다. 이는 케이블카 타는 것을 그 장면을 찍고 있는 외부 카메라에 보이는 대로가 아니라 자신의 눈을 통해 자신에게 보여지는 대로 기억하는 것을 말한다. 마리우 헤너는 자신이 항상 이렇게 기억한다고 말하지만 사람들이 모든 것을 이런 식으로 기억할 수는 없고 기억에는 외부적, 내부적 관점이 섞여있다. 이 두 관점은 다음 21세 대학생의 기억에 모두 나타난다.

> 나는 대학의 한 파티에서 춤추고 있는 내 자신을 본다.[41)] 내가 입은 옷과 다리가 어떻게 움직였는지 기억한다. 갑자기 나는 "몸 안에서" 밖을 본다. 내가 아는 어떤 친구가 스쳐지나 가면서 "너 오늘 멋진데"라고 말한다.

기억은 외부적 관점으로 시작했으나 진행되면서 내적인 관점으로 전환되었다. 만일 그녀가 그 관점을 유지한다면 외부적 관점에서 얻는 것보다 자신이 기억하는 감정이 더 강렬하고 세부적인 감각이 더 풍부하다는 것을 알게 될 것이다.

최근 기억의 경우 내부적 관점이 상대적으로 적용시키기 더 쉽고 자연스럽다. 더 약하고 덜 상세한 오래된 기억들은 외부적 관점으로만 기억될 수 있는데 이미 아마도 내부적 관점에 필요한 감각적 풍부함을 더 이상 가지지 않는 지점으로 잊혀졌기 때문으로 보인다. 이런 기억을 강제적으로 내부적 관점으로 전환시키는 것은 이롭지 않을 것이다.[42)] 그러나 어떤 경우로도 기억을 쉽게 상기할 수 있을 때, 내부적 관점이 더 풍부한 경험이 될 것이다.

특정 기억은 항상 같은 방식으로 기억되지 않는다는 것을 기억하는 것이 도움이 될 것이다—신선한 관점이 오래된 기억에 새로운 시도를 제공할 때도 있다. 헤너는 경험을 재구성하는 네 가지 방법을 설명하였다.[43] "수평적(horizontal)"인 접근에서 기억은 선형적 이야기로 회상된다—우리는 샌프란시스코 공항에 도착해서, 택시를 타서, 호텔에 체크인하고 등등. 그녀는 이런 종류의 기억을 DVD에 비유하여 설명하는데 사건에 따라 움직이면서 한 장면에서 다른 장면으로 이어진다. "수직적(vertical)" 접근은 경험의 한 부분을 자세히 들여다보는 것이다—전망 좋은 부두에서 먹은 점심, 테이블, 직원, 우리가 주문한 것, 그리고 그 순간의 감정. "버섯(mushroom)" 접근은 샌프란시스코의 기억으로 시작하고 그것이 이끄는 곳이 어디든 이를 단서로 사용한다—예를 들어 아트란틱 시티의 해안가에서 보낸 시간. 기억인출을 위한 네 번째 방법은 즉흥적으로 회상이 일어날 때를 포착하는 것으로 예를 들어 어떤 풍경이나 소리가 샌프란시스코 여행의 일부를 상기시키는 때 같은 것이다. 우리는 대개 이런 무의식적 기억에 주의를 덜 기울이지만 상황이 허락할 때 이를 의식 속에 잡아두고 발전시켜 경험을 되살리도록 선택할 수 있다.

회상을 향상시키려고 할 때 5장에서 다룬 세 구조를 가진 인출 전략이 도움이 된다. 다음 페이지의 그림은 이 전략을 기억하는 것을 도와준다. '산탄총(shotgun)' 전략은 다른 기억들을 활성화시키는 인출 단서를 찾기 위해 자유연상을 사용한다. '그 장면으로 돌아가기' 전략은 마음속에서 기억을 재구성하고 기억단서들을 찾기 위해 기억이 형성된 곳으로 돌아간다. '나중에 다시 시도하기' 전략은 인출 노력들 간에 시간을 두는 것이다. 이 전략들 중 하나를 사용하여 정확한 단서를 우연히 발견하였을 때 자신이 무엇을 기억하는지 발견하는 것은 놀랍고 보람 있는 일이 될 것이다. 그러나 잊어버린 지 너

회상전략을 위한 기억술: 산탄총 접근, 그 장면으로 돌아가기 접근(경찰), 나중에 다시 시도하기 접근(시계)

무 오래된 기억에 과도한 노력을 기울이지 말라. 기억하기 위해 고군분투하면 스스로 일어나지 않은 일에 대한 매력적인 거짓 기억을 "기억해내는" 자신을 발견할 수 있는데 이는 과한 열정에 의해 우연히 형성된 발명품이다. 그러므로 이 기법을 한 번 시도해보라, 그러나 이것이 기억을 찾아주지 않는다면 좀 더 쉽게 기억할 수 있는 다른 기억으로 옮겨가라. 그것이 좀 더 믿을만한 기억일 가능성이 높다.

기억연구소: 회상 습관 만들기

만일 자신의 삶을 성찰하는 데 좀 더 많은 시간을 들이고 싶다면 HSAM을 가진 사람들의 제안을 따라 회상 습관(reminiscing habit)을 발전시킬 수 있다. 마리우 헤너는 "내가 이런 강한 기억을 가지고 있는 이유 중 하나는 본능적으로 내 삶의 거의 대부분을 과거를 검토하는데 쓰기[44] 때문이다"라고 말한다. 여기서 우리는 자전적 회상 습관을 형성하는 방법에 대해서 살펴본다. 이는 습관과 습관의 형성에 대한 것으로 기억술을 훈련하는 사람 누구에게나 유용한 지식이다.

습관은 지난 장의 주제인 기술과 유사하지만 고유의 특성을 가지고 있는 매우 특별한 종류의 기억이다.[45] 읽기는 기술이다; 아침식사 때 신문 읽는 것은 하나의 습관이다. 이 둘은 모두 반복적으로 형성된 행동적 결과인데 기술은 복잡하고 유동적이며 활자화된 단어를 이해하는 것 같은 특별한 목표를 가지고 있다. 습관은 좀 더 간단하고 좀 더 상황 특수적이며 덜 유동적이다. 내가 식당에서 아침을 먹는다면 반드시 신문이 있어야 한다고 생각하지 않을 것인데 왜냐면 신문 읽는 습관은 내 식탁에서의 아침식사와 연결되기 때문이다.

습관은 자동적인 반복이므로 의식적인 노력 없이 이루어진다. 습관은 원하는 새로운 행동을 확립하고자 할 때 특히 유용하다. 만일 회상이 습관이 될 수 있다면, 자극을 받으면 언제나 회상이 활성화 될 것이다. 일단 그렇게 되면 당신은 헤너가 말한 과거를 생각하기 시작하는 "자전적 마음 상태[46]"에 들어가게 될 것이다. 거기서 자신의 삶의 여러 측면을 살펴보게 된다.

아래의 도표에서 보듯이 습관은 촉발단서로 시작된다. 그 다음에 행동이 일어나는데 여기서는 회상이 이에 해당한다. 마지막 단계는 긍정적인 결과

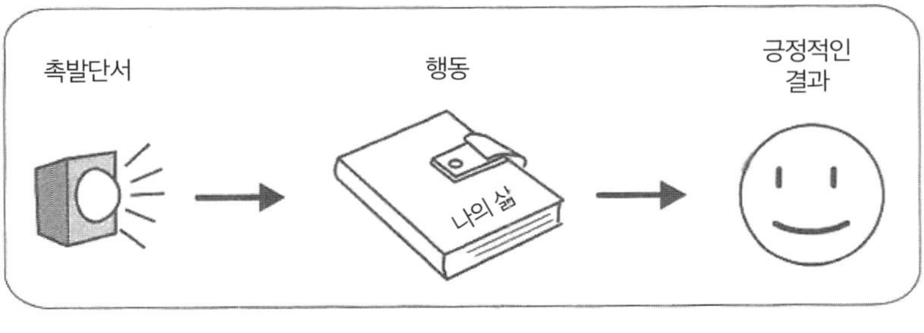

습관 형성을 위해 반복되는 세 단계 과정

로 이는 미래의 행동을 독려하기 위한 보상으로 작용할 수 있다. 습관들은 이 과정이 몇 번이나 반복되면서 확립된다.[47]

촉발단서(Trigger) 찾기

당신에게 필요한 것은 삶을 돌아보기 위해 숨을 고를 수 있는 특별한 환경으로 거기서 회상할 수 있는 개인적 시간을 잠시 갖는 것이다. HSAM을 가진 사람들은 면도를 하거나, 잠자리에 들 때, 아침에 일어날 때, 교통체증에 갇혀있을 때, 약속 시간을 기다릴 때, 일기를 쓸 때 같은 상황에서 습관적으로 자신의 과거를 돌아본다고 보고한다. 가장 강력한 촉발단서는 매번 같은 감각적 단서들이다—같은 풍경, 소리, 냄새 등. 질 프라이스가 아침에 드라이어로 머리를 말릴 때 그런 것처럼 이런 촉발단서들은 과거 그 날의 기억을 상기하는 그녀의 습관을 촉발시킨다.

행동 수행

당신에게는 회상하고자 하는 주제가 필요한데 이 단계에서 미리 그것을 뽑아놓았다면 훨씬 수월할 것이다. 특별한 삶의 장이나 주제, 사건들 같은 리스트를 만든다고 하자. 리스트에서 매일 하나씩 선택할 수 있다. 회상에 얼마나 시간을 들이는 가는 당신의 선택인데 나는 처음에는 몇 분 정도로 짧게 시작할 것을 추천한다.

긍정적인 결과를 경험하기

대부분의 사람들은 회상 과정에서 보람을 얻는다. 걸어온 길을 이해하기 위해서 혹은 문제를 해결하기 위해 과거를 돌아보는 것은 일반적으로 만족스럽다. 기억이 유쾌하지 않은 때조차 다른, 좀 더 건설적인 의미를 부여하는 관점을 채택할 수 있을 것이다. 다음은 이에 관한 마리우 헤너의 의견이다.

> …10년 동안 건드리지 않은 기억의 상자들을 살펴볼 때 당신이 지금 하던 방식으로 나쁜 기억들을 이해하려고 해보라.[48] 드러나는 사건들의 이야기를 몇 년이 지난 지금 살펴보는 것은 그 일이 일어났던 그 당시의 관점에 대해 새로운 통찰을 제공한다. 현재의 관점은 좀 더 객관적인 이해를 제공한다. 왜 그런 선택을 했는지 그리고 미래의 유사한 상황에서는 어떻게 다르게 반응할 수 있을지 명료하게 이해하기 시작한다…

결론적으로 대부분의 회상은 좋은 경험이 될 것임을 기대해도 좋다. 이것이 회상이 건설적이고 안녕감을 제공하는 이유이다. 회상의 긍정적인 결과는 반복을 독려하여 습관 형성을 촉진시키는 보상으로 작용한다.

시간이 얼마나 걸리나?

습관은 자동화 될 때 비로소 완전히 형성된 것으로 여겨진다. 언제 그렇게 되는지 당신은 알 것이다: 촉발상황은 당신의 회상을 도와주는 자전적 마음 상태로 당신을 데려간다. 그런데 불행히 얼마나 많은 반복이 필요한지 미리 알 수는 없다. 한 연구에서 학생들에게 점심 때 과일 한 조각 먹기 혹은 저녁 식사 전에 15분간 달리기 같은 단순한 습관들을 발전시키도록 하였다.[49] 이러한 행동들을 자동적 습관으로 발전시키는 데는 평균 66일이 걸렸다. 그러나 결과들은 18일에서 254일에 걸쳐 모든 곳에 분포하였다. 여기서 핵심은 진정한 습관을 발전시키려면 인내심을 가지라는 것이다.

13장 PARIS 기억술
The PARIS Mnemonics

쇼핑목록, 심부름, 약속, 여행 목적지, 심지어 연설과 발표를 기억하는 것 같은 일상적인 상황에서 우리의 기억을 증진시킬 수 있는 유용하고 실제적인 방법은 무엇일까? 우리가 할 수 있는 것은 광범위하게 적용 가능하고 어떤 기억술사에게도 적용될 수 있는 증명된 기억술 전략 몇 개를 시도해보는 것이다. 다음 페이지에 있는 다섯 개의 기법은 PARIS라는 아크로님에 연결되는 이미지와 결합되어 있다. 이 들 중 몇 몇은 이전 장의 기억연구소에서 소개된 바 있다. 이제 이와 관련된 기억 예시들을 자세히 살펴보도록 하자.

Peg Words 쐐기 단어
Acrostics and Acronyms 아크로스틱과 아크로님
Rhymes and Rhythm 리듬과 운율
Imagery 이미지
Stories 이야기

쐐기 단어
Peg words

여기 정보 기억을 돕는 정신적 노트 목록이 있다. 나는 이것을 자주 사용한다—여행가기 전에 해야 할 것, 가게에서 사야할 물건들, 직원회의에서 한 약속, 한 밤중에 갑자기 떠오른 과제나 아이디어 같은 것을 기억하도록 도와준다. 이런 정보들은 주로 하루나 이틀 정도 기억해야 할 필요가 있는 것들이다. 쐐기 단어는 기억하고자 하는 품목과 연결되는 구체적인 대상으로 후에 쉽게 회상될 수 있는 단어이다. 이는 기억하기 쉬운 운율로 구성된다.

One is a Bun(원-번) 1은 빵	Six is Sticks(식스-스틱) 6은 막대기
Two is a Shoe(투-슈) 2는 신발	Seven is Heaven(세븐-헤븐) 7은 천국
Three is a Tree(쓰리-트리) 3은 나무	Eight is a Gate(에이트-게이트) 8은 대문
Four is a Door(포어-도어) 4는 문	Nine is Wine(나인-와인) 9는 와인
Five is a Hive(파이브-하이브) 5는 벌떼	Ten is a Hen(텐-헨) 10은 암탉

일단 기억에 쐐기 단어를 만들면—오래 걸리지는 않을 것이지만—목록의

첫 번째 것을 빵, 두 번째 것을 신발, 세 번째 것을 나무 등으로 연결시키면서 10개까지의 품목을 기억하는데 사용할 수 있다. 여기서 핵심은 쐐기 단어와 연결되는 품목을 극적이고 뚜렷한 이미지로 만드는 것이다. 즉 가게에서 양파, 토마토, 샐러리를 사려고 하면 먼저 빵과 양파의 이미지를 만든다 - 아마도 빵 안에 얇게 썬 양파를 가득 넣은 양파 샌드위치가 될 것이다. 다음에 토마토로 옮겨가서 신발과 관계된 무언가를 만들라. 어쩌면 잘 익은 토마토를 밟아 엉망이 된 신발을 그려볼 수 있을 것이다. 또 무진장 큰 샐러리 나무를 상상하면서 샐러리와 나무를 연결시킬 수 있다.

그래서 가게에 가게 되면 이를 암송하라—"one is a bun, two is a shoe, three is a tree"—이것이 이미지를 불러오고 쇼핑목록을 기억하게 만들 것이다. 연구결과는 이를 잘 보여준다—이미지가 쐐기 단어와 쇼핑 목록을 잘 연결시키면 놀랄 만큼 잘 기억하게 될 것이다. 그리고 지난 번에 외운 목록때문에 새로운 이미지가 혼동될까 걱정할 필요는 없다.[01] 실제로 그런 일은 일어나지 않는다. 가장 최근에 만든 연상이 기억될 것이다—이것은 출근할 때 주차하는 것과 유사하다. 어제 주차한 곳 때문에 오늘 주차한 곳을 헷갈리지는 않는다.

두 가지 강점

쐐기 단어 전략은 두 측면에서 기억을 돕는다.[02] 첫째, 이는 필요할 때 인출이 쉽도록 자료를 조직화하는 것을 도와준다. 쐐기 단어 기술들은 마음속으로 숫자를 세는 것처럼 잘 훈련된 세기 능력을 조직화 원리로 사용하는데 쇼핑목록의 각 품목은 차례로 제시된다. 둘째, 쐐기 단어는 잘 부호화됨으로써 각 기억 품목의 기억가능성을 향상시킬 수 있다. 즉 쐐기 단어는 강한 표지를 만들 수 있다.[03] 당신이 쇼핑목록의 양파를 쐐기단어의 빵(bun)과 연결시키기 위해 이미지를 사용할 때 양파를 기억할 가능성이 훨씬 더 증가한다. 알게 되겠지만 모든 PARIS 기억술이 조직화와 부호화 모두에서 동등하게 강력하지는 않으며 그래서 쐐기 단어 전략에 주목할 필요가 있다. 이것은 목록을 외우는 간단하고 강력하며 훌륭한 방법이다.

약점

이 전략은 다른 이미지 방법들 같이 자료들을 시각화하기 어려울 때 사용하기 어려운 전략이다. "보험 확인하기" 같은 것이 있는 "해야 할 일" 목록을 생각해보자. 쐐기 단어 목록에 "보험"을 넣기로 하지만 이것을 표시할 만한 구체적인 이미지가 떠오르지 않는다. 문제에 대한 우회적인 방법은 대체 단어 접근이다. 당신은 'insurance(보험)'를 제시하기에 충분히 가까운 발음을 가진 구체적인 단어를 찾는다—아마 insect(곤충) 같은 것. 이제 대체 단어와 쐐기 단어를 연결하는 이미지를 만든다. 나중에 insect를 기억하기 위해 쐐기 단어를 사용할 때 그 발음이 insurance를 기억하는 것을 도와준다. 우리는 7장에서 이름을 기억하기 위한 이 기법을 살펴보았다. 대체 단어는 사용가능하지만 극복해야 할 어려움이 있다.

쐐기 단어 변형

단어의 운을 맞추는 것은 유용한 쐐기 단어 시스템을 만들기 위한 여러 방법 중의 하나에 불과하다. 우리는 10장에서 숫자 기억을 위한 "주요시스템"을 살펴보면서 대안적 접근을 살펴보았다. 이 시스템은 특정 숫자를 구체적인 대상과 연결시키는데 그 대상은 이름의 글자에 기초하여 선택되었다. 그래서 1은 tie, 2는 hen 3은 ma로 연결된다. 여기서 1, 2, 3은 자음 t, n, m으로 부호화된다. 모음과 다른 소리들은 구체적인 단어를 만들기 위해서 더해지는 것이다. 주요시스템은 10장에서 봤듯이 0에서 99가지의 숫자들에 해당하는 구체적인 단어를 제공한다. 어떤 기억술사들은 주요시스템을 목록 기억에 사용하는데 이는 내가 쐐기 단어를 운율에 맞춰 사용한 것과 같은 방식이다. 이것의 장점은 10개 이상의 품목을 다룰 수 있다는 데 있다. 다른 가능성은 A-ape, B-boy C-cat처럼 알파벳으로부터 쐐기 단어를 만드는 것이다. 어떤 시스템이라도 사용할 수 있으며 이는 개인의 선호에 달려있다. 나는 숫자 기억을 위해서는 주요시스템을, 목록 기억을 위해서는 쐐기 단어 시스템을 사용한다. 나는 다른 시스템의 단어들보다 운율을 가진 단어들을 더 쉽고 더 빠르게 기억할 수 있다.

아크로님과 아크로스틱
Acronyms and Acrostics

이전 기억연구소에서 다룬 이 두 가지 기억술을 기억할 것이다. 이는 "첫 글자 기억술"로 불리는 것으로 목록의 품목들을 정리하고 기억하는 데 유용한 방법을 제시한다. 쐐기 단어 방법과 다르게 이 기억술은 구체적인 단어 뿐 아니라 추상적인 단어들에도 잘 적용된다. 이것이 내가 아크로님 PARIS를 다섯 개의 기억방법을 부호화하는데 사용한 이유이다. 다른 예는 8장에 있는데 미래계획기억을 강화하기 위한 세 가지 방법을 ICE로 부호화한 것이다—**I**mplementation intention(실행의도), **C**ue imagery(단서 이미지), **E**xaggerated importance(과장된 중요도).

아크로님은 대부분 짧은 것으로 대개 5 또는 6개 단어를 넘지 않는다. 만일 발음이 잘 되면 더 유용한데 PARIS와 ICE처럼 알아볼 수 있는 단어가 제일 좋다. 잘 알려진 다른 아크로님[04)]은 대(大)호수를 지칭하는 HOMES(Huron휴론, Ontario온타리오, Michigan미시간, Erie에리, Superior수퍼리어)와 미국의 수정 헌법 제 1조가 보호하는 권리를 지칭하는 RAPPOS(religion종교, assembly집회, petition청원, press출판, opinion의견, speech표현)이다.

RAPPOS는 수정헌법에는 있지 않은 의견(opinion)을 포함하고 있다는 점이 흥미롭다. 이는 자유 의견(free speech)을 지칭하고 있다. 아크로님을 만든 사람이 아마도 두 개의 P의 발음을 부드럽게 하기 위해 이것을 넣었을 것으로 생각되는데 RAPPS가 됐다면 발음이 어려워졌을 것이다.

아크로스틱은 개념적으로는 아크로님과 유사한데 의미 있는 구절을 만들 수 있고 4장의 낭만적인 용(Romantic dragon)에서 봤듯이 더 긴 목록을 다룰 수 있다는 점에서 강점을 가진다—**R**omantic **D**ragon **E**at **V**egetables **A**nd **P**refer **O**nions(낭만적인 용은 채소를 먹고 양파를 좋아한다). 이는 기억을 강화시키는 일곱 가지 원리를 알려준다; **R**etention intention(보유의도), **D**eep processing(숙고과정), **E**laboration(정교화), **V**isualization(시각화), **A**ssociation(연상), **P**ractice(연습), **O**rganization(조직화). 동등한 7 단어 아크로님은—아마 REDAVOP—성가시고 좀 더 외우기 어렵다. 더 짧은 목록이라도 만약 가능한 유일한 아크로님이 발음하기 어렵거나 어색하다면 아크로스틱이 좋은 선택이 될 수 있다. 얼굴과 이름을 기억하는 기억술에 대한 7장의 경우가 그렇다: Find a feature(특징찾기), Listen(듣기), Say it(말하기) and Practice(연습하기). 아크로스틱 "**F**riendly **L**lamas **S**eek **P**eople(친절한 라마가 사람들을 찾는다)"이 어색한 아크로님인 FLSP보다는 훨씬 더 낫다.

아크로스틱이 길어질수록 더 엉망인 문장이 될 것이다. 화학의 전극전위서열(electromotive series)을 외우기 위한 15개 단어로 구성된 다음 아크로스틱스를 보자: "**P**oorly **C**anned **S**ausages **M**ake **A** **Z**ulu **I**ll. **T**herefore **L**et **H**ighly **C**lever **M**en **S**lay **G**ood **P**igs[05](제대로 보관하지 않은 소세지는 줄루를 아프게 한다. 매우 영리한 사람에게 좋은 돼지를 잡게 하라; Potassium, Calcium, Sodium, Magnesium, Aluminum, Zinc, Iron, Tin, Lead, Hydrogen, Copper, Mercury, Silver, Gold, Platinum). 복잡한 아크로스틱이 화학 리스트보다는 훨씬 외우기 싶지만 어느 정도의 노력이 필요하고 습득하기 위해서는 연습도 필요하다. 이 아크로스틱을 만든 사람은 이것을 외워야만 하는 사람들을 위해 친절하게도 그리고 현명하게도 상대적으로 짧은 두 개의 문장으로 이를 만들었다. 일반적으로 기억목록의 길이가 길어질수록 아크로스틱은 점점 더 왜곡된다. 어떤 순간에는 '기억궁전'으로 알려진 것으로 이동할 것을 고려해야 하는데 이는 다음 장에서 설명할 것이다.

아크로님과 아크로스틱의 강점은 품목의 첫 글자를 단어나 구절로 부호화함으로써 목록을 조직화한다는 것이다. 부가적으로 이들은 기억해야 할 품목의 수와 기억하고 있는지를 점검할 수 있게 해준다. 약점은 이들이 품목을 더 잘 외우는데 그렇게 많은 도움을 제공하지는 않는다는 것이다. 각각의 첫 번째 글자가 암기를 위한 단서로 충분하다고 가정하지만 이는 사실일 수도 있고 아닐 수도 있다. RAPPOS로 돌아가서 이것이 수정헌법 1조 권리 조항을 기억해내도록 하는지 보자. 만일 몇 몇 개를 기억하지 못한다고 해도 그건 당신만의 문제가 아니다. 이는 그 특정 조항이 어려운 단어이거나 생소하기 때문이 아니다; 문제는 단글자 단서가 조항을 기억해내는데 충분히 잘 연결되어 있지 않기 때문이다. 이 아크로님은 비록 상대적으로 약한 단서이기는 하지만 우리가 조항 기억을 강화하고 연결시켜 회상을 가능하게 한다면 도움이 된다. 그러기위해서는 조항이 잘 떠오를 때까지 연습할 필요가 있다.

리듬과 운율
Rhythm and Rhyme

나사를 어느 쪽으로 돌려야하는 지 궁금한가? 그럼 "Righty tightly, lefty loosey(오른쪽으로 조이고 왼쪽으로 풀고)"라고 말해보자. 쇼크 상태인 사람이 있다면? 그 사람을 눕히고 생각하라, "If the face is red, raise the head. If the face is pale, raise the tail(얼굴이 붉으면 머리를 들어라. 얼굴이 창백하면 다리를 들어라)" 중요한 파티를 준비한다면 다음을 기억하라.[06] "Beer on whiskey, very risky; whiskey on beer, never fear(위스키에 맥주는 위험, 맥주에 위스키는 두렵지 않다)."

리듬과 운율은 좋은 암기도우미로 오랫동안 이용되어 온 효과적인 기억단서이다. 왜 그런지 알아보기 위해 9장에 나왔던 Henry(헨리) 오행시를 보자.

Henry 헨리

There once was a boy named Henry 헨리라는 아이가 있었지
Who tried to improve his memory 헨리는 기억을 잘하고 싶어 했지
He practiced facts that he faced 헨리는 자신이 접하는 사실들을 연습했지
With retrieval well spaced 간간히 기억해가면서
And found his recall exemplary 그리고 기억을 잘하게 되었지

만일 당신이 쉬운 첫째 줄을 잘 기억해내면 그 다음 줄도 따라 나오는데 두

번째 줄이 (1) Henry와 운을 맞추고 (2) 표준적인 오행시 리듬을 따랐으며 (3) 의미가 통하므로 첫 번째 줄에 이어진다. 이는 마치 퍼즐의 세 조각—리듬, 운율, 의미—이 갑자기 맞춰지는 것과 같은데 다음 조각은 이들과 맞아야만 한다. 기억연구가 데이비드 루빈David Rubin [07]은 이 세 특징이 다음에 올 수 있는 것의 가능성을 급격히 좁히고 기억시스템이 그 다음에 올 단어들을 더 쉽게 찾도록 해준다고 지적하였다. 리듬, 운율, 그리고 의미는 기억단서로도 기억 제약조건으로도 작용한다. 이것이 운을 맞춘 격언이나 오행시 같은 기억구조가 기억하기 쉬운 이유이다.

운율적 기억은 항상 운을 맞춘 단어들을 강조하는 리듬을 갖는다. 헨리의 오행시에서는 다음과 같다.

There ONCE was a boy named HENRY
who TRIED to improve his MEMORY

운율이 기억인출 전략으로 작용되는 것은 바로 이 억양 패턴 때문이다. 우리는 일반적으로 기억에서 운율을 찾지 않는다. Bye, sky, high, die 같은 것은 쉽게 찾아질 수 있지만 이것도 우리가 찾을 의도를 가지고 있는 경우에 한한다. 노래의 리듬은 운을 가진 단어들을 강조한다. 이는 기억시스템에게 적절한 연결을 찾도록 지시함으로써 '운율모드'의 신호를 보낸다.

리듬은 운율 없이도 기억단서로 작용할 수 있는데 이는 일반적이지 않은 자료를 기억하는데 사용되어 왔다. 로마제국 시대에는 기원전 20년 전 버질Virgil이 쓴 10,000줄의 대서사시인 트로이의 목마(*Aeneid*) 전체를 암기하는 것이 유행이었다.[08] 강약약 6보(dactylic hexameter)로 알려진 패턴을 가진 이 시의 독특한 리듬은 방대한 양을 기억할 수 있는 구조를 제공하였다. 오늘날 하피즈Hafiz라고 불리는 수 만명의 이슬람교도들은 코란 전체를 외우고 있다.[09]아라비아 어로 쓰여진 코란은 6천 개 이상의 구절과 8만 개 이상의 단어를 포함한다. 트로이의 목마가 가진 리듬을 코란은 가지고 있지 않다. 특히 인상적은 것은 많은 하피즈가 아라비아 어를 하지 못해서 그들이 외우는 단어들은 그들에게 아무런 의미를 제공하지 않는다는 것이다. 그들은 코란의 리듬을 불러오기 위해서 아라비아 단어를 발음하는 것을 배운다. 그 리듬이 아마도 3년 동안의 연구동안 한 구절 씩 차례로 수고스럽게 익히는데 있어서 주요한 기억 도우미가 되는 것이다.

리듬과 운율은 이 장의 기억구조에서는 일반적이지는 않은데 그들이 품목을 기억하는 것 이상의 목적으로 사용될 수 있기 때문이다. 이들은 모든 종류의 구문 기억을 촉진시킨다. 그 문장은 헨리 오행시 같은 어떤 원리일수도, 나사 돌리는 방향 같은 제안일 수도 있고 코란 같은 중요한 결과물일 수도 있다. 리듬과 운율은 기억술사가 오래 기억하고자 하는 어떠한 언어적 자료도 포함할 수 있다.

이미지
Imagery

이미지는 물론 기억술의 어디에나 있고 이 책에서도 자주 나오고 있다. 여기서 우리는 기본적인, 이미지에 기초한 기술을 살펴보는데 이는 기억 전략들의 가장 간단하고 기초적인 근본을 이룬다. “연결법(link method)”이라고 불리는 것은 기억할 품목들 간에 일련의 시각적 연상을 만듬으로써 목록 기억을 돕는데 이 연쇄적인 연상들은 마침내 전체 목록을 포함하게 된다. 11장에서 강의 주제를 기억하기 위해 사용했던 연결법이 하나의 예가 될 수 있다. 이것은 단순하기 때문에 기억교사들은 새 학생들에게 기억술의 힘을 보여주기 위해 자주 사용한다. 위대한 기억술사이며 훈련가인 해리 로레인Harry Lorayne은 연결법의 대가이다. 그의 워크샵에 참가한 학생들은 목록을 외워야 할 때 거의 자리에 앉을 수 없었다. 다음은 그의 여러 책 중의 하나에서 발췌한 내용으로 그가 어떻게 하는지 보여준다. 여기서 로레인은 그의 독자들에게 봉투, 비행기, 손목시계, 약, 곤충, 지갑, 욕조, 신발이 적힌 목록을 기억하기 위해 연결법을 사용하는 것을 보여준다.

> **봉투/비행기**에서 시작하면서 봉투를 그려본다.[10] 그리고 나서 마음속으로 그것을 비행기에 "연결시킨다": 거대한 봉투가 비행기처럼 하늘을 난다; 비행기가 그 거대한 봉투에 침을 묻혀 붙이고 있다; 수만 개의 봉투들이 비행기에 탑승하거나 비행기에서 내리고 있다; 당신은 봉투 속에 비행기를 쑤셔 넣으려고 하고 있다. 당신에게 필요한 것은 하나의 장면이므로 지금 내가 제시한 것들 중에 하나를 선택하거나 당신이 생각해내서 그것을 그려보라.
>
> **비행기/손목시계**. 새로운 대상인 손목시계가 비행기에 의해서 떠올라야만 한다. 당신이 손목에 시계 대신 커다란 비행기를 차고 있는 것을 그려볼 수 있는가? 또는 비행기의 각 날개마다 거대한 손목시계가 있거나 또는 거대한 손목시계가 비행기처럼 날고 있는 것을 생각해보라… 그것들 중 하나를 마음에 그려보라.

그는 이렇게 한 쌍씩, 학생들이 목록의 각 쌍을 연결시키는 시각적 이미지를 만드는 것을 지속적으로 격려하며 도와준다. 끝날 때 쯤 학생들은 그 품목들을 기억하게 되었는데 상대적으로 쉽게 기억할 수 있음을 알게 되었다. 마지막으로 학생들에게 그 목록을 거꾸로 외우게 하였는데 학생들은 이 역시 쉽다는 것을 발견한다. 관객의 놀람과 관심과 함께 로레인은 다음 워크샵 주제로 옮겨갈 준비가 되었다.

로레인의 목적에 잘 맞는 연결법은 준비가 거의 필요없다. 기억을 위한 쐐기 단어로 없고 만들어야 하는 아크로스틱도 없이 대상들을 쌍으로 연결하기 위한 상상적 연상만 필요하다. 일단 연상들이 만들어지면 목록의 품목들은 위아래로 자유롭게 옮겨갈 수 있다.

연결법의 약점은 연상의 사슬이 제일 약한 연결 수준에서 만들어진다는 것이다. 그들 중의 하나를 잊어버린다면 곤란해질 수 있다. 목록의 첫 번째 품목을 잊어버린다면 어떤 품목도 기억할 수 없는 재앙적 실패를 맞게 될 것이다. 여기서 교훈은 연결이 기억에 확실하게 자리잡을 만큼 충분히 목록을 연습하는 것이다. 만일 내가 첫 번째 품목을 기억하지 못할까봐 조금이라도 걱정이 된다면 그것을 확실히 기억할 수 있는 시작 고리를 만들어야 한다. 나는 보트 닻의 이미지를 사용하여 이것을 목록의 첫 번째 품목에 연결시킨다.

기억술의 승률로 볼 때 쐐기 단어[11] 시스템이 연결법보다 우월한데 이는 "약한 연결" 문제를 가지고 있지 않기 때문이다. 만일 쐐기 단어 시스템에서 어떤 단어를 잊어버린다면 타협점이 없다; 그냥 다음 것으로 갈 수 밖에 없다. 그러나 약한 연결이라는 단점에도 불구하고 연결법은 장점을 가지고 있다. 바로 적용이 쉽다는 것이다—마음속으로 쐐기 단어들을 조작할 필요가 없다. 이것은 특히 목록의 다음 품목, 즉, 연설의 다음 주제나 쇼핑목록의 다음 품목을 기억하고자 할 때 더 유용하다. 연결법에서는 바로 그 순간에 떠오를 하나의 연상을 얻기 위해 노력해야하며 이것으로 목록의 다음 품목을 기억할 수 있다.

이야기
Stories

수세기 동안 한 문화의 집합적 기억은 한 세대에서 다음 세대로 전해진 이야기를 통해서 유지되었다. 이야기는 자연적인 기억도구이다. 이야기는 기억시스템을 강화시키므로 효과적이다. 이야기는 의미를 가지고 있고; 자료를 구성하며; 숙고과정을 촉진시키고; 정교함과 연상을 제공한다. 이러한 강점으로 의심할 여지없이 이야기는 자주 중요한 정보들을 가진다—이솝의 지혜, 성경의 우화, 문화적 교훈을 주는 민담 등.

기억술에서 이야기의 장점은 잊히기 쉬운 정보에 서사를 첨가함으로써 도움을 받고 다른 기억 도우미와 함께 사용될 수 있다는 것이다. 쇼핑목록을 기억하기 위해서 쐐기 단어 기억술을 사용하고 빵과 양파 사이의 연상을 이용한다고 하자. 만약 빵 위의 양파 샌드위치 이미지가 덜 강력하다면 그것을 증진시킬 수 있는 이야기를 만들 수 있다: “이 샌드위치는 많은 상금이 걸린 음식 경연대회에 출품했던 적이 있다. 이 특별히 달콤한 양파는 심사위원들을 만족시키기에 충분했다”는 이야기를 만들 수 있다. 이런 것처럼 빨리 만들 수 있는 그럴 듯한 이야기는 오랫동안 필요한 순간에 이미지가 확실히 떠오를 수 있게 한다.

이야기는 또한 중요한 기억 도우미로 사용될 수 있다. 그 예를 10장에서 차오 루가 파이pi의 61,890 자리 숫자를 외우는 방법에서 보았다. 그는 각 숫자의 쌍을 하나의 구체적인 대상으로 외웠고 그 다음 이 대상들의 그룹을 연결시켜 하나의 이야기로 구성하였다. 그는 충분히 많은 숫자들을 기억할 수 있는 긴 이야기를 만들 때까지 그 과정을 반복하였다.

우리는 외우고자 하는 품목에 대한 내러티브를 만들면서 같은 방식으로 이야기를 이용할 수 있다. 쇼핑 목록—양파, 토마토, 샐러리, 우유, 빵—을 기억하기 위해서 이 품목을 하나로 묶을 수 있는 구조를 만들 수 있다. 다음이 그 예이다.

> **양파**가 술집으로 들어와 과하게 익은 **토마토** 옆에 앉는다. 긴 **샐러리** 줄기인 직원이 다가와서 **양파**는 **우유**를 주문한다. **샐러리**는 우유를 건넨다. **토마토**는 킁킁거리며 "술집에서 웬 우유?"라고 말하고 자신의 마티니를 홀짝 거리며 **빵**을 계속 먹는다.

이야기를 시각화하고 말하는 것, 그리고 연습하는 것 또는 이 둘 모두를 하는 것은 항상 좋은 생각이다. 연구들은 이야기 방법이 효과적인 기억술이라는 것을 지지한다. 대학생을 대상으로 한 연구에서 이야기[12)]로 엮었을 때 그렇지 않은 경우보다 단어를 6배 더 많이 기억했다. 이 기법은 자료를 수 일 이상 지난 후에 검사하였을 때[13)] 특히 성공적이었다. 또한 나이가 많은 성인들에게서 효과적인 것으로 나타났는데[14)] 이야기가 그들에게 다른 기억술보다 더 사용하기 쉬운 것으로 보인다.

이야기가 기억에 유리한 것은 기억자료를 조직화하고 이를 기억하기 위한 단서를 제공하기 때문이다. 조리 있는 이야기는 이 두 가지 기능을 잘 수행한다. 그러나 연결법처럼 조직화와 단서제공은 기억자료 그 자체에 의해 제공되므로 만일 하나를 잊어버리면 다른 것도 연쇄적으로 잊어버릴 수 있다.

이야기는 기억목록의 품목이 너무 길지 않을 때 적합하다. 차오 루는 대략 다섯 개의 기억품목 당 하나의 이야기를 만들었다. 내 식료품 목록의 예도 그러한데 이 이야기를 15개 품목을 위해 확장시킨다고 생각해보라. 이는 꽤 많은 시간과 정성이 드는 일일 것이며 마지막 결과물은 잊어버릴 가능성이 농후한 뒤얽힌 이야기가 될 수 있다. 그러나 목록이 그렇게 길지 않다면 즉 10개 이하의 품목을 갖는다면 이야기 기억술은 재미있고 만족스러운 연습 방법이 된다. 내가 내 기억수업의 학생들에게 목록을 기억하는 여러 기억술을 시도해보고 가장 선호하는 것을 고르게 했을 때 이야기 기억술이 가장 선호되는 방법 중의 하나였다.

마무리
A Final thougt

PARIS 기억술은 일반적인 전략으로 어떤 기억자료들에도 사용할 수 있는 것이다. 이는 노트나 전자도구 없이도 기억이 가능하게 해주고 기억할 것들을 위트 있게 알도록 해준다. 장을 보러 갈 때 쪽지가 필요한가? 그런데 쇼핑목록을 적어가지 않아도 사고자 했던 모든 것을 사서 집으로 온다면 뿌듯하지 않겠는가? 그리고 그저 PARIS 전략으로 해야 할 일 목록을 만들 수는 없을까? 의사에게 물어보고자 했던 질문들은 어떠한가? 또는 장모님께 의무적으로 해야 하는 전화를 좀 더 활기 있게 만들 주제들은 어떤가?

PARIS 기억술은 자연기억(natural memory)을 향상시키는 데도 사용될 수 있다. 업무 프레젠테이션을 할 때 발표 주제를 기억술로 기억할 수 있다 - 들어가는 말 → 문제점 → 해결책 1 → 해결책 2 → 제언. 각 주제를 기억하기 위해서 구체적인 단어를 뽑고 함께 연결시킴으로써 미팅 전에 발표내용을 쉽게 훑어볼 수 있다. 그 주제를 발표할 때는 아마 기억술이 필요하지 않을 것이다; 왜냐면 연습을 통해 정보들을 바로 쓸 수 있게 되었고 자연기억 역시 잘 작동하도록 준비되었을 것이기 때문이다. 이 전략은 발표, 구직 면접, 판매 상담 등 노트나 파워포인트 없이 이야기해야 할 어떤 상황에서도 유용하다.

물론 지금 내가 말한 종류의 정보를 기억하기 위해서 기억술을 사용할 필요는 없다—메모지와 연필이 필요할 뿐이다. 그러나 PARIS 전략은 보람 있는 연습이다. 왜냐면 이들이 하나의 즐거움처럼 정신적인 도전을 받아들이고 만날 기회를 주기 때문이다. 이들은 어디에나 있는 스마트폰과 아이패드로부터 벗어나 사람들에게 자신의 정신적인 자원들을 연습하도록 해준다. 그로써 개인적인 만족감을 얻을 뿐 아니라 이 지식들이 가장 세련된 사고 과정을 사용한다는 점에서 보상적이다—작업기억, 주의, 하향식 통제, 자기통제, 자기확신 등.

기억전략에 더하여, 잘 잊어버리는 정보를 기억하기 위한 또 하나의 기술이 있다. 이는 PARIS 기억술 같이 목록의 형태를 갖는 정보들에게도 적용가능하다. 마지막 전략은 고대 기억술의 최고봉으로 여겨지는데 수 세기에 걸쳐 사람들에게 전수되었고 선각자인 키케로와 토마스 아퀴나스에서부터 조슈아 포에와 도미닉 오브라이언에 이르기 까지 찬양받았던 전략이다. 이 놀라운 방법은 다음 장에서 다룰 것이다.

기억연구소: PARIS 기억술 해보기

PARIS를 이해는 최상의 방법은 이를 직접 해 보는 것이다. 리듬과 운율 형식과 달리 PARIS는 쇼핑목록나 할 일 목록, 약속, 비밀번호, 지도 같은 것을 기억하는데도 잘 적용된다. 시도는 임의적이고 구체적인 단어들로 시작할 수 있는데 아래 페이지에 이를 위한 다섯 개의 짧은 목록을 제시하였다. 하루나 이틀 동안 이 목록을 기억하기 위해서 다음 기억술 중의 하나를 사용하는 것을 목표로 한다. 실제로 해보면서 성공을 축하하면서도 잊어버린 것에도 주의를 기울여라. 종종 왜 잊어버리는 지를 이해하려고 애쓰는 과정에서 특정 기억술의 실용적인 면에 대해서 더 많이 배울 수 있다. 이것이 그 목록이다:

쐐기 단어: meadow목초지, stork황새, elbow팔꿈치, package짐, fox여우

아크로님: organ기관, steeple첨탑 , knuckle관절, basin분지, eagle 독수리

아크로스틱: prune자두, sword검, lemon레몬, spoke바퀴살, statue동상

이미지(연결방법): reed갈대, nail손톱, road길, urn항아리, wine와인

이야기: edge가장자리, dairy젖소, rattle딸랑거리는 소리, monarch군주, brim가장자리

14장 기억궁전

The Memory Palace

2001년에서 2006년 사이 조지 부시 대통령의 비서실장은 앤드류 카드 주니어Andrew Card Jr.였다. 무슨 일을 해서든 대통령의 하루 일과를 1일 24시간, 1주일 7일 기준으로 처리하는 것이 그의 임무였는데 이는 주요한 일정을 잡는 것부터 시작해서 대통령의 다음 이발 약속이 언제인지를 기억하는 것까지 포함된다. 이는 끊임없이 일어나는 중대하거나 혹은 사소한 일들로 가득 찬 도전적인 일이었다. 카드는 지난 50년 동안 어떤 비서실장보다 오래 그 위치에 있었다.

카드가 이 일을 위해 정교하게 잘 만들어진 정리 시스템이나 노트패드 같은 것을 사용했다고 가정한다면 오산이다. 그는 기록도 거의 하지 않았고[01] 그의 책상은 어떤 노트로 없이 항상 깨끗하게 비어있었다고 알려졌다. 사실 모든 것은 그의 머릿속에 들어있었다. 그는 해야 할 일, 이슈, 오고 가는 사람들과 쉬지 않고 씨름해야 하는 것 같이 막중한 일들을 "기억궁전(memory palace)"이라고 불리는 놀라운 기억시스템에 의지해서만 수행하였다.

기억궁전은 누구나 쉽게 떠올릴 수 있는, 말하자면 당신의 집의 방이나 동네 거리에 있는 다른 장소들처럼 고정적이고 잘 알려진 장소를 말한다. 이는 "장소법(Method of Loci)"이라고도 불린다. 궁전을 이용하기 위해서는 특정한 장소와 기억하고자 하는 정보 간의 시각적인 연상이 필요하다. 즉 각 품목을 이불장, 식탁, 욕조 같이 궁전 안의 각기 다른 장소에서 상상함으로써 쇼핑할 식료품 목록을 기억할 수 있다. 나중에 마트에서는 머릿속으로 그 장소로 가서 당신이 만든 이미지를 발견하고 그 품목들을 기억할 수 있다.

카드의 기억궁전은 그가 어린 시절 살던 집의 부엌이었다. 오븐, 가스레인지, 찬장, 그리고 다른 부엌 가구들 같은 것이 정신적인 저장 공간이 되었다. 그가 거기에 저장한 정보들은 식료품 목록보다는 훨씬 복잡하지만 원리는 같다. 하나의 사실 혹은 임무들은 특별한 장소와 연결된 이미지로 표시되었다. 2005년 워싱턴 포스트지는 기억궁전을 생생하게 묘사하였다.[02)]

> 매우 급한 일을 처리할 때 카드는 오븐의 "화구" 앞에서(서 있는 것을 상상하며) 일한다. 오늘 아침 요리할 것은 정보 개혁이다. 그는 여러 사람과 통화해야 한다: 9/11 위원회 의장인 톰 킨과 리 해밀턴, 던컨 헌터와 제임스 젠센브레너. 그리고 백악관 대변인 데니스 해스터. 이 일은 "오른 쪽 앞 화구"에 있다고 그는 말한다.
>
> "그 다음 나는 왼쪽 앞 화구로 가는데 그것이 두 번 째로 중요한 일입니다" 카드는 말한다. 그는 대통령이 내각비서 임명하는 것을 돕고 그 다음에 (두 번째 임기를 위한 백악관 직원을 뽑는) 오른 쪽 뒤 화구로 간다. "나는 이 모

> 든 일을 내 부엌에서 합니다" 카드는 말한다. "내가 오랫동안 미루어두고 싶은 일은 냉장고에 넣습니다. 냉장고는 열 수 있으며 오래 전에 넣어둔 일은 일반적으로 기억하고 있습니다." 처리되었거나 이미 끝난 일은 찬장에 보관할 것이다.

2009년 내가 진행한 인터뷰에서 그는 다른 장소들을 묘사하면서 자신의 궁전을 정교하게 만들었는데 각각은 지속적으로 변하는 현안, 새로운 요구, 위기, 그리고 중요한 사람들 모두를 다루는데 필요한 분주한 사무실로 사용할 수 있도록 설계되었다. 그는 해결되기 전에 하루나 이틀 정도 생각해봐야 하는 상황들을 위해서는 오븐을 사용하였다; 전자레인지는 빨리 처리되어야 하는 프로젝트들을 담당하였다; 개수대는 깨끗하게 씻어야 하는 쓰레기들을 위해 사용하였다. 기억품목이 더 이상 필요하지 않았을 때 카드는 이런 기억 이미지들을 쓰레기통에 넣어 그냥 없어지게 두었다. 그는 자신이 쓰레기통에 버리기 전에 항상 잠시 멈춰서 정말로 그것을 버리고 싶은지 스스로에게 물어보았다고 말했는데 그것을 버리면 확실하게 잊어버리기 때문이었다.

카드는 회의에서 거의 기록을 하지 않았는데 대신 자신이 원하는 것을 외우기로 결정하고 머릿속으로 부엌의 적합한 장소에 그 자료들을 넣었다. 회의 동안 필요한 정보는 그의 부엌에서 가져올 수 있을 것이다. 일과 중 그는 정기적으로 머릿속으로 전체를 훑어보고 이것을 업데이트를 하고 저것을 처리하며 그곳에 저장된 정보를 새롭게 함으로써 "부엌을 청소"하였다. 카드는 이 시스템을 수 십 년 동안 사용하였다.

카드가 기억궁전에 관심을 갖기 시작한 것은 고등학교 시절로 그는 이 방법에 대해서 이야기해 준 기억술사와 만날 기회가 있었다. 그 대화 이후 카드는 기억술에 대한 매우 오랫동안 지속적으로 관심을 가졌다. 그는 이 방법들을 즉시 학교 과제와 방과 후 패스트푸드 식당에서의 일에 적용하기 시작하였다. 그는 기억술의 정신적인 도전에 매료되었고 그의 기술은 증가하였으며 마침내 백악관에서 임무를 담당할 수 있게 되었다. 그가 가진 원래 기억이 평균 이상으로 좋았는가? 그는 그렇지 않다고 말했다. 대신 그는 그의 놀라운 능력을 자신의 부엌을 유지하는데 들인 정신훈련으로 설명하였다. 이는 그에게 흥미롭고 보람 있는 과정이었다.

고대의 장소법
Method of loci in Antiquity

카드가 잘 사용하는 장소법은 천 년 이상 훌륭한 기억 도우미였다. 장소법은 "매혹적"인 시인으로 알려진 그리스의 시모니데스Simonides 03) 가 기원전 500년 경에 발견했다는 전설이 있다. 그로부터 4세기 후 기원 전 50년 경, 작가인 키케로는 이 사건을 가장 생생하게 살려내서 설명하였다. 한 귀족이 영광스럽게도 자신의 위대함을 찬양하는 송시를 쓰기로 시모니데스와 계약한 것을 기념하기 위해 연회를 준비하고 있었던 것으로 보인다. 그 송시가 연회에서 암송되었을 때 귀족은 두 젊은 신(god)인 카스토르Castor와 폴룩스Pollux의 공적을 찬양하는 부분 때문에 당황하였다. 격앙된 귀족은 시모니데스에게 약속한 사례비 중 절반만 지불할 것이며 나머지 반은 두 신에게 받아야만 할 것이라고 말했다. 잠시 후 한 하인이 시모니데스에게 밖에 두 젊은이가 그를 만나기 위해 기다리고 있다고 알렸다. 그러나 그가 밖에 나갔을 때는 아무도 없었다. 바로 그 순간, 지붕이 주저앉아서 안에 있던 사람은 모두 누군지 알아볼 수 없을 정도로 비참하게 죽었다. 그러나 시모니데스는 식탁 주위에 누가 어디에 앉아있었는지 그 장면을 그려봄으로써 기억해낼 수 있었다. 그 시각적 기억으로 인해 사람들은 자신의 가족의 주검을 수습할 수 있었다. 후에 시모니데스는 그 경험을 반추해보고 장소법을 형성하였는데 이는 조직화된 익숙한 장소가 사람들에게 그것과 연관된 두언가를 기억하는 것을 도와줄 수 있다는 원리에 기초하고 있다.

시모니데스는 건축학이 번영하고 민주주의적 정보의 형태가 시작되던 고대 그리스 시대 초기의 인물이다. 교육이 중요시되었고 문학이 널리 알려졌으며 기록된 저작물들을 접할 수 있게 되었다. 어떤 사람은 구전 문화에서 기록 문화로의 이동이 기억에 대한 수요를 감소시키면 감소시켰지 증가시키지는 않을 것이라고 생각할 수 있다. 그러나 고대 고고학자인 조슬린 페니 스몰Jocelyn Penny Small은 쓰기가 사실은 반대효과를 가져오며 기억기술의 욕구와 기억술 시장을 형성한다고 제안한다. 왜 그런지를 이해하기 위해서는 그 당시 문자화된 텍스트의 특성을 살펴보는 것이 필요하다.

우리가 "쓰기"를 생각할 때 활자화된 단어가 지금 이 책의 페이지에 보이는 것 같이 보일 것으로 상상한다. 그러나 우리가 지금 읽는 글자는 그리스인과 로마인들은 아직 알지 못했던 발명들에 의해 다듬어져 온 것이다. 그들에게 쓰기는 *스크립투아 컨티누아*scriptio continua라고 불리는 형태로 경험되었는데 이는 기원 후 1,000년까지 사용되었던 것으로 단어나 문장, 문단 사이에 띄어쓰기나 마침표가 없었다. 다음 문단에 *스크립투아 컨티누아*의 형태로 쓰여진 것과 그것을 현대적인 형태로 바꾼 것이 나온다. *스크립투아 컨티누아*는 일반적으로 단어 단위가 아니라 음절 단위로 읽혔는데 독자는 이를 읽어가면서 그 소리에 귀를 기울이고 의미를 해독하기 위해서 글자에 따라 소리를 사용하였다. 원고는 하나의 긴 두루마리이다. 현대의 책에서는 400장 이상을 차지하는 *일리아드*Iliad 같은 중요한 작품들은 24개의 두루마리로 이루어졌다. 거기에는 장, 제목이나 주제어, 목차, 색인도 없었고 원고 자체의 제목이 없는 경우도 있었다.[04] 자신이 어디까지 읽었는지를 잊어버려서 다시 두루마리를 뒤져야 하는 독자들은 얼마나 불쌍한가. 활자화된 단어는 기억술을 구식으로 만들어버리는 것이 아니라 이를 더욱 중요하게 만든다. 단어들과 위아래 사이를 띄어 쓰고 마침표를 찍고 문단을 나누며 제목을 달고 맞춤법이 일정하게 유지되는 좋은 방법들이 광범위하게 사용되기 까지는 수 세기가 걸렸다.

THUSITWASTHATSIMONIDESDISCOVERYPROVIDEDATECHNIQUETHATHADPRACTICALVALUEFORSTUDENTSANDSCHOLARSITWASPICKEDUPANDDISSEMINATEDBYTHESOPHISTSAGROUPOFITINERANTINTELLECTUALSWHOTUTOREDSTUDENTSINPHILOSOPHYSPEAKINGANDWRITINGARISTOTLEPROVIDEDANADDITIONALBOOSTFORTHEMETHODBYENDORSINGITANDITISLIKELYTHATHEWASSKILLEDINITSUSE.

학생들과학자들에게실제적으로도움이되는기법을제공한것은시모니데스의발견이었다이는학생들에게철학연설글쓰기등을가르쳤던순회지식인집단인소피스트들에의해발탁되어널리전파되었다기원전350년아리스토텔레스가이방법을지지하면서더발전하게되었는데그가이방법을능숙하게사용하였을가능성이높다.

(Thus it was that Simonides's discovery provided a technique that had practical value for students and scholars. It was picked up and disseminated by the Sophists, a group of itinerant intellectuals who tutored students in philosophy, speaking, and writing. Aristotle[350 b.c.] provided an additional boost for the method by endorsing it, and it is likely that he was skilled in its use.)

(학생들과 학자들에게 실제적으로 도움이 되는 기법을 제공한 것은 시모니데스의 발견이었다. 이는 학생들에게 철학, 연설, 글쓰기 등을 가르쳤던 순회지식인 집단인 소피스트들에 의해 발탁되어 널리 전파되었다. 기원전 350년 아리스토텔레스가 이 방법을 지지하면서 더 발전하게 되었는데 그가 이 방법을 능숙하게 사용하였을 가능성이 높다.)

그리스가 기원전 146년 로마제국에 합병되었을 때 기억전략은 서쪽으로 전파되었고 특권층 자녀들에게 가르치던 표준교육과정의 하나가 되었다. 그들이 배운 기억술은 단지 하나의 학습도우미 이상으로 도움이 되었는데 기억력 자체가 로마에서는 매우 높게 평가되었기 때문이다. 이는 특히 군중연설에서 빛을 발했다. 키케로 같은 뛰어난 연설가들이 존경받았고 군중들은 원고 없이 우아하게 연설하는 그들의 능력에 현혹되었다. 장소법은 이런 연설뿐 아니라 그 이상을 가능하게 한다. 기억학자 매리 카루더Mary Carruthers [05]는 위대한 연설가들이 복잡한 상황을 분석하고 논쟁에서 이기고 상대방의 반대를 다루기 위해 자신들의 기억궁전을 창조적으로 사용하였다고 믿었다.

마테오 리치
Matteo Ricci

기억궁전 개념이 직접적이기는 하지만 어떻게 기억궁전이 실제적으로 사용되는지에 대한 세부적인 많은 일들은 여전히 알기 어렵다. 교육에서 그들은 어떤 역할을 담당하는가? 정보는 얼마나 오래 기억되는가? 연설 외 어떤 상황에서 유용한가? 대부분의 고대 기억술에 대한 묘사는 평이하고 짧은데 이를 상식적인 지식에 적용하였기 때문으로 보인다. 그러나 여기에 주목할 만한 예외가 있다; 16세기의 신부인 마테오 리치이다. 물론 그는 로마시대와 수 세기 떨어져 있지만 같은 기억술을 습득하였고 키케로 시대에 쓰여진 기록물들을 연구하였다. 그의 이야기는 이러한 기억도우미의 실제 적용에 대한 통찰을 제공한다. 그 전에 그 사이에 일어난 발전들을 살펴보자.

고전적인 기억술—장소법과 연결된 시각화, 구조화, 연상—은 로마 제국이 500년 경 몰락하기 전까지 지속적으로 교육되고 훈련되었다. 대도시들이 혼란에 휩싸이면서 광범위한 대변동이 일어났는데 교육구조는 붕괴되었고 문학은 급격하게 쇠퇴하였다. 기억술도 그렇게 사라진 것 중의 하나로 더 이상 사용되지 않았다. 그러나 기억술은 놀랍게도, 13세기에 학자인 수도사들이 오랫동안 잊혀졌던 로마의 글에서 이를 발견했을 때 되살아났다. 이 학자들 중의 한 명이 위대한 카톨릭 신학자인 토마스 아퀴나스[06]로 1225년에 태어난 도미니크 교단의 탁발수도사인 그는 고대 작품을 연구하였고 기억술의 전문가가 되었으며 방대한 작품을 쓰는데 이를 유리하게 사용하였다. 토마스는 기억기술이 구원을 원하는 기독교인에게 중요하다는 결론에 이르렀는데 많은 것을 기억하는 것이 현명한 도덕적 선택에 선결되어야

하기 때문이다. 그의 지지에 힘입어 장소법은 단순한 실용적인 기술이 아니라 도덕적인 미덕으로 여겨지게 되었다. 도미니크 수도사, 나중에 예수회 수도사들은 토마스 아퀴나스의 관점을 널리 가르쳤고 교육받은 지성인들 사이에서 기억술이 널리 사용되도록 도왔다. 16세기 훨씬 전 종교적인 학교와 대학들에서의 기억훈련은 일반적이었다.

1552년 이탈리아에서 태어난 마테오 리치는 이 훈련을 받았다. 그가 배운 기억술은 후에 그가 예수회 전도사로 중국에 갔을 때 큰 도움이 되었다. 역사학자 조나단 스펜서Jonathan Spencer가 마테오 리치의 삶과 시대에 대한 훌륭한 책인 *마테오 리치의 기억궁전(The Memory Palace of Matteo Ricci)*을 썼을 때 리치의 훈련과 삶에 대한 세부적인 사항을 발굴하였는데 이것으로 그 시대에 기억을 어떻게 실천했는지 엿볼 수 있었다.

리치는 1571년에 예수회에 들어와서 대부분의 훈련을 권위 있는 로마의 예수회 대학에서 받았다. 1540년에 설립된 예수회는 그 시대 지적인 문제들의 선봉에 서 있다는 자부심을 가지고 있었는데 학생들에게 인문학, 신학, 과학, 수학 등을 집중적으로 가르치며 우수성을 갖추도록 준비시켰다. 기억훈련은 그 교육의 한 부분으로 리치는 기억 수업의 전문가에게 훈련을 받을 수 있었다. 스펜서는 그의 기억교사 중 한 명이 아마 프란체스코 파니가롤라Francesco Panigarola일 것이라고 생각했는데 그는 "각기 다른 공간에 자리한 수백 수천 개의 기억 이미지[07] 사이를 자유롭게 돌아다닐" 수 있었던 사람이다. 리치는 교육의 일부로 여러 개의 기억궁전을 만들었을 것이고 이는 각각 다른 주제들을 가진 구조들로 만들어진 기억 도시 같은 것이었을 것이다.

리치의 기억궁전은 다양한 형태를 가지고 있었을 것이다. 어떤 것은 내부에 기억 이미지를 가진 장소가 많은, 그가 알고 있는 대성당 같은 건물이었다. 다른 궁전들은 그의 고향 마세라타나 로마 주위 그가 여행하던 익숙한 경로였을 수 있다. 이 경로상의 표지(landmark)들은 이상적인 기억 장소였을 것이다. 어떤 궁전은 작은 동상이었을 수도 있고 상상의 인물이었을 수 있다. 1533년에 그려진 다음 그림이 하나의 예이다. '문법(grammar)'을 의인화[08]한 이것은 리치가 공부했었을 7개의 기초학문 중 하나이다. 이 그림은 역사학자 프란세스 예이츠Frances Yates의 *기억술(The Art of Memory)*이라는 책에서 가져왔는데 그는 이런 그림이 로마시대와 중세시대에 장소법의 변형으로 사용되었을 것으로 믿는다. 주변의 신비롭게 생긴 대상과 글자들은 그림의 특정 지역에 자리하고 있는데, 그 정보를 위한 기억궁전을 구성한다. 각 기초학문은 독특한 페르조나를 가진 인물로 표현되었다. 문법(Grammar)은 여기 보이듯이 엄숙한 여성 노인으로 표현되었으며 수사학(Rhetoric)은 반대로[09] 더 매력적으로, 연설의 여러 특징을 위한 단서를 가지고 있는 키가 큰 전사 공주로 묘사되었다. 논리학, 산술학, 기하학, 천문학, 음악 등을 위한 다른 의인화된

문법을 의인화한 기억그림.
그림 주위의 글씨는 문법원리를 위한 기억단서들로 이는 장소법의 변형이다.

이미지들도 제시되었다. 리치는 이러한 이미지들을 잘 연구해서 아마도 자신에게 맞게 정교하게 만들면서 각 주제별로 주요 개념을 위한 기억궁전을 만들었을 것이다.

연구가 끝날 즈음, 리치는 자신의 전도 여행에 가져갈 방대한 기억궁전들을 가지게 되었을 것이다. 교육을 통해 얻은 정보를 사용하는 그의 능력은 미래에 이 기억 도우미들이 얼마나 잘 기능하는가에 달려있었는데 중국에서는 지식을 새롭게 할 수 있는 서구의 책이 드물었기 때문이다. 그는 우선 1578년에는 인도에 머물렀었다. 그는 개인소유물 없이 6개월 동안 항해하였다. 1582년 그는 인도를 떠나 중국으로 갔으며 거기서 그의 여생을 보냈다.

리치가 중국에서 처음 맡은 임무는 언어를 배우는 것이었는데 이 때 그의 기억술을 사용하였다. 그는 중국 표의문자를 공부했고 대부분 기억궁전을 통해 기억하였다. 1585년에 그는 물론 서툴기는 해도 통역사 없이 중국어로 말하고 글자를 읽을 수 있었다. 1594년에 그는 중국어로 이야기 나누고 중국인들도 잘 이해할 수 있는 편지와 에세이를 쓸 수 있을 정도로 중국어를 유창하게 했다. 그 과정에서 그는 중국인들이 기억술에 매우 관심이 많은 것을 알게 되었다. 다음은 그가 난징의 교육 받은 엘리트들과 함께 한 1595년의 파티에 대해서 묘사한 것이다. 기억전략이 화제로 등장했고 그는 시범을 보여주었다.

> 나는 그들에게 종이 위에 그들이 원하는 대로 많은 양의 한자를 무작위로 쓰라고 말했는데[10] 일단 그것을 한 번 읽고 나면 바로 그대로 내가 말할 수 있었기 때문이었다. 그들은 많은 글자들을 두서없이 썼고 나는 한 번 읽은 다음에 그것이 쓰여진 방법 그대로 전부 다 기억에 의존해서 반복할 수 있었다.

> 사람들은 매우 놀랐는데 이 일을 중요하게 여기는 것 같았다. 그래서 나는 그들을 놀라게 하기 위해 맨 마지막 글자부터 시작해서 처음에 이를 때까지 같은 방식으로 거꾸로 그 글자들을 기억에 의존해 암송하기 시작했다. 그들은 완전히 놀랐고 쇼크를 받은 것 같이 보였다. 그들은 즉시 그렇게 기억할 수 있는 신성한 규칙을 가르쳐 달라고 요청하기 시작하였다.

여기서 우리는 살아있는 기억술의 대가를 만나게 된다. 리치의 일대기를 쓴 스펜서는 이 때 수백 개의 표의문자가 있었을 것으로 생각한다. 기억궁전을 실험할 때 충분한 시간을 들여 필요한 이미지를 만들어낸다면 사용하기 어렵지 않다는 것을 알게 될 것이다. 심지어는 목록을 순서대로 외우는 것만큼이나 쉽게 거꾸로도 외울 수 있다는 것을 알게 될 것이다. 그러나 리치가 했듯이 긴장된 짧은 순간에 박차를 가해 재빨리 궁전을 사용하는 것은 전혀 다른 수행이다. 그의 성공은 그가 엄청나게 많은 연습을 했다는 것을 보여준다.

중국인들이 리치의 기억에 보인 관심은 리치가 자신의 지위를 높이고 주요한 사람들과 사회적 관계를 맺을 수 있도록 문을 열어 주었다. 이런 사람들 중의 한 명은 난징 지방의 관리로 그는 자신의 아들들이 공무원 시험에 통과하기를 몹시도 바랬다. 이러한 어렵지만 미래를 보장해주는 시험들은 방대한 양의 자료를 다루었는데 시험 결과에 따라 그 아들들은 출세할 수도 또는 뒤처질 수도 있었다. 리치는 그 시험을 준비하기 위해 서구의 기억술을 관리의 아들들에게 가르치겠다고 제안하였다. 이를 위해 그는 기억궁전에 대한 얇은 책을 중국어로 썼고 복사본을 관리와 그의 세 아들에게 주었다. 불행하게도 그의 계획은 성공하지 못했지만 그 실패의 이유가 장소법에 대한 귀중한 통찰을 제공하였다.

시험에 실패한 것은 그 아들들이 아니었다. 그들은 실제로 시험을 잘 보았다. 그러나 그들은 리치의 기억술이 도움이 되지 않는다는 것을 알고 그들의 방법대로 공부를 하기로 하였다.[11] 돌이켜보면 이는 놀라운 일이 아니다. 기억궁전의 개념이 비록 간단하지만 복잡한 자료들에 적용시키려면 기술과 경험이 필요하다. 그 세 아들들은 그 시스템을 연습하지 않은 채 단지 방대한 양의 어려운 정보를 외우기 위한 기술을 묘사한 것만으로 공부를 해야 했었다. 어려움과 낙담은 예상되는 것이었다. 기억궁전에 관심을 가지는 사람들을 위한 유용한 법칙은 무난한 과제로 시작하고 학습곡선을 기대하라는 것이다.

중국인이 관심을 가진 것은 리치의 기억술만이 아니었다. 그들은 서구의 철학과 수학, 과학 지식에 목말라했다. 리치는 이러한 주제들을 중국어로 번역하기 시작하였다. 이 번역은 영향력 있는 리더들에게 전달될 수 있을 것이었다. 이 자료들이 그들 마음에 든다면 좀 더 종교적인 주제들에도 개방될 수 있을 것으로 그는 생각하였다.

유클리드의 *기하학의 요소들(Elements of Geometry)* 같은 책은 라틴어로 쓰여진 책을 번역하였다. 그러나 스펜서는 리치가 다른 것들은 기억으로부터 번역하였다고 믿는다. 스펜서는 중국에서는 구할 수 없었을 것이 틀림없는 서양의 자료들을 리치의 중국어 번역책에서 찾았는데 여기에는 이솝의 우화와 비주류 그리스 철학자와 고대 로마 시인들의 작품들, 리치가 험한 여행에 간직할 만큼 중요하지 않은 책들의 발췌물 등이 포함되었다. 스펜서는 리치의 번역이 원문에 충실했다고 말했다. 이 내용은 리치가 수년 전 예수회 대학에서 공부하였던 것들로 그 때 만든 기억궁전 안에 깊숙이 자리잡고 있는 자료일 가능성이 높았다.

오래 지속되는 기억

스펜서가 말했듯이 리치의 많은 번역본이 수년 전에 형성된 기억궁전 안의 자료를 기초로 이루어졌다면 리치의 기억은 매우 안정적이었다는 결론에 도달한다. 현대의 연구들에서 역사, 윤리, 심리, 과학 등 학업과정에서 배운 정보 중 약 30% 정도가 일 년 안에 잊히고 4년 후에는 망각이 70%까지 증가하는 것으로 나타났다.[12)]

오랫동안 지속된 리치의 기억은 어떻게 설명할 수 있는가? 아마 기억궁전의 두 가지 특징이 이에 기여하였을 것이다. 첫째, 기억궁전을 만드는 것은 숙고, 조직화, 시각화를 필요로 한다. 그 결과 강력한 초기 학습이 이루어져 기억이 오랫동안 유지될 수 있게 한다. 둘째, 일단 기억궁전이 만들어지면 책이나 노트 같은 학습자료 없이도 쉽게 그 내용을 연습할 수 있다. 리치는 언제나 그의 궁전들을 머릿속으로 거닐며 각각의 사실들을 차례로 기억할 수 있었다. 그에게 궁전들은 정신적 형태의 플래시카드였다. 리치가 열정적인 학생이었고 그 자료들을 열심히 연습했다면 9장에서 "퍼마스토어permastore"라고 부른 강력한 장기기억을 가지게 되었을 것이다. 이것은 수년 간, 때로는 50년까지도 유지된 기억들로 학업내용이 분산기억연습을 통해 잘 습득된 것이다. 예를 들어 당신이 스페인 수업을 여러 번 듣는다고 하면 각 수업들은 단어와 문법을 연습할 수 있는 또 다른 기회를 제공하고 이로써 졸업 후에 그 언어를 사용하지 않더라도 오랫동안 기억할 수 있게 된다. 아마 이것이 리치의 기억궁전에서도 일어난 일일 것이다.

기억술의 쇠락

리치의 시대에 카톨릭 대학들에서는 기억훈련이 잘 확립되어 있었지만 유럽 전체에서는 기억술이 쇠락하는 경향이 있었다.[13] 한 세기 전에 발명된 인쇄술은 책이 더 많아진다는 것을 의미했는데 이는 기억훈련에 대한 동기를 감소시켰다. 비평가들은 기억훈련을 기계적인 암기이고 무의미한 학습이며 현학적인 선생이 학생들에게 쓸모없는 사실들을 기억하라고 강요하기 위해 사용하였던 방법이라고 비판하였다. 개신교 개혁가들은 기억술에서의 이미지의 사용은 우상숭배로 이어지는 신앙심이 없는 카톨릭 훈련이라고 주장하였다. 또한 이제 막 시작된 이성과 과학혁명의 시대는 새로운 생각들이 가득 차 있었다. 이것은 장소와 이미지들로 구성된 장소법이 (1) 더 이상 필요하지 않거나 (2) 너무 현학적이고 경직되었거나 (3) 너무 카톨릭적이거나 (4) 너무 구식이거나 (5) 혹은 위의 것들의 조합이라는 것을 의미하였다. 결과적으로 리치가 놀라운 기술로 실천했던 기억전략은 어둠 속으로 밀려났고 다시 발견되지 않았다.

21세기의 기억궁전
Memory Palaces in the Twenty-First Century

이전 시대의 기억궁전들이 귀중한 목적을 수행하였다는 것에는 의심의 여지가 없지만 그러면 이 고대 기억도구는 현 세계에서 어떤 의미를 갖는가? 오늘날 기억경연대회 외에 장소법이 정기적으로 사용되는 곳은 드물다. 이는 언제 이것을 사용할 수 있을 지에 대한 모호함과 이 기술에 필요한 연습과 노고 때문일 것이다. 나는 처음에 장소법이 어떻게 사용되는지 보고자 하는 호기심 때문에 시도하였지만 곧 기억궁전들이 기억전략으로 매력적일 뿐 아니라 그것이 가진 본래의 실용적 유용성도 놀랍다는 것을 알게 되었다. 여기 그

가능성을 보여주는 나의 기억 과제가 몇 개 있는데 이는 당신 삶에도 적용될 수 있을 것이다.

목록들 Lists

지난 장에서 다룬 목록에 기초한 기억들 - 쇼핑목록, 해야 할 일 목록, 약속들—은 기억궁전으로 다룰 수 있다. 나는 목록이 길 때, 말하자면 10개 이상의 품목을 기억할 때 기억궁전을 선택한다. 가장 중요한 적용은 학생들의 이름을 외우는 데 도우미로 사용하는 것이다.

신학기가 시작되기 며칠 전 나는 수업에 등록한 학생들의 이름을 이를 위해서만 만든 기억궁전에 넣는다. 기억궁전은 복잡한 거리와 쇼핑몰로 이어지는 길이다. 나는 그 지역을 잘 알고 머릿속에서 쉽게 다닐 수 있다. 일반적으로 한 수업당 30개 정도의 장소가 필요하지만 그 길은 70개까지도 수용할 수 있다. 이 장소는 연습을 돕기 위해 10개 씩 한 세트로 되어 있다. 출석부를 이용해서 나는 특정한 부분에 각 이름을 위한 기억단서를 만든다. 예를 들어 이름이 "엘리엇 벡Elliot Beck"이고 장소가 판다식당의 어떤 테이블이라면 엘리엇이란 이름을 연상시킬 수 있도록 그 장소에 이미지를 7장에서 소개한 이름—기억기술을 사용해서 만든다. 아마 정치인 "엘리엇 스피처Elliot Spitzer"가 새 같은 *부리(beak)*를 가지고 그 테이블에 앉아있는 모습을 그려볼 수 있다. 다음 나는 "그레첸 번즈Gretchen Burns"로 가서 식당 옆에 있는 타이거발톱 네일샵에 있는 어떤 의자에 그녀의 이름을 기억하기 위한 이미지를 만든다. 명단을 잘 외울 때까지 기억궁전을 순서대로, 반대로도 연습한다. 수업 첫 날 학생들을 만났을 때 이미 알고 있는 이름과 얼굴을 연결시키는데 이것이 내 일을 훨씬 수월하게 만들어준다. 수업이 끝나자마자 나는 기억궁전으로 돌아간다.

이름을 살펴보면서 이름과 연결된 얼굴들을 떠올리면서 연습한다. 둘째 주쯤에는 학생들의 이름을 외우게 되고 기억궁전이 더 이상 필요하지 않게 된다. 그 다음 몇 달에 걸쳐 나는 학생들의 이름이 궁전의 어디에 있었는지 서서히 잊어버릴 것이고 다음 학기 수업 때까지는 그 궁전을 더 이상 사용하지 않을 것이다.

개인 일정 A personal organizer

앤드류 카드가 기억궁전을 백악관 업무에 인상적으로 적용시킨 것이 나에게는 특히 흥미로운데 그가 기억한 자료들이 사라지고 더해지는, 계속 변화하는 것이기 때문이다. 나는 이것이 어떻게 가능한지 알아보기 위해 유사한 시스템을 실험해보기로 하였다. 이는 벌써 10년 전의 일이지만 나는 여전히 유용하다고 느낀다. 이는 일정수첩, 메모, 포스트잇 들을 대치하는 것으로 내 일상의 세세한 일들을 유지하는 것들이다.

이 기억궁전은 내 창고에 있다. 카드의 부엌이 4개의 화구를 가지고 있었듯이 내 창고도 여러 구역을 가지고 있는데 각각은 기억 이미지를 위한 장소를 여럿 가지고 있다. 첫 번째 구역은 멀리 문 옆에 있는 창고의 벽 선반이다. 이 선반에 4개의 물건—나무를 쪼개기 위한 쇠로 만든 쐐기, 원예도구, 야채박스, 호스노즐—이 있는 것을 상상한다. 각각은 기억이미지를 위한 곳으로 쓰일 수 있다. 이들은 선반에 일정한 간격으로 놓여있고 잘 정리되어 있다. 이 선반이 내 상상 속에 있다는 것이 중요하다. 실제 선반은 그렇게 정돈되어 있지도 않고 물건들이 있다가도 없어지곤 한다. 그러나 내 기억궁전의 선반은 항상 그 모습 그대로 일 것이다. 나는 이 장소들과 기억단서를 연결시킴으로써 소소한 일들과 모임들을 기억한다. 예를 들어 나는 전문가모임의 회원

가입을 연장을 해야 할 필요가 있어서 쇠로 만든 쐐기를 그 모임의 로고에 깊숙이 박아서 로고가 둘로 쪼개지는 이미지를 만든다. 원예도구는 내가 참여한 자문위원회의 다음 회의와 연결되고 야채 박스는 다음 번 치과 약속을 상기시키기 위해 크게 베어 문 자국을 남긴다. 필요하다면 나는 약속 시간과 날짜를 위한 기억도우미를 만들 수도 있는데 그것이 필요하지 않을 수도 있다. 나는 기억궁전을 자주 되돌아보는데 그 박스를 볼 때 그 약속이 떠오른다—5월 7일 오전 9시.

다른 구역은 창고의 아래쪽 벽 더 먼 곳에 있다. 이곳 역시 기억 이미지를 위한 장소가 될 다른 물건들이 있다. 오늘 거기에는 미뤄둔 집 보수를 위한 단서들이 있는데 바꿔야 할 고장난 드릴의 날과 프린터의 잉크 등이다. 내가 처리한 일은 금방 잊히고 그 장소는 새로운 일을 위해 사용될 수 있을 것이다.[14] 10개의 다른 구역들이 이어지는데 이는 장, 도구박스, 서랍, 작업대 등이다. 각 구역에는 내 삶의 특정 영역에 관련된 일들을 기억하기 위해 연결시킨 장소로 쓰이는 물건들이 있다. 내가 적극적으로 참여하는 지역모임, 기억수업, 취미, 가족, 친구, 건강, 이 책을 위한 구역들이 그것이다. 나는 그 기억궁전을 거의 매일, 주중 아침에 방문한다. 머릿속에서 각 구역으로 가서 거기 보관된 것들을 찾아보는 것이 내게는 평화로운 시간이다. 이 일이 끝나면 나는 하루를 시작할 준비가 되어 있다.

사실들을 기억하기

전형적인 기억궁전은 리치가 대학시절에 얻은 것 같은 정적인 정보들을 유지하는데 사용된다. 나는 민간조종사이고 조종에 관한 사실들을 기억하기 위한 기억궁전을 가지고 있다. 이는 내가 조정하는 비행기를 중심으로 내 상상 속에서 구성되어 있다. 나는 왼쪽 날개 위에 둥근 지붕을 가진 구조를 만들고 그 안에 3개로 구별된 기억장소를 만든다. 각 장소에는 비행 규칙과 절차에 관한 사실들을 암시하는 이미지들이 있다. 비행기의 앞, 프로펠러 옆에는 크고 검은 미국연방항공국(FAA Suburban) 형태인 다른 가상의 기억 장소가 있다. 바퀴 쪽에는 여러 규제에 대한 단서들이 있다. 비행 상황을 위한 다른 조례는 오른 쪽 날개에 있는 상상의 격납고 안에 있는 기억단서들에 의해 표현되었다. 날씨에 관련된 사실들은 꼬리 표면에 있다. 나는 이 기억궁전을 비행시즌이 시작되는 봄에 주로 사용하는데 주요 사실들을 연습하고 새롭게 하여 필요할 때 쉽게 내 마음에 떠오르게 하기 위해서이다.

9장에 설명한 제안들이 사실들을 위한 기억궁전을 구성하는데 도움이 될 것이다. 첫 번째 단계는 자료를 조직하고 작은 크기의 사실들로 묶는 것이다. 다음으로는 기억궁전에서 각 자료들을 장소와 시각적으로 연결시킬 수 있는 단서를 찾는 것이다. 모든 단서가 특정 장소와 연결되었다면 머릿속으로 궁전을 여행하면서 기억연습을 할 수 있다.

사실적인 자료들을 기억하기 위한 단계들은 9장의 헨리 기억술에 요약되어 있는데 다음 페이지에 다시 제시하였다. 헨리의 정지 신호는 과정을 보여준다: Segment(부분)-Cue(단서)/Rehearse(연습)-Review(점검). “H”로 표현되는 헨리 오행시는 분산연습의 중요성을 강조하고 덤벨은 5의 법칙(Rule of Five)를 위한 단서를 제공한다. “DD”는 “바람직한 어려움(desirable difficulty)”를 뜻하는데 이는 사실들을 기억하기 위해 연습 시 일정한 노력을 들일 때 가장 효율적이라는 것을 의미한다. 기억궁전은 사실들을 기억하기 위한 이 접근을 다음 수준으로 끌어올린다.

9장에서 소개한 사실기억방법을 위한 기억술인 헨리.
이 기법은 기억궁전에 사실들을 넣는데도 적용시킬 수 있다.

카드묶음 기억하기

트럼프카드 같은 카드 한 벌의 순서를 기억하는 것은 나를 포함한, 기억술에 관심 있는 사람들을 매료시키는 무언가를 가지고 있다. 카드기억은 기억 경연대회 표준 종목 중 하나로 우승자들은 놀라운 기술을 보여준다. 현재 52개의 카드 한 벌을 기억하는 국제 기록은 21초이다. 전 세계 챔피온인 도미닉 오브라이언Dominic O'Brien은 한 번에 54벌의 카드(총 2,808장)를 외운 적이 있다. 이러한 카드기억묘기는 기억궁전들로 이루어진다.

나는 훨씬 겸손한 야망을 가지고 있다. 나에게는 경연이 아니라 흥미로운 도전이므로 얼마나 빨리 암기하는가가 우선적이지는 않다. 나는 카드 한 벌을 책상에 두었는데 때때로 이 카드는 내 시선을 사로잡는다. 나는 카드를 섞고 암기를 시작한다. 그것을 다 기억해내면 행복하다.

먼저 해야 하는 일은 카드를 기억궁전에 넣을 수 있게 부호화하는 방법을 찾는 것이다. "클로버 2" 또는 "다이아몬드 3" 같은 카드의 번호는 외우기에는 너무 무난해서 기억술사는 이를 구체적인 대상들과 연결시킨다. 나는 해리 로레인과 다른 사람들이 사용한 것과 유사한 방법을 사용한다.[15] "클로버 2(two of clubs)"는 "coin(동전)"이 되고 "다이아몬드 3(three of diamonds)"은 "dame(귀부인)"이 된다. 둘 다 기억궁전에서 시각화될 수 있는 단어들이다. 부호단어의 전체 리스트는 다음 표에 있는데 자세히 보면 패턴을 볼 수 있을 것이다. 각 부호단어는 카드종류에 맞는 단어로 시작하는데 "club(클로버)"는 "c"로 시작한다. 같은 숫자의 카드들은 유사한 발음을 가진 부호단어로 연결된다—coin, dune, hen, sun 코드는 "2"를 의미한다. 이 패턴은 원래 10장에서 설명한 주요시스템에서 기원하는데 이는 숫자를 기억하는 것이다. 거기서 "2"는 "n"으로 표시되었고 "3"은 "m", "4"는 "r" 등이다. 만일 주요시스템을 안다면 이 카드부호를 쉽게 알 수 있는데 그 점이 나한테 흥미롭다. 조슈아 포에와 도미닉 오브라이언 같은 기억선수들은 한 기억궁전에 여러 카드를 넣는 더 복잡한 부호시스템을 사용한다.[16] 속도가 최우선일 때는 이 시스템을 사용하기 위해 많은 노력을 들이는 것이 당연하다. 내가 사용하는 덜 복잡한 시스템조차 부호단어들을 쉽게 다루기 위해 수많은 연습이 필요한데 이는 카드를 암기하기 이전에 이루어져야 한다(만일 카드 기억을 실험해보고 싶다면 클로버나 다이아몬드 식으로 하나의 모양에서 시작하라. 이 그룹의 순서를 능숙하게 외우는 것이 첫 단계이다).

기억궁전에는 52개의 장소가 필요하다. 작업은 내 집에서 시작해서 이웃으로 이어진다; 이는 10개씩 세트로 구성된다. 카드를 기억하기 위해서 나는 각 카드를 위한 부호단어를 기억궁전의 한 장소에 연결시키는 이미지를 만든

특정 카드를 기억하기 위한 구체적인 단어들

	카드 세트			
	Clubs 클로버	Dioamonds 다이아몬드	Hearts 하트	Spades 스페이드
에이스	Cot 아기침대	Date 날짜	Hat 모자	Suit 정장
2	Coin 동전	Dune 모래언덕	Hen 암탉	Sun 해
3	Comb 빗	Dame 귀부인	Ham 햄	Sum 총합
4	Car 차	Door 문	Hare 토끼	Seer 예언자
5	Coal 석탄	Doll 인형	Hail 만세	Sail 항해하자
6	Cage 우리	Dash 대쉬	Hash 해쉬	Sash 유리창
7	Cake 케이크	Dock 부두	Hog 돼지	Sock 양말
8	Cave 동굴	Dove 비둘기	Hoof 발굽	Safe 안전한
9	Cop 경찰	Dab 토닥거림	Hoop 고리	Soap 비누
10	Case 케이스	Dose 용량	Hose 호스	Suds 비누거품
J	Club 클로버	Diamond 다이아몬드	Heart 하트	Spade 스페이드
Q	Cream 크림	Dream 꿈	Queen 여왕	Steam 증기
K	King 왕	Drink 마시다	Hinge 경첩	Sing 노래하다

다. 그러므로 지금 가지고 있는 카드가 hearts(하트)4 (“hare: 북극토끼”)이고 현재 장소가 내 이웃의 우편함이라면 나는 우편함 안에 긴 귀를 가진 토끼가 탄식하고 있는 것을 상상한다. 이미지 기억을 위해서는 4장에서 제안한 내용들이 도움이 될 것이다. 나는 가능한 한 독특하고 분별되는 이미지를 만들고 이들을 어떻게든 장소와 연결시킨다. 이것이 끝나면 나는 궁전을 되짚어가며 기억해가는 운명의 순간을 맞는다.

마무리
A final thought

기억궁전은 세련된 시각 시스템의 두 가지 다른 특징을 사용한다. 하나는 장소를 기억하는 능력으로 이로써 길을 찾을 수 있다. 또 다른 하나는 우리가 접하는 대상을 기억하는 능력이다. 이 두 가지 특징들, 장소기억과 대상기억은 목록기억술의 중요한 필요조건이다. 이들은 자료를 조직하고 개별 항목을 기억하기 위한 부호를 제공한다. 이들은 시각적으로 표현될 수 있는 독립된 정보들을 기억하기 위해 수정된 장소법을 가장 강력한 기억시스템으로 만든다. 물론 목록 기억에 가장 잘 사용된다. 그러나 중요한 정보를 쉽게 연습할 수 있게 해주는 그 효용성은 간과되기 일쑤이다. 여기서 기억궁전은 플래시카드 같이, 궁전 없이도 언제나 필요할 때 기억될 수 있을 만큼 기억을 강하게 만들기 위해 사용된다.

기억연구소: 이 책을 위한 기억궁전

이것이 마지막 기억연구소이다. 나는 여기서 각 장의 요점을 기억하도록 돕는 기억궁전을 만들 것을 제안한다. 이는 리치가 대학수업을 기억하기 위해 사용하였던 종류의 기억궁전들과 유사한 것일 것이다.

첫 단계는 궁전 안에 장소들을 만드는 것이다. 집이나 동네 주변처럼 실제적으로 돌아다닐 수 있는 정해진 길에서 장소들을 고르라. 예를 들어 부엌식탁 → 가스레인지 → 개수대 → 욕조 → 컴퓨터 → 책장같은 경로가 될 수 있다. 완전히 익힐 때까지 머릿속으로 그 경로를 따라가라.

다음 312-314 페이지에 나타난 그림들은 이러한 장소들에 놓을 13개의 이미지들이다. 각 장은 그 장의 주요 아이디어와 기억전략을 알려주는 하나의 이미지로 표현된다. 이를 기억궁전에 놓기 전에 각 이미지가 알려주는 사실들을 정리한 요약을 준비할 것을 제안한다. 나중에 기억을 점검하는 데 이를 사용할 수 있다.

이제 13개의 단서들을 장소와 상호작용하는 것을 상상하면서 13개의 장소에 놓으라. 이들을 훑어보고 각 이미지와 연관된 사실들을 기억하면서 궁전을 연습하라. 기억궁전이 가진 장점 중 하나는 어디서나 이것을 연습할 수 있다는 것으로 잠들기까지 시간이 걸릴 때 침대에서도 사용할 수 있다. 실제로 중세의 수도자들은 주의를 흐트러뜨리는 것[17]이 적다는 이유로 잠자리가 기억 연습에 최고의 환경 중 하나라고 믿었다. 어디서 그것을 수행하든 간에 마테오 리치처럼 오랫동안 정보를 기억하고 싶다면 분산인출이 중요하다.

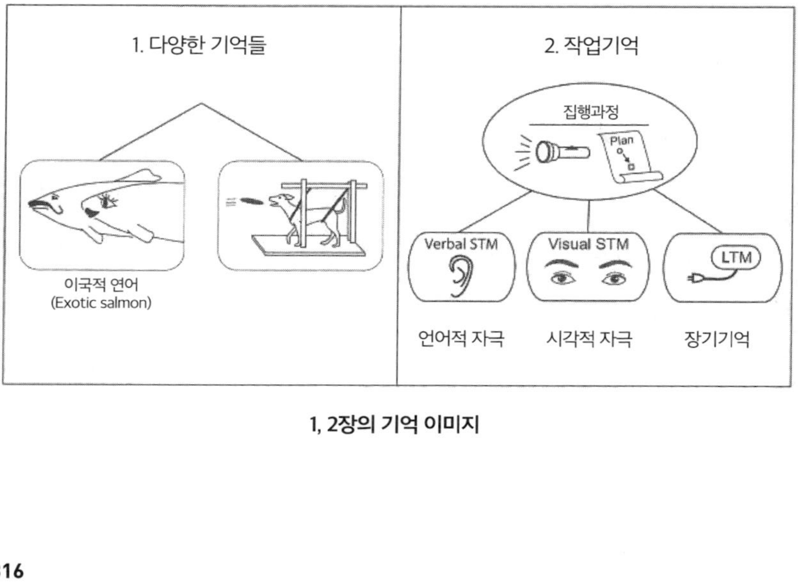

1, 2장의 기억 이미지

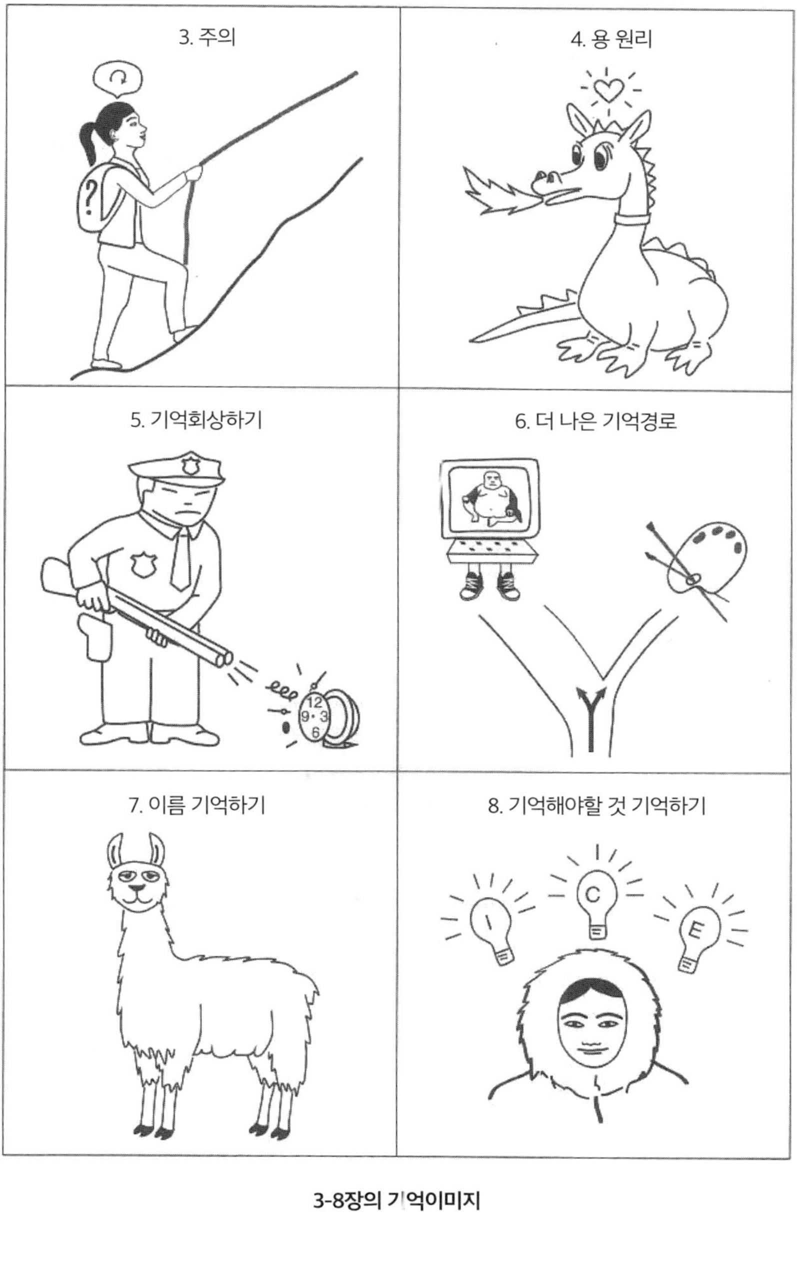

3-8장의 기억이미지

9. 사실기억하기
5
DD
SC
RR
H
10. 숫자 기억하기
11. 기술기억하기
12. 삶 기억하기
My Life
13. PARIS 기억술

9-13장의 기억이미지

15장 마인드세트와 기억
Mindsets and memory

당신이 공원에서 자신의 개가 뛰노는 것을 보고 있을 때 멋진 커플을 만났다고 하자. 그들과 수다를 떨고 떠날 때 쯤에는 서로의 이름을 부르며 안녕 인사를 나눈다. 이것은 하나의 기억성공으로 차로 돌아갈 때 스스로 흐뭇해할 만하다.

바로 그 날 그들의 이름을 성공적으로 외울 수 있는 것은 자연스럽다. 아마도 원래 사람의 기억력이 특별히 좋기 때문일 것이다. 어쩌면 우리의 성공은 이름을 기억하는데 들인 노력과 사용한 기억전략 때문일 수도 있다. 성공(혹은 실패)이 본성에 기인하는지 노력에 기인하는지 간의 차이는 하찮은 구분같이 느껴진다. 그러나 그렇지 않다. 기억 결과를 해석하는 방식은 기억에 대한 당신의 태도 즉 이것이 어떻게 기능하다고 생각하는지, 그리고 기억을 향상시키기 위해 무엇을 할 수 있는지 등에 영향을 미친다. 이 태도는 당신이 패턴에 따라 다음에 올 것은 무엇인가?

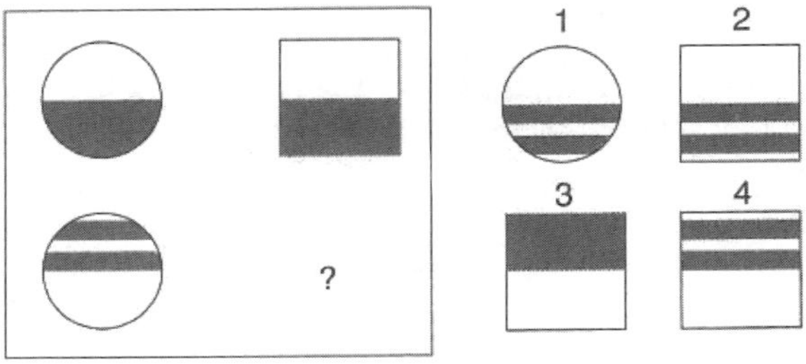

뮬러와 드웨크의 연구에서
5학년 학생에게 제공한 것과 유사한 추론 문제

기억하려고 하는 것에 영향을 미칠 수도 있다.

스탠포드 대학의 학자 캐롤 드웨크Carol Dweck [01]은 이 두 가지 태도를 "마인드세트(mindset)"라고 부른다. 하나는 고정된 마인드세트(a fixed mindset)로 수행을 자연기억 같은 상대적으로 변하지 않는 능력의 결과로 여기는 것이다. 반면에 성장 마인드세트(growth mindset)는 결과는 노력과 기술을 반영하고 노력을 하면 발전 가능하다고 믿는다. 두 종류의 마인드세트가 어떻게 작동하는지 보기 위해 드웨크와 클라우디아 뮬러Claudia Mueller [02]의 연구를 살펴보자.

두 심리학자는 5학년 학생들에게 위와 같은 추론 문제를 풀어보도록 하였다. 이는 세 개의 다른 세션으로 구성되었다. 첫 세션 후에 각 학생들에게 수행을 잘 했다고 칭찬을 하면서 이 중 몇 몇 학생들에게는 타고난 능력이 있다는 칭찬을 덧붙였다: "너는 정말 이런 문제를 똑똑하게 잘 푼다." 다른 학생들의 경우에는 노력을 칭찬해주었다: "너는 정말 열심히 노력했음에 틀림이 없다." 뮬러와 드웨크는 이런 다른 형태의 칭찬이 그들의 성공을 평가하는데 고정된 혹은 성장 마인드세트 중 하나를 선택하도록 영향 미칠 것으로 믿었고 이 연구의 목적은 마인드세트로부터 지연된 결과가 있는지 알아보기 위함이었다. 연구자들은 학생들이 성공하지 못한 상황에서 특히 더 영향이 있다고 생각했다. 그런데 똑똑해서 문제를 잘 풀었다고 한다면 실패는 무엇을 의미하는가? 다른 한편으로 성공이 노력 때문이라고 할 때 실패는 또 다른 것을 의미한다.

이 이슈를 파악하기 위해 연구자들은 두 번째 세션에서 첫 번째보다 훨씬 더 어려운 새로운 문제들을 제시함으로써 학생들에게 실패를 제공하였다. 문제를 풀고 난 다음에 학생들에게 두 번째 세션에서의 수행은 이 전에 비해 훨씬 낮다고 말했다. 세 번째 세션에서는 첫 번째 세션에서와 유사한 난이도를 가진 문제를 제공하였다. 어떻게 그들이 실패에서 벗어날 수 있을까? 그들이 받은 칭찬의 종류가 차이를 가져왔을까? 318페이지의 그래프는 학생들이 첫 번째와 세 번째 세션에서 푼 문제 수를 비교해서 보여준다.[03] 노력을 칭찬 받은 그룹이 수행에서 향상을 보인 반면 능력을 칭찬 받은 그룹은 수행이 감소하였다. 무슨 일이 일어난 것인가?

뮬러와 드웨크는 다른 종류의 마인드세트가 두 그룹의 학생들에게 실패에 대해 각기 다른 의미를 주었다고 믿는다. 똑똑하다고 칭찬받은 학생들이 실패를 경험하였을 때 그들은 이를 능력 부족으로 보았고 다른 문제들에 대한 동기가 덜 부여되었다. 열심히 노력했기 때문에 문제를 잘 풀었다고 칭찬받은 학생들은 실패를 노력 부족으로 해석할 확률이 높았고 이것이 세 번째 세션에 더 많은 동기를 부여하였다.

또한 학생들은 그들이 미래에 기꺼이 맡을 도전의 종류에서도 차이를 보였다. 성공적인 첫 번째 세션 직후 그들에게 어떤 종류의 추론 문제를 풀고 싶을지 물어보았다. 능력을 칭찬받은 학생들의 대부분(67%)은 "틀리지 않아

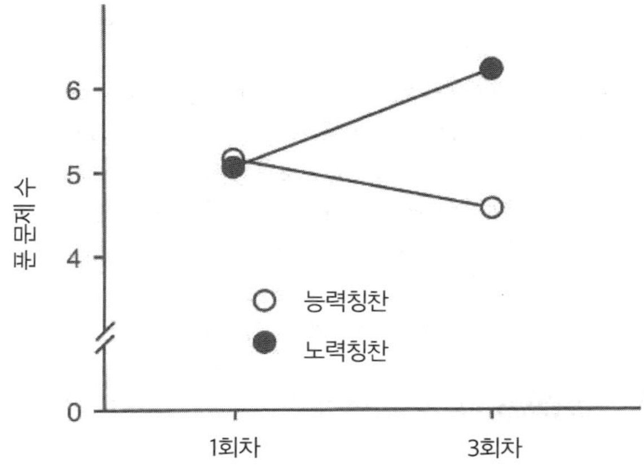

학생들이 실망스러운 결과를 경험하기 전과 후 추론 문제 수행 정도

도 되는 너무 어렵지 않은 문제들"을 골랐다. 그들은 실패를 피하기를 원했고 그래서 쉬운 문제라는 안전한 선택을 하였다. 노력을 칭찬받은 학생들 대부분은(92%)은 "내가 똑똑해 보이지는 않더라도 더 많이 배울 수 있는 문제"를 선택했다. 이 학생들은 실패를 훨씬 덜 부정적으로 받아들였고 더 나은 전략을 배울 수 있는 기회를 제공하는 도전적인 문제들을 선택하였다.

현재 마인드세트의 중요성에 관한 연구가 활발히 진행되고 있다. 최근에 발표된 논문은 85개의 연구들을 요약하여 '마인드세트가 중요하다'는 결론을 내렸다.[04] 사람들이 능력을 발전 가능한 하나의 기술로 보느냐 아니면 고정된 실체로 보느냐가 학업성취, 운동에서의 성공, 통합된 리더십, 다이어트, 연인관계 등 인간 수행의 여러 영역에 영향을 미친다. 성장 마인드세트를 가진 사람들이 새로운 학습에 더 개방적이었다; 그들은 실패 후에도 더 잘 회복되었고 도전을 기꺼이 받아들였다.

이러한 통찰은 기억술사들과 무관하지 않다. 올해 아카데미상 후보에 오른 영화들을 기억해서 말할 때 친구가 "너 기억력이 좋구나"라고 말하면 이것은 내가 가진 자연기억에 대한 칭찬으로 느껴진다. 친구의 칭찬은 실지로 그렇다. 그 당시에는 이것이 만족스럽고 실지로 그런 것 같이 느껴지지만 긴 안목으로 볼 때 언젠가는 경험하게 될 기억실패를 받아들일 준비가 되지 않는다는 게 문제이다. 이러한 생각은 당신의 기억술을 제한할 위험이 있는데 실패를 통해 배울 수 있으므로 성공보다 실패가 기억향상에 더 도움을 주기 때문이다. 노력과 전략을 통한 성장을 강조하는 마인드세트는 향상을 위한 터전을 마련한다. 이는 실패할 수도 있는 기억도전—모임에서 새로 만나는 사람들의 이름을 외우는 것, 쓰지 않고 전화번호를 외우는 것, 메모 없이 발표하는 것—을 기꺼이 감수하게 만들어줄 것이다. 성장 마인드세트가 당신으로 하여금 이러한 상황들을 더 시도하고 이를 통해 배울 수 있는 가능성을 더 높인다.

마인드세트와 고정관념
Mindsets and stereotypes

성장 마인드세트는 특히 나이든 사람들에게 도움이 되는데 이들은 나이가 들어감에 따라 생물학적으로 인지적 감소와 이와 관련된 기억 문제들을 가지고 있을 것이라는 만연한 고정관념의 영향을 받고 있다.[05] 많은 노인들도 이 의견을 받아들이고 있는데 누군가 지난 주에 읽은 책 제목을 잊어버리거나 세탁물 가져오는 것을 잊어버렸을 때 이를 확인할 수 있다. 그들은 속상해하면서 "아이고, 나도 이제 늙었네"라고 말한다. 이 말은 이해할 만하다. 대부분의 노인은 그들의 기억이 예전만큼 생생하지 않다는 것을 알고 있고 그래서 "늙었네"라고 말하는 것은 노화에 대한 사회문화적 고정관념 뿐 아니라 개인적 경험을 반영한다. 그러나 사실기억 감소의 실제 이유는 앞으로도 밝혀지지 않을 것이다—아마도 나이 때문일 수도 있고 아닐 수도 있다. 그 이유를 살펴보기 위해서 이 말이 의미하는 바를 생각해보자. 이는 깜빡하는 것은 노화의 결과이고 그래서 앞으로 기억 오류가 더 많이 생길 것이라는 고정적이고 영구적인 조건을 암시한다. 이는 순간적이지만 기억을 향상시키고자 하는 시도를 방해하고 더 나아가 자기 충족적 예언이 되기도 한다—일단 이 고정관념을 받아들이면 기대가 감소하고 나이와 연관된 요인의 유무와 상관없이 낮은 기억수행을 당연하게 여기게 된다.

엑스터 대학의 캐서린 하슬람Catherine Haslam [06]과 그의 동료들이 60세에서 70세에 사이의 사람들을 대상으로 진행한 잘 설계된 연구에서 볼 수 있듯이 고정관념의 효과는 매우 극적일 수 있다. 참여자들에게는 연구목적이 나이에 따른 인지검사 수행 방식을 살펴보기 위한 것이라고 말했는데 그 검사자료 중에는 나이와 기억감소 간의 연관성에 관한 기사도 있었다. 여기에 흥미로운 장치가 하나 더해졌다. 참여자들의 절반에게는 이 실험이 40-70세 사람들로 구성되었다고 말했는데 이로써 참여자들은 자신들이 '노인' 그룹에 속한다고 생각하게 되었다. 다른 절반의 사람들에게는 참여자들의 나이가 60-90세라고 말했는데 이는 참여자들을 '젊은이' 그룹으로 만드는 것이었다. 모든 참여자들에게 기억검사를 실시하였는데 어떤 이야기들을 읽고 바로 혹은 30분 있다가 그 내용을 기억하는 것이었다. 그 결과는 다음의 그래프에 있다. 자신들을 스스로 '노인' 그룹이라고 생각한 사람들은 낮은 수행을 보임으로써 고정관념을 확인해주었다. 두 그룹의 나이 차이는 단지 그들의 마음속에만 있었다는 것을 기억하며 그래프를 보라.

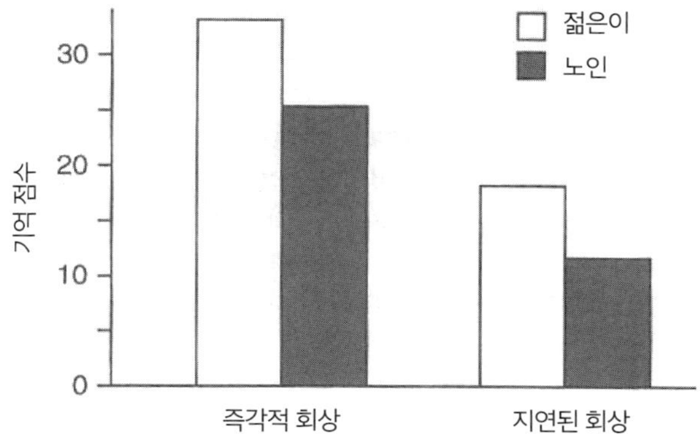

노인을 대상으로 한 실험에서 스스로를 젊다고 생각한 사람들과 나이가 많다고 생각한 사람들 간에 나타난 기억검사점수 비교

학자들은 고정관념이 인지적 수행에 미치는 영향에 대해 집중적으로 연구하였는데 그 효과가 잘 제시되어 있다.[07] 이 과정은 환경내 무언가가 고정관념을 작동시킬 때 시작하는데 말하자면 하슬람 연구에서는 잡지 기사 같은 것이다. 고정관념이 활성화되면 자기 스스로를 노인이라고 생각하는 사람들은 자신들이[08] 다음의 기억 검사를 잘 해내지 못할 것이라고 생각할 가능성이 있었고 결과적으로 그들은 스스로를 '젊은이'라고 생각한 사람들의 수준만큼 시도하지 않았다.

고정관념 효과는 파괴적인 결과를 가져온다. 하슬람과 그녀의 동료는 나이에 관한 고정관념이 활성화되면 선별검사의 결과를 치매진단이 내려질 수 있는 수준까지 인위적으로 낮출 수 있다는 것을 알아냈다. 치매진단이 당사자에게 나쁜 뉴스임은 틀림이 없다. 많은 노인들에게 치매는 암보다도 더 두려운 고통이다. 진단은 새롭고 더 경멸적인 고정관념을 가져온다.

좋은 소식은 모든 사람이 고정관념을 갖지는 않는다는 것이다. 고정관념을 받아들이는 사람들의 대부분은 능력에 관한 고정된 마인드세트를 가지고 있는 사람들로 그들은 노인들처럼 취약한 상황에 놓이게 되면 그 고정관념을 자신들의 것으로 받아들일 가능성이 높다. 사람들에게 성장 마인드세트를 택하도록 독려하면 고정관념을 쉽게 받아들이지 않게 된다.[09)]

제이슨 플랙스Jason Plaks와 알리슨 채스틴Allison Chasteen[10)]은 70대 시민들을 대상으로 마인드세트의 변화가 기억에 즉각적인 영향을 미칠 수 있는지 연구하였다. 어떤 참여자들에게는 성장 마인드세트를 지지하는 자료들을 제공하였고 다른 참여자들에게는 고정된 마인드세트를 지지하는 자료들을 제공하였다. 이후 기억 검사를 하였다. 성장 마인드세트를 지지하는 자료들을 읽은 사람들은 고정된 마인드세트 자료를 읽은 사람들보다 15%나 더 나은 수행을 보였는데 이는 일상생활에서 드러날 정도로 큰 차이이다.

노인들만 성장 마인드세트로부터 특별한 이득을 얻을 수 있는 것은 아니다. 이러한 태도는 자신의 기억력에 대해 기대가 낮은 누구에게나 도움이 될 수 있다.[11)] 이는 학습장애나 주의력결핍 과잉행동장애(ADHD), 중증도의 인지결함이나 외상적 뇌 손상 등으로 진단받은 사람들에게도 가능할 수 있다. 낮은 기대는 학업실패 같은 과거의 수행문제들로부터 이행된 것일 수도 있다. 이런 상황은 어떤 것이라도 나쁜 기억력을 포함해서 인지적인 결함을 가지고 있다는 불쾌한 믿음을 만들어낼 수 있다. 이 신념들이 인지적 능력들은 향상될 수 없다는 고정된 마인드세트와 결합되었을 때 낮은 기대와 약한 동기가 형성되어 이후 수행을 저해할 수 있는 부가적인 핸디캡을 만들어낸다. 그러나 한 사람이 어디까지 할 수 있을지는 아무도 모른다. 노력과 전략이 수행을 향상시킬 수 있다는 성장 마인드세트를 채택하는 것이 자신을 최대한으로 확장시키는 일이다.

성장 마인드세트 기르기
Fostering a Growth Mindest

우리는 부모님, 동료, 선생님, 유명인, 미디어로부터 마인드세트를 취한다. 이는 능력이 어떻게 발휘되고 이를 향상시키기 위해서 무엇을 할 수 있을지에 대한 가정을 만든다. 우리는 능력마다 다른 마인드세트를 가질 수 있다: 예를 들어, 운동능력은 고정적이지만 음악적 능력은 연습을 통해 얻을 수 있다거나 혹은 반대이거나. 우리는 한 능력에 대해서 두 마인드세트 모두를 가질 수도 있는데 예를 들어 자연기억 능력은 고정적이지만 기술기억은 노력과 전략을 통해 향상될 수 있다고 믿을 수 있다. 이러한 마인드세트는 절대 변하지 않는 것이 아니다. 이 장에서 설명한 연구들은 마인드세트가 선생님이 제공하는 칭찬의 종류나 사람들이 읽는 교육적 자료 같은 중재들에 의해 바뀔 수 있음을 보여준다.

기억술사들은 기억에 대한 성장 마인드세트를 배양할 수 있는 좋은 위치에 있는데 기법들이 학습된 기술과 연습에 기초하기 때문이다. 그러나 한 가지 더 필요한 것이 있는데 이는 기억술사의 목표와 관련되어 있다. 캐롤 드웨크는 두 가지 다른 형태의 성취목표 중 단지 하나만이 성장을 충분히 촉진시킨다고 말하였다.[12)]

그녀가 제시한 목표 중의 하나는 "습득목표(mastery goal)"로 이는 역량 개발과 유지에 집중하는 것이다. 습득목표는 도전을 받아들이는 것으로 실패를 과정의 일부로 받아들인다. 향상도 게임에 해당한다. 드웨크는 이와 반대되는 목표로 "수행목표(performance goal)'를 제시하였는데 이는 성공에 대한 칭찬을 바라고 실패에 따른 부정적인 반응을 회피하고자 하는 것이다. 수행목표에서 실패를 피하려는 욕구는 성장과 발전의 욕구보다 더 중요하게 된다. 이러한 목표들이 우세해지면 기억기술의 진보는 느려지거나 혹은 일어나지 않을 수 있다.

나는 지속적인 성장을 위한 가장 최선의 환경은 성공과 실패를 성찰적으로, 전략과 노력의 반영으로 해석하는 것이라고 믿는다. 습득목표에 따라 작은 향상을 목표로 하여 과정에서 만족을 얻는 것이다.

마무리
A final thought

성장 마인드세트에 관한 토의는 이 책의 마무리로 적합하다. 이전 장에서 살펴본 것처럼 기억술 향상을 위해 사용할 수 있는 지식들은 풍부하다. 기억에 관한 획기적인 과학적 발전이 일상생활의 도전—이름과 얼굴, 숫자와 사실, 기술과 의도, 또는 삶의 사건들—을 다루는 기억전략에 대해 그 어느 때보다 더 훌륭한 토대를 제공한다. 기억 향상을 위한 실제적인 기회들로부터 도움을 받기 위해서 필요한 것은 단지 성장 마인드세트와 기술향상에의 몰입이다.

기억향상을 위한 많은 가능성들이 삶의 정보를 다루는 모든 종류의 전자기기의 출현과 같은 시기에 제안되었다는 것은 아이러니인데 전자기기들은 정보를 스스로 기억해야 하는 책임으로부터 우리를 구제해준다. 전자기기를 사용할 때 전통적인 기억술의 필요가 감소하는지는 논쟁의 여지가 있다. 스마트폰과 인터넷만 있으면 이 책에서 설명한 많은 기억 도전들을 해결할 수 있다. 그러나 기억술에 열광하는 사람들은—그리고 나는 이 책이 그들 중의 한 사람인 당신을 도왔기를 바라는데—단순히 정보를 기억하는 것에만 관심을 가지는 것은 아니다. 운전보다 걷기를 선택한 사람들은 A 지점에서 B 지점으로 이동하는 것 이상의 것에 흥미를 느낀다. 걷기나 자전거타기는 자기위안, 건강을 위한 운동, 개인적 만족 등을 제공한다. 기억 전략과 기법은 너무 유용하고 매혹적이어서 의존위험을 가진 전자기기들에 대한 보충 혹은 해독제가 된다.

나는 당신이 삶의 영역에서, 이름을 기억하는 것이든 효율적으로 공부하는 것이든 새로운 기술을 배우는 것이든 간에, 자신의 기억을 강화시키는 도전을 취하기 바란다. 그리고 기억술에 강하게 매료된 독자들, 포스트잇 같은 노트에만 그것도 마지못해 의존하는 사람들에게 다음과 같이 제안한다.

Every Day
Find a Way
To put in Play
The Memory Arts

매일

기억술을

연습할 수 있는

길을 찾아라.

Notes

서론

01) **Here is Dan Rookwood:** Rookwood, D. (2011, August 24). Technology overload. Retrieved May 12, 2014, from *www.gq.com.au/life/editors+pick/technology+overload,13897.*

02) **A survey of 3,000 Britons**: Quinn, B. (2007, July 13). Mobile phones "dumbing down brain power." Retrieved May 12, 2014, from *www.telegraph.co.uk/news/uknews/1557293/Mobile-phones-dumbing-down-brain-power.html.*

03) **consider the story of Scott Hagwood:** Hagwood, S. (2007). *Memory power: You can develop a great memory—America's Grand Master shows you how.* New York: Free Press.

04) **Hagwood bought a book:** Buzan, T. (1991). *Use your perfect memory: Dramatic new techniques for improving your memory* (3rd ed.). New York: Plume.

1장

01) **H. M.'s epilepsy resulted from:** Two books were my sources for details about H. M. Corkin, S. (2013). *Permanent present tense: The unforgettable life of the amnesic patient, H. M.* New York: Basic Books; and Hilts, P. J. (1996). *Memory's ghost: The nature of memory and the strange tale of Mr. M.* New York: Touchstone.

02) **Scoville was undeterred:** In 1974, Scoville called the operation "a tragic mistake" (Corkin, 2013, p. 47).

03) **As Milner told a reporter:** Hilts (1996, p. 110).

04) **"This patient's memory defect":** Scoville, W. B., & Milner, B. (1957). Loss of recent memory after bilateral hippocampal lesions. *Journal of Neurology, Neurosurgery and Psychiatry, 20*, 14.

05) **Milner's ongoing work:** This research was reported in 1962 in an obscure paper that is summarized in Milner, B., Squire, L., & Kandel, E. (1998). Cognitive neuroscience and the study of memory. *Neuron, 20*, 445–468. The figure on page 12 was derived from the data presented in their Figure 2.

06) **a different picture emerged:** Squire, L. R. (2004). Memory systems of the brain: A brief history and current perspective. *Neurobiology of Learning and Memory, 82*(3), 171–177.

07) **Tulving proposed:** Tulving, E. (2002). Episodic memory: From mind to brain. *Annual Review of Psychology, 53*(1), 1–25.

08) **Children develop the ability to time travel:** Russell, J., Alexis, D., & Clayton, N. (2010). Episodic future thinking in 3- to 5-year-old children: The ability to think of what will be needed from a different point of view. *Cognition, 114*(1), 56–71.

09) **Older adults who have trouble remembering:** Addis, D. R., Wong, A. T., & Schacter, D. L. (2008). Age-related changes in the episodic simulation of future events. *Psychological Science, 19*(1), 33–41.

10) **Tulving believes that this kind:** Tulving, E. (2005). Episodic memory and autonoesis: Uniquely human? In H. S. Terrace & J. Metcalfe (Eds.), *The missing link in cognition: Origins of self-reflective consciousness* (pp. 3–56). New York: Oxford University Press.

11) **Semantic memory is thought to start:** Diekelmann, S., & Born, J. (2010). The memory function of sleep. *Nature Reviews Neuroscience, 11*(2), 114–126.

12) **Such memories are called "implicit":** The distinction between explicit and implicit memory is also referred to as a distinction between "declarative" and "nondeclarative" memory. The terminology is used interchangeably in research reports.

13) **Ronald Reagan's struggle:** Altman, L. (1997, October 5). Reagan's twilight—A special report: A president fades into a world apart. *New York Times*. Retrieved from *www.nytimes.com/1997/10/05/us/reagan-s-twilight-a-special-report-a-president-fades-into-a-world-apart.html*

14) **expert radiologists:** Myles-Worsley, M., Johnston, W. A., & Simons, M. A. (1988). The influence of expertise on X-ray image processing. *Journal of Experimental Psychology: Learning, Memory, and Cognition*, *14*(3), 553–557.

15) **experienced computer programmers:** Davies, S. P. (1991). The role of notation and knowledge representation in the determination of programming strategy: A framework for integrating models of programming behavior. *Cognitive Science*, *15*(4), 547–572.

16) **the best-known psychology experiment:** The drawing is from Yerkes, R. M., & Morgulis, S. (1909). The method of Pawlow in animal psychology. *Psychological Bulletin*, *6*(8), 257–273.

17) **He described the curious case:** Claparède, E. (1911/1995). Recognition and selfhood (Ann-Marie Bonnel, Trans.). *Consciousness and Cognition*, *4*, 371–378.

18) **Cicero spoke for many ancients:** Cicero, *De orotore*, II, lxxxvii, 357.

19) **the "substitute word technique":** This terminology is from Lorayne, H., & Lucas, J. (1974). *The memory book*. Briarcliff Manor, NY: Stein and Day. Lorayne promoted the technique to remember abstract words, people's last names, and foreign vocabulary. When used to remember foreign vocabulary

words, the technique has been called the "keyword mnemonic" by psychologists and has been studied extensively. This research is reviewed by Worthen, J. B., & Hunt, R. R. (2010). *Mnemonology: Mnemonics for the 21st century.* New York: Psychology Press. Also see Desrochers, A., & Begg, I. (1987). A theoretical account of encoding and retrieval processes in the use of imagery-based mnemonic techniques: The special case of the keyword method. In M. McDaniel & M. Pressley (Eds.), *Imagery and related mnemonic processes: Theories, individual differences, and applications* (pp. 56–77). New York: Springer-Verlag.

20) **about as much memory enhancement:** McKelvie, S. J. (1995). The VVIQ as a psychometric test of individual differences in visual imagery vividness: A critical quantitative review and plea for direction. *Journal of Mental Imagery, 19*(3–4), 1–106.

2장

01) **Short-Order Cook:** Daniels, J. (1985). *Places/Everyone.* Madison: University of Wisconsin Press. Copyright 1985 by the Board of Regents of the University of Wisconsin System. Reprinted by permission of The University of Wisconsin Press.

02) **the work of influential British researcher Alan Baddeley:** Baddeley, A. (2007). *Working memory, thought, and action.* New York: Oxford University Press.

03) **the seat of consciousness:** Baddeley (2007, pp. 314–316).

04) **was prepared from one such source:** The averages for ages eighteen through eighty-seven are from Table B.6 in Wechsler, D. (1997). *WAIS-III administration and scoring manual* (3rd ed.). San Antonio, TX: Psychological Corp. The averages for ages six, eight, ten, twelve, and fourteen are from Table B.7 in Wechsler, D. (2003). *WISC-IV administration and scoring manual* (4th ed.). San Antonio, TX: Psychological Corp. The ninetieth and tenth percentiles are estimates calculated as plus and minus 1.28 times the standard deviation values given in the tables.

05) **only a moderate decline over the lifespan:** Alloway, T. P., & Alloway, R. G. (2013). Working memory across the lifespan: A cross-sectional approach. *Journal of Cognitive Psychology, 25*(1), 84–93. Larger age effects are found for visuospatial working memory than verbal working memory. See Murre, J. M. J., Janssen, S. M. J., Rouw, R., & Meeter, M. (2013). The rise and fall of immediate and delayed memory for verbal and visuospatial information from late childhood to late adulthood. *Acta Psychologica, 142*(1), 96–107.

06) **what bedevils older people:** Darowski, E. S., Helder, E., Zacks, R. T., Hasher, L., & Hambrick, D. Z. (2008). Age-related differences in cognition: The role of distraction control. *Neuropsychology, 22*(5), 638–644.

07) **reading comprehension can be predicted:** Daneman, M., & Carpenter, P. A. (1980). Individual differences in working memory and reading. *Journal of Verbal Learning and Verbal Behavior, 19*(4), 450–466.

08) **In tests of reasoning ability:** Oberauer, K., Süß, H.-M., Wilhelm, O., & Sander, N. (2008). Individual differences in working memory capacity and reasoning ability. In A. R. A. Conway, C. Jarrold, M. J. Kane, & J. N. Towse (Eds.), *Variation in working memory* (pp. 49–75). New York: Oxford University Press.

09) **Students mastering a computer language:** Shute, V. J. (1991). Who is likely to acquire programming skills? *Journal of Educational Computing Research, 7*(1), 1–24.

10) **In a study of airplane pilots:** Sohn, Y. W., & Doane, S. M. (2004). Memory processes of flight situation awareness: Interactive roles of working memory capacity, long-term working memory, and expertise. *Human Factors, 46*(3), 461–475.

11) **The connection to working memory:** Conway, A. R. A., Cowan, N., Bunting, M. F., Therriault, D. J., & Minkoff, S. R. B. (2002). A latent variable analysis of working memory capacity, short-term memory capacity, processing speed, and general fluid intelligence. *Intelligence, 30*(2), 163–184.

12) **"We're back to the action":** Hambrick, D. Z., & Engle, R. W. (2002). Effects of domain knowledge, working memory capacity, and age on cognitive per-

formance: An investigation of the knowledge-is-power hypothesis. *Cognitive Psychology, 44*(4), 339–387.

13) **their findings are shown in the bar graph:** From Table 9 in Hambrick & Engle (2002).

14) **In a definitive analysis:** Cowan, N. (2000). The magical number 4 in short-term memory: A reconsideration of mental storage capacity. *Behavioral and Brain Sciences, 24*, 87–114. Also see Cowan, N. (2010). The magical mystery four: How is working memory capacity limited, and why? *Current Directions in Psychological Science, 19*(1), 51–57.

15) **to some extent may be inherited:** Ando, J., Ono, Y., & Wright, M. J. (2001). Genetic structure of spatial and verbal working memory. *Behavior Genetics, 31*(6), 615–624.

16) **The Picture Superiority Effect:** Classic studies are described by Paivio, A. (1971). *Imagery and verbal processes*. New York: Holt, Rinehart & Winston. A summary of theories to explain the picture superiority effect appears in McBride, D. M., & Dosher, B. A. (2002). A comparison of conscious and automatic memory processes for picture and word stimuli: A process dissociation analysis. *Consciousness and Cognition, 11*(3), 423–460.

17) **Researchers estimate:** Van Essen, D. C., Anderson, C. H., & Felleman, D. J. (1992). Information processing in the primate visual system: An integrated systems perspective. *Science, 255*(5043), 419–423.

3장

01) **On an August evening in 1967:** The most complete account of Margetts's story is Shapreau, C. (2006, February 12). Lost and found. And lost again? *Los Angeles Times*. Retrieved from *www.latimes.com/local/la-tm-violin7feb12-story.html#page=1.*

02) **"The secret of a good memory is attention":** Edwards, T. (1891). *A dictionary of thoughts: Being a cyclopedia of laconic quotations from the best authors, both*

ancient and modern, p. 342. New York: Cassell. Retrieved from *http://books.google.com/books*.

03) **One of their attention tests:** A study that used the attention control test is Kane, M. J., Bleckley, M. K., Conway, A. R. A., & Engle, R. W. (2001). A controlled-attention view of working-memory capacity. *Journal of Experimental Psychology: General, 130*(2), 169–183.

04) **A large body of research supports:** McCabe, D. P., Roediger, H. L., McDaniel, M. A., Balota, D. A., & Hambrick, D. Z. (2010). The relationship between working memory capacity and executive functioning: Evidence for a common executive attention construct. *Neuropsychology, 24*(2), 222–243.

05) **The two forms of attention evolved together:** Allport, A. (1989). Visual attention. In M. I. Posner (Ed.), *Foundations of cognitive science* (pp. 631–663). Cambridge, MA: MIT Press.

06) **The third network is neurologically distinct:** Buckner, R. L., Andrews-Hanna, J. R., & Schacter, D. L. (2008). The brain's default network: Anatomy, function, and relevance to disease. *Annals of the New York Academy of Sciences, 1124,* 1–38.

07) **Researcher Jonathan Smallwood calls this type:** Smallwood, J., McSpadden, M., & Schooler, J. W. (2008). When attention matters: The curious incident of the wandering mind. *Memory and Cognition, 36*(6), 1144–1150.

08) **In one study, research participants were fitted:** Reichle, E. D., Reineberg, A. E., & Schooler, J. W. (2010). Eye movements during mindless reading. *Psychological Science, 21*(9), 1300–1310.

09) **Researchers have found that restoring working memory:** Clapp, W. C., Rubens, M. T., & Gazzaley, A. (2010). Mechanisms of working memory disruption by external interference. *Cerebral Cortex, 20*(4), 859–872.

10) **As the exam sits on his desk:** A review of studies examining how worry, self-talk, and interfering thoughts affect test anxiety and performance is provided

by Zeidner, M. (1998). *Test anxiety: The state of the art*, pp. 31–40. New York: Plenum Press.

11) **Athletes and coaches are well aware:** Hatzigeorgiadis, A., Zourbanos, N., Galanis, E., & Theodorakis, Y. (2011). Self-talk and sports performance: A meta-analysis. *Perspectives on Psychological Science, 6*(4), 348–356.

12) **"just do it":** Cousins, S. O., & Gillis, M. M. (2005). "Just do it . . . before you talk yourself out of it": The self-talk of adults thinking about physical activity. *Psychology of Sport and Exercise, 6*(3), 313–334.

13) **"Am I going to do this or not?":** Senay, I., Albarracín, D., & Noguchi, K. (2010). Motivating goal-directed behavior through introspective self-talk: The role of the interrogative form of simple future tense. *Psychological Science, 21*(4), 499–504.

14) **help test-anxious students stay focused on the test:** Zeidner (1998, pp. 373–377).

15) **which enhances motivation by activating:** Kang, M. J., Hsu, M., Krajbich, I. M., Loewenstein, G., McClure, S. M., Wang, J. T., & Camerer, C. F. (2009). The wick in the candle of learning: Epistemic curiosity activates reward circuitry and enhances memory. *Psychological Science, 20*(8), 963–973.

16) **"When it is said that attention will not take a firm hold":** Halleck, R. P. (1895). *Psychology and psychic culture*, p. 54. New York: American Book. Retrieved from *http://books.google.com/books*.

17) **"Flow is a subjective state":** Csikszentmihalyi, M., Abuhamdeh, S., & Nakamura, J. (2005). Flow. In A. J. Elliot & C. S. Dweck (Eds.), *Handbook of competence and motivation* (pp. 598–608). New York: Guilford Press.

4장

01) **A retention intention sets the stage for good remembering:** Specifying a plan in advance and committing to it is called an "implementation intention," a powerful cognitive strategy discussed in Chapter 8.

02) **In an important study:** Craik, F. I. M., & Tulving, E. (1975). Depth of processing and the retention of words in episodic memory. *Journal of Experimental Psychology: General, 104*(3), 268–294. The figure on page 55 plots data from their Figure 3 for "yes" responses to "words presented twice."

03) **Deep processing even shows up in brain scans:** Nyberg, L. (2002). Levels of processing: A view from functional brain imaging. *Memory, 10*(5–6), 345–348.

04) **One of the best ways to elaborate memory:** Pressley, M., McDaniel, M. A., Turnure, J. E., Wood, E., & Ahmad, M. (1987). Generation and precision of elaboration: Effects on intentional and incidental learning. *Journal of Experimental Psychology: Learning, Memory, and Cognition, 13*(2), 291–300.

05) **Primal themes like survival:** Nairne, J. S., & Pandeirada, J. N. S. (2008). Adaptive memory: Is survival processing special? *Journal of Memory and Language, 59*(3), 377–385.

06) **In one notable effort, Lionel Standing:** Standing, L. (1973). Learning 10,000 pictures. *Quarterly Journal of Experimental Psychology, 25*(2), 207–222.

07) **Peter of Ravenna:** Yates, F. A. (1966). *The art of memory*, p. 120. London: Pimlico.

08) **Francesco Panigarola:** Spence, J. D. (1985). *The memory palace of Matteo Ricci*, p. 9. New York: Penguin Books.

09) **"Now nature herself teaches us":** Appears in Yates (1966, p. 25).

10) **"Suppose someone must memorize":** Appears in Carruthers, M., & Ziolkowski, J. M. (2003). *The medieval craft of memory: An anthology of texts and pictures*, pp. 209–210. Philadelphia: University of Pennsylvania Press.

11) **Modern research shows:** The effectiveness of bizarre imagery is reported by McDaniel, M. A., & Einstein, G. O. (1986). Bizarre imagery as an effective memory aid: The importance of distinctiveness. *Journal of Experimental Psychology: Learning, Memory, and Cognition, 12*(1), 54–65. Benefits at longer retrieval

intervals were found by O'Brien, E. J., & Wolford, C. R. (1982). Effect of delay in testing on retention of plausible versus bizarre mental images. *Journal of Experimental Psychology: Learning, Memory, and Cognition*, *8*(2), 148–152.

12) **Colored images are five to ten percent:** Wichmann, F. A., Sharpe, L. T., & Gegenfurtner, K. R. (2002). The contributions of color to recognition memory for natural scenes. *Journal of Experimental Psychology: Learning, Memory, and Cognition*, *28*(3), 509–520.

13) **Movement has also been shown:** Matthews, W. J., Benjamin, C., & Osborne, C. (2007). Memory for moving and static images. *Psychonomic Bulletin and Review*, *14*(5), 989–993.

14) **Dominic O'Brien, a legendary memory competitor:** O'Brien, D. (2000). *Learn to remember: Practical techniques and exercises to improve your memory*, p. 65. San Francisco: Chronicle Books.

15) **Harry Lorayne:** Lorayne, H. (2007). *Ageless memory: Simple secrets for keeping your brain young*, p. 86. New York: Black Dog & Leventhal.

16) **Joshua Foer:** Foer, J. (2011). *Moonwalking with Einstein: The art and science of remembering everything*, p. 3. New York: Penguin Press.

17) **Later, when he is trying to retrieve:** Foer (2011, p. 183).

18) **one of the best established principles:** Dempster, F. N. (1988). The spacing effect: A case study in the failure to apply the results of psychological research. *American Psychologist*, *43*(8), 627–634.

19) **"Rule of Five":** O'Brien (2000, p. 81).

20) **Other mnemonists offer similar spacing advice:** Hagwood, S. (2007). *Memory power: You can develop a great memory—America's Grand Master shows you how*, p. 72. London: Free Press. Lorayne, H., & Lucas, J. (1974). *The memory book*, p. 32. Briarcliff Manor, NY: Stein & Day.

21) **In a now classic study:** Bower, G. H., Clark, M. C., Lesgold, A. M., & Winzenz, D. (1969). Hierarchical retrieval schemes in recall of categorized word lists. *Journal of Verbal Learning and Verbal Behavior, 8*(3), 323–343.

22) **"What assists the memory most?":** The memory teacher was Consultus Fortunatianus. His memory advice appears in Carruthers & Ziolkowski (2003, pp. 296–297).

23) **"a single glance of the mind's eye":** Carruthers, M. (1998). *The craft of thought: Meditation, rhetoric, and the making of images, 400–1200*, p. 63. New York: Cambridge University Press.

5장

01) **"Having lived most of his life":** Smith, S. M. (1988). Environmental context—dependent memory, p. 13. In G. M. Davies & D. M. Thomson (Eds.), *Memory in context: Context in memory.* Oxford, UK: John Wiley & Sons.

02) **Memory trainer Tony Buzan recommends:** Buzan, T. (1991). *Use your perfect memory: Dramatic new techniques for improving your memory* (3rd ed.), pp. 161–162. New York: Plume.

03) **It has been shown to recover:** Fisher, R. P., & Geiselman, R. E. (2010). The cognitive interview method of conducting police interviews: Eliciting extensive information and promoting therapeutic jurisprudence. *International Journal of Law and Psychiatry, 33*(5–6), 321–328.

04) **"Try to put yourself back":** Fisher, R. P., & Geiselman, R. E. (1992). *Memory-enhancing techniques for investigative interviewing: The cognitive interview*, p. 100. Springfield, IL: Charles C Thomas.

05) **conducted an instructive experiment:** Erdelyi, M. H., & Kleinbard, J. (1978). Has Ebbinghaus decayed with time? The growth of recall (hypermnesia) over days. *Journal of Experimental Psychology: Human Learning and Memory, 4*(4), 275–289. The figure on page 72 is based on their Figure 3.

06) **The strategy aids memory in two ways:** Payne, D. G. (1987). Hypermnesia and reminiscence in recall: A historical and empirical review. *Psychological Bulletin, 101*(1), 5–27. Mulligan, N. W. (2006). Hypermnesia and total retrieval time. *Memory, 14*(4), 502–518.

07) **You will combine the gist and specifics:** My presentation follows the fuzzy trace theory of Brainerd, C. J., & Reyna, V. F. (2005). *The science of false memory*, pp. 83–91. New York: Oxford University Press.

08) **"dumped in and tagged":** Moscovitch, M. (2008). The hippocampus as a "stupid," domain-specific module: Implications for theories of recent and remote memory, and of imagination. *Canadian Journal of Experimental Psychology, 62*(1), 66.

09) **Researchers believe that memories briefly enter a malleable phase:** Dudai, Y. (2012). The restless engram: Consolidations never end. *Annual Review of Neuroscience, 35*, 227–247.

10) **responses from a pair of identical twins:** Sheen, M., Kemp, S., & Rubin, D. C. (2006). Disputes over memory ownership: What memories are disputed? *Genes, Brain and Behavior, 5*(Suppl. 1), 9–13.

11) **Most of the twin pairs:** Sheen, M., Kemp, S., & Rubin, D. (2001). Twins dispute memory ownership: A new false memory phenomenon. *Memory and Cognition, 29*(6), 779–788.

12) **We can even mix up information:** Loftus, E. F. (2005). Planting misinformation in the human mind: A 30-year investigation of the malleability of memory. *Learning and Memory, 12*(4), 361–366.

13) **Loftus began her study:** Loftus, E. F., & Pickrell, J. E. (1995). The formation of false memories. *Psychiatric Annals, 25*(12), 720–725.

14) **Other researchers have replicated:** Hyman, I. E., Husband, T. H., & Billings, F. J. (1995). False memories of childhood experiences. *Applied Cognitive Psy-*

chology, 9(3), 181–197. Porter, S., Yuille, J. C., & Lehman, D. R. (1999). The nature of real, implanted, and fabricated memories for emotional childhood events: Implications for the recovered memory debate. *Law and Human Behavior, 23*(5), 517–537.

15) **when they were debriefed:** Loftus & Pickrell (1995, p. 723).

16) **memory confidence has been shown:** Wells, G. L., Memon, A., & Penrod, S. D. (2006). Eyewitness evidence: Improving its probative value. *Psychological Science in the Public Interest, 7*(2), 45–75.

17) **two hundred cases in which DNA evidence:** DNA exonerations are tracked by The Innocence Project. Retrieved June 15, 2014, from *www.innocenceproject.org.*

18) **there is no completely reliable way:** Bernstein, D. M., & Loftus, E. F. (2009). How to tell if a particular memory is true or false. *Perspectives on Psychological Science, 4*(4), 370–374.

6장

01) **Memory, he wrote:** Cicero, M. T. (1890). *Orations of Marcus Tullius Cicero,* p. 528. (C. D. Yonge, Trans.) (Vol. 4). London: Bell & Daldy. Retrieved from *http://books.google.com/books.*

02) **memory took two forms:** Yates, F. A. (1966). *The art of memory.* London: Pimlico.

03) **"If I am asked what is the one great art of memory":** Quintilian 11.2.40.

04) **William James . . . put the idea to the test:** James, W. (1890). *The principles of psychology: Authorized edition, unabridged* (Vol. 1, pp. 667–668). New York: Dover Publications. Retrieved from *http://books.google.com/books.*

05) **Edward Thorndike, a leader in the early research:** Thorndike, E. L. (1911).

The principles of teaching: Based on psychology, p. 241. New York: A. G. Seiler. Retrieved from *http://books.google.com/books*.

06) **published by Swedish researcher:** Klingberg, T., Fernell, E., Olesen, P. J., Johnson, M., Gustafsson, P., Dahlström, K., et al. (2005). Computerized training of working memory in children with ADHD—A randomized, controlled trial. *Journal of the American Academy of Child and Adolescent Psychiatry, 44*(2), 177–186.

07) **all of whom show working memory problems:** The connection between working memory and ADHD is reviewed by Alderson, R. M., Kasper, L. J., Hudec, K. L., & Patros, C. H. G. (2013). Attention-deficit/hyperactivity disorder (ADHD) and working memory in adults: A meta-analytic review. *Neuropsychology, 27*(3), 287–302. The role of working memory in beginning reading and mathematics education is examined by Gathercole, S., & Alloway, T. P. (2008). *Working memory and learning: A practical guide for teachers*. Los Angeles, CA: SAGE.

08) **The mood in the research community:** Melby-Lervåg, M., & Hulme, C. (2013). Is working memory training effective? A meta-analytic review. *Developmental Psychology, 49*(2), 270–291. Rabipour, S., & Raz, A. (2012). Training the brain: Fact and fad in cognitive and behavioral remediation. *Brain and Cognition, 79*(2), 159–179. Shipstead, Z., Redick, T. S., & Engle, R. W. (2012). Is working memory training effective? *Psychological Bulletin, 138*(4), 628–654.

09) **The market for brain-fitness software:** Jones, S. M. (2011, March 1). Retailer banks on brain fitness to expand stores. Retrieved June 16, 2014, from *http://articles.chicagotribune.com/2011-03-01/business/ct-biz-0302-marbles-20110301_1_brain-fitness-retailer-banks-sales-associates*.

10) **Jungle Memory spare no words:** Retrieved June 15, 2014, from *http://junglememory.com/pages/how_it_works*.

11) **Mindsparke's pitch:** Retrieved June 15, 2014, from *www.mindsparke.com/better_memory.php*.

12) **published in the prestigious British journal:** Owen, A. M., Hampshire, A.,

Grahn, J. A., Stenton, R., Dajani, S., Burns, A. S., et al. (2010). Putting brain training to the test. *Nature, 465*(7299), 775–778.

13) **It has been described as:** Kabat-Zinn, J. (1994). *Wherever you go, there you are*, pp. 3–9. New York: Hyperion.

14) **developed a widely adopted eight-week mindfulness training program:** Kabat-Zinn, J. (1990). *Full catastrophe living?: Using the wisdom of your body and mind to face stress, pain, and illness*. New York: Bantam.

15) **Christian Jensen and his collaborators:** Jensen, C. G., Vangkilde, S., Frokjaer, V., & Hasselbalch, S. G. (2012). Mindfulness training affects attention—Or is it attentional effort? *Journal of Experimental Psychology: General, 141*(1), 106–123.

16) **especially for attention:** Chiesa, A., Calati, R., & Serretti, A. (2011). Does mindfulness training improve cognitive abilities? A systematic review of neuropsychological findings. *Clinical Psychology Review, 31*(3), 449–464.

17) **Memory also seems to profit:** Chambers, R., Lo, B. C. Y., & Allen, N. B. (2008). The impact of intensive mindfulness training on attentional control, cognitive style, and affect. *Cognitive Therapy and Research, 32*(3), 303–322. Mrazek, M. D., Franklin, M. S., Phillips, D. T., Baird, B., & Schooler, J. W. (2013). Mindfulness training improves working memory capacity and GRE performance while reducing mind wandering. *Psychological Science, 24*(5), 776–781.

18) **ability to remember old personal memories:** Heeren, A., Van Broeck, N., & Philippot, P. (2009). The effects of mindfulness on executive processes and autobiographical memory specificity. *Behaviour Research and Therapy, 47*(5), 403–409.

19) **In one large project:** Laurin, D., Verreault, R., Lindsay, J., MacPherson, K., & Rockwood, K. (2001). Physical activity and risk of cognitive impairment and dementia in elderly persons. *Archives of Neurology, 58*(3), 498–504.

20) **Arthur Kramer and his associates:** Kramer, A. F., Hahn, S., McAuley, E., Cohen, N. J., Banich, M. T., Harrison, C., et al. (2001). Exercise, aging, and

cognition: Healthy body, healthy mind? In W. A. Rogers & A. D. Fisk (Eds.), *Human factors interventions for the health care of older adults* (pp. 91–120). Mahwah, NJ: Lawrence Erlbaum.

21) **These results have been confirmed:** Guiney, H., & Machado, L. (2013). Benefits of regular aerobic exercise for executive functioning in healthy populations. *Psychonomic Bulletin and Review, 20*(1), 73–86. Smith, P. J., Blumenthal, J. A., Hoffman, B. M., Cooper, H., Strauman, T. A., Welsh-Bohmer, K., et al. (2010). Aerobic exercise and neurocognitive performance: A meta-analytic review of randomized controlled trials. *Psychosomatic Medicine, 72*(3), 239–252. Voss, M. W., Nagamatsu, L. S., Liu-Ambrose, T., & Kramer, A. F. (2011). Exercise, brain, and cognition across the life span. *Journal of Applied Physiology, 111*(5), 1505–1513.

22) **show better academic achievement:** Grissom, J. B. (2005). Physical fitness and academic achievement. *Journal of Exercise Physiology, 8*(1), 11–25.

23) **fit children have more brain volume:** Chaddock, L., Pontifex, M. B., Hillman, C. H., & Kramer, A. F. (2011). A review of the relation of aerobic fitness and physical activity to brain structure and function in children. *Journal of the International Neuropsychological Society, 17*(6), 975–985.

24) **results suggest small improvements:** Kamijo, K., Pontifex, M. B., O'Leary, K. C., Scudder, M. R., Wu, C., Castelli, D. M., et al. (2011). The effects of an afterschool physical activity program on working memory in preadolescent children. *Developmental Science, 14*(5), 1046–1058. Tomporowski, P. D., Lambourne, K., & Okumura, M. S. (2011). Physical activity interventions and children's mental function: An introduction and overview. *Preventive Medicine, 52*(Suppl.), S3–S9.

25) **twelve weeks of aerobic exercise:** Pereira, A. C., Huddleston, D. E., Brickman, A. M., Sosunov, A. A., Hen, R., McKhann, G. M., et al. (2007). An in vivo correlate of exercise-induced neurogenesis in the adult dentate gyrus. *PNAS Proceedings of the National Academy of Sciences of the United States of America, 104*(13), 5638–5643.

26) **follow government guidelines:** Retrieved June 15, 2014, from *www.cdc.gov/physicalactivity/everyone/guidelines/adults.html.*

27) **based on average gains found in available research:** Computer training improvements were taken from the meta-analysis of Melby-Lervåg & Hulme (2013). The working memory gain plotted at point *a* is the percentile equivalent of Cohen's d = 0.65, the mean of the verbal (d = 0.79) and visuospatial values (d = 0.52) given in the paper. The transfer effect size plotted as point *c* corresponds to Cohen's d = 0.16, the average of verbal (d = 0.13) and nonverbal (d = 0.19) for transfer effects given by these authors. Smith et al. (2010) is the source for the exercise effects on working memory; Hedge's g = 0.56 is plotted as point *b* in the figure. It is the seventy-first percentile. The meditation memory improvement shown is based on the average of the gains reported by Jensen et al. (2012), Chambers et al. (2008), and Mrazek et al. (2013). This average, Cohen's d = 0.59, is plotted in the figure as the seventy-second percentile.

7장

01) **surveys find that forgetting names:** Devolder, P. A., & Pressley, M. (1991). Memory complaints in younger and older adults. *Applied Cognitive Psychology, 5*(5), 443–454.

02) **Researcher Lori James studied memory:** James, L. E. (2004). Meeting Mr. Farmer versus meeting a farmer: Specific effects of aging on learning proper names. *Psychology and Aging, 19*(3), 515–522. The figure on page 99 shows results from her Experiment 1.

03) **some researchers believe specialized neural circuitry:** Kanwisher, N., & Yovel, G. (2009). Face perception. In G. G. Berntson & J. T. Cacioppo (Eds.), *Handbook of neuroscience for the behavioral sciences* (Vol. 2., pp. 841–858). Hoboken, NJ: John Wiley & Sons.

04) **But if you interact with her:** Johnston, R., & Edwards, A. (2009). Familiar and unfamiliar face recognition: A review. *Memory, 17*(5), 577–596.

05) **"What you select could be anything":** Lorayne, H., & Lucas, J. (1974). *The memory book*, p. 88. Briarcliff Manor, NY: Stein & Day.

06) **People differ significantly:** Bindemann, M., Avetisyan, M., & Rakow, T. (2012). Who can recognize unfamiliar faces? Individual differences and observer consistency in person identification. *Journal of Experimental Psychology: Applied, 18*(3), 277–291.

07) **memory expert Kenneth Higbee observed:** Higbee, K. (2001). *Your memory?: How it works and how to improve it* (2nd ed.), p. 197. New York: Da Capo Press.

08) **Seniors appear to be especially vulnerable:** Stevens, W. D., Hasher, L., Chiew, K. S., & Grady, C. L. (2008). A neural mechanism underlying memory failure in older adults. *Journal of Neuroscience, 28*(48), 12820–12824.

09) **Mnemonist Scott Hagwood recommends:** Hagwood, S. (2007). *Memory power: You can develop a great memory—America's Grand Master shows you how*, p. 107. London: Free Press.

10) **research is consistent with his advice:** Mangels, J. A., Manzi, A., & Summerfield, C. (2010). The first does the work, but the third time's the charm: The effects of massed repetition on episodic encoding of multimodal face–name associations. *Journal of Cognitive Neuroscience, 22*(3), 457–473.

11) **Psychologist Peter Morris:** Morris, P. E., Fritz, C. O., Jackson, L., Nichol, E., & Roberts, E. (2005). Strategies for learning proper names: Expanding retrieval practice, meaning, and imagery. *Applied Cognitive Psychology, 19*(6), 779–798.

12) **When Harry Lorayne amazed audiences:** Lorayne was a regular guest on TV variety shows in the 1960s and 1970s, such as those hosted by Jack Parr, Ed Sullivan, and Johnny Carson. His signature feat was to learn the name of everyone in the audience, sometimes hundreds of people. First he was introduced to each individual, and then he would have them all stand. As he identified each by name, they sat down, one after the other, until no one was left standing.

13) **Laboratory studies show that both college students:** Carney, R. N., & Levin, J. R. (2012). Facing facts: Can the face–name mnemonic strategy accommodate additional factual information? *Journal of Experimental Education, 80*(4),

386–404. Groninger, L. D., Groninger, D. H., & Stiens, J. (1995). Learning the names of people: The role of image mediators. *Memory, 3*(2), 147–167. Yesavage, J. A., Rose, T. L., & Bower, G. H. (1983). Interactive imagery and affective judgments improve face–name learning in the elderly. *Journal of Gerontology, 38*(2), 197–203.

14) **In two studies in which students had learned:** Both are reported by Morris et al. (2005).

15) **Dan Gabor, a business coach:** Gabor, D. (2011). *How to start a conversation and make friends* (Revised ed.). New York: Touchstone.

16) **Called the "name game":** Morris, P. E., & Fritz, C. O. (2000). The name game: Using retrieval practice to improve the learning of names. *Journal of Experimental Psychology: Applied, 6*(2), 124–129. Morris, P. E., & Fritz, C. O. (2002). The improved name game: Better use of expanding retrieval practice. *Memory, 10*(4), 259–266.

17) **have used it with as many as twenty-five:** Morris, P. E., Fritz, C. O., & Buck, S. (2004). The name game: Acceptability, bonus information and group size. *Applied Cognitive Psychology, 18*(1), 89–104.

18) **As Dale Carnegie observed:** Carnegie, D. (1936). *How to win friends and influence people*, p. 79. New York: Pocket Books.

8장

01) **By one estimate, over half of the daily memory problems:** McDaniel, M. A., & Einstein, G. O. (2007). *Prospective memory: An overview and synthesis of an emerging field*, p. 193. Thousand Oaks, CA: Sage.

02) **Although precise numbers aren't known:** Weingarten, G. (2009, March 8). Fatal distraction: Forgetting a child in the backseat of a car is a horrifying mistake. But is it a crime? *The Washington Post*. Retrieved from *www.washingtonpost.com/lifestyle/magazine/fatal-distraction-forgetting-a-child-in-thebackseat-of-a-car-is-a-horrifying-mistake-is-it-a-crime/2014/06/16/8ae0fe3a-f580-*

11e3-a3a5-42be35962a52_story.html. Some estimates of heatstroke deaths attributable to parental forgetting are higher than Weingarten's. See *www.kidsandcars.org/heatstroke.html* retrieved on December 27, 2014.

03) **"The wealthy do, it turns out":** Weingarten (2009).

04) **but this is no ordinary memory:** McDaniel & Einstein (2007).

05) **"slumbers on in the person":** Freud, S. (1960). *The psychopathology of everyday life.* (A. Tyson, Trans.), p. 152. New York: W. W. Norton.

06) **detected through either top-down or bottom-up processes:** This view is known as multiprocess theory in the professional literature (McDaniel & Einstein, 2007).

07) **something has to give:** Marsh, R. L., Hicks, J. L., & Cook, G. I. (2005). On the relationship between effort toward an ongoing task and cue detection in event-based prospective memory. *Journal of Experimental Psychology: Learning, Memory, and Cognition, 31*(1), 68–75.

08) **McDaniel and Einstein believe is our preferred way:** McDaniel & Einstein (2007, p. 54).

09) **Researchers call this a "focal cue":** McDaniel & Einstein (2007, pp. 59–62).

10) **psychologist Peter Gollwitzer:** Gollwitzer, P. M. (1999). Implementation intentions: Strong effects of simple plans. *American Psychologist, 54*(7), 493–503.

11) **how an implementation intention works its magic:** McDaniel, M. A., & Scullin, M. K. (2010). Implementation intention encoding does not automatize prospective memory responding. *Memory and Cognition, 38*(2), 221–232. Rummel, J., Einstein, G. O., & Rampey, H. (2012). Implementation-intention encoding in a prospective memory task enhances spontaneous retrieval of intentions. *Memory, 20*(8), 803–817.

12) **especially helpful when the cue for the intended action:** McDaniel, M. A., Howard, D. C., & Butler, K. M. (2008). Implementation intentions facilitate prospective memory under high attention demands. *Memory and Cognition, 36*(4), 716–724.

13) **added benefit for older people:** Chasteen, A. L., Park, D. C., & Schwarz, N. (2001). Implementation intentions and facilitation of prospective memory. *Psychological Science, 12*(6), 457–461.

14) **The desired action must be a goal you really want:** Sheeran, P., Webb, T. L., & Gollwitzer, P. M. (2005). The interplay between goal intentions and implementation intentions. *Personality and Social Psychology Bulletin, 31*(1), 87–98.

15) **Some fine points about implementation intentions:** Ellis, J. A., & Freeman, J. E. (2008). Ten years on: Realizing delayed intentions. In M. Kliegel, M. A. McDaniel, & G. O. Einstein (Eds.), *Prospective memory: Cognitive, neuroscience, developmental, and applied perspectives* (pp. 1–27). New York: Taylor & Francis Group.

16) **helps in many self-control situations:** Gollwitzer, P. M., & Sheeran, P. (2006). Implementation intentions and goal achievement: A meta-analysis of effects and processes. In M. P. Zanna (Ed.), *Advances in experimental social psychology* (Vol. 38, pp. 69–119). San Diego, CA: Elsevier Academic Press.

17) **it can do this in one of two ways:** Kliegel, M., Guynn, M. J., & Zimmer, H. (2007). The role of noticing in prospective memory forgetting. *International Journal of Psychophysiology, 64*(3), 226–232.

18) **the cuing stimulus should be in focal attention:** McDaniel & Einstein (2007, pp. 59–62).

19) **Einstein and McDaniel report that participants:** Einstein, G. O., & McDaniel, P. M. A. (2004). *Memory fitness: A guide for successful aging*, p. 135. New Haven, CT.: Yale University Press.

20) **create them at the spot:** Nowinski, J. L., & Dismukes, R. K. (2005). Effects of ongoing task context and target typicality on prospective memory performance: The importance of associative cueing. *Memory, 13*(6), 649–657.

21) **And the more important the task:** Kliegel, M., Martin, M., McDaniel, M. A., & Einstein, G. O. (2004). Importance effects on performance in event-based prospective memory tasks. *Memory, 12*(5), 553–561.

9장

01) **Herbert Spitzer carried out a classic study:** Spitzer, H. F. (1939). Studies in retention. *Journal of Educational Psychology, 30*(9), 641–656. The figure on page 125 is from his Table 2, time period B1.

02) **Their shapes are usually similar:** Rubin, D. C., & Wenzel, A. E. (1996). One hundred years of forgetting: A quantitative description of retention. *Psychological Review, 103*(4), 734–760.

03) **a powerful, reliable way to enhance memory:** Roediger, H. L., Agarwal, P. K., McDaniel, M. A., & McDermott, K. B. (2011). Test-enhanced learning in the classroom: Long-term improvements from quizzing. *Journal of Experimental Psychology: Applied, 17*(4), 382–395.

04) **Washington University researchers:** Roediger, H. L., & Karpicke, J. D. (2006). Test-enhanced learning: Taking memory tests improves long-term retention. *Psychological Science, 17*(3), 249–255.

05) **The results are shown in the bar graph:** My graph is based on Figure 1 in Roediger & Karpicke (2006).

06) **Multiple-choice tests are a useful way:** McDermott, K. B., Agarwal, P. K., D'Antonio, L., Roediger, H. L., & McDaniel, M. A. (2014). Both multiple-choice and short-answer quizzes enhance later exam performance in middle and high school classes. *Journal of Experimental Psychology: Applied, 20*(1),

3–21. But also see McDaniel, M. A., Anderson, J. L., Derbish, M. H., & Morrisette, N. (2007). Testing the testing effect in the classroom. *European Journal of Cognitive Psychology, 19*(4–5), 494–513. Little, J. L., Bjork, E. L., Bjork, R. A., & Angello, G. (2012). Multiple-choice tests exonerated, at least of some charges: Fostering test-induced learning and avoiding test-induced forgetting. *Psychological Science, 23*(11), 1337–1344.

07) **the primary studying method:** McIntyre, S. H., & Munson, J. M. (2008). Exploring cramming: Student behaviors, beliefs, and learning retention in the Principles of Marketing course. *Journal of Marketing Education, 30*(3), 226–243.

08) **the memory boost it provides is short lived:** Roediger, H. L., & Karpicke, J. D. (2006). The power of testing memory: Basic research and implications for educational practice. *Perspectives on Psychological Science, 1*(3), 181–210.

09) **He calls it "desirable difficulty":** Bjork, R. A. (1999). Assessing our own competence: Heuristics and illusions. In D. Gopher & A. Koriat (Eds.), *Attention and performance XVII: Cognitive regulation of performance: Interaction of theory and application* (pp. 435–459). Cambridge, MA: MIT Press.

10) **you may not be able to recall it at all:** Bahrick, H. P., Hall, L. K., & Baker, M. K. (2013). *Life-span maintenance of knowledge*, p. 226. New York: Psychology Press.

11) **Bjork and his colleague:** Landauer, T. K., & Bjork, R. A. (1978). Optimum rehearsal patterns and name learning. In M. M. Gruneberg, P. E. Morris, & R. N. Sykes (Eds.), *Practical aspects of memory* (pp. 625–632). New York: Academic Press. Whether expanding retrieval practice leads to more efficient learning than constant spacing is debated by researchers.

12) **Professional mnemonists endorse this approach:** Buzan, T. (1991). *Use your perfect memory: Dramatic new techniques for improving your memory* (3rd ed.), p. 82. New York: Plume. Hagwood, S. (2007). *Memory power: You can develop a great memory—America's Grand Master shows you how*, p. 72. New York: Free Press. Lorayne, H., & Lucas, J. (1974). *The memory book*, p. 32. Briarcliff Manor, NY: Stein & Day. O'Brien, D. (2000). *Learn to remember?: Practical techniques and exercises to improve your memory*, p. 81. San Francisco: Chronicle Books.

13) **students report they rarely use it:** Karpicke, J. D., Butler, A. C., & Roediger, H. L. (2009). Metacognitive strategies in student learning: Do students practise retrieval when they study on their own? *Memory, 17*(4), 471–479.

14) **memory researcher Jennifer McCabe:** McCabe, J. (2011). Metacognitive awareness of learning strategies in undergraduates. *Memory and Cognition, 39*(3), 462–476.

15) **an "illusion of competence" after restudying:** Bjork (1999).

16) **Researcher Mark McDaniel and his collaborators:** McDaniel, M. A., Howard, D. C., & Einstein, G. O. (2009). The read-recite-review study strategy: Effective and portable. *Psychological Science, 20*(4), 516–522.

17) **the most popular student self-testing strategy:** Wissman, K. T., Rawson, K. A., & Pyc, M. A. (2012). How and when do students use flashcards? *Memory, 20*(6), 568–579.

18) **the evidence doesn't support this concern:** Carpenter, S. K. (2012). Testing enhances the transfer of learning. *Current Directions in Psychological Science, 21*(5), 279–283.

19) **taught a group of students how to classify birds:** Jacoby, L. L., Wahlheim, C. N., & Coane, J. H. (2010). Test-enhanced learning of natural concepts: Effects on recognition memory, classification, and metacognition. *Journal of Experimental Psychology: Learning, Memory, and Cognition, 36*(6), 1441–1451.

20) **The SCRR Method:** Similar to the cue word method in Bellezza, F. (1982). *Improve your memory skills*. Englewood Cliffs, NJ: Prentice-Hall.

21) **there is a memory benefit to delaying:** Butler, A. C., Karpicke, J. D., & Roediger, H. L. (2007). The effect of type and timing of feedback on learning from multiple-choice tests. *Journal of Experimental Psychology: Applied, 13*(4), 273–281.

22) **three perfect passes may be better:** Karpicke, J. D., & Roediger, H. L. (2007). Repeated retrieval during learning is the key to long-term retention. *Journal of Memory and Language, 57*(2), 151–162.

23) **five additional rehearsals spaced a week apart:** Rawson, K. A., & Dunlosky, J. (2011). Optimizing schedules of retrieval practice for durable and efficient learning: How much is enough? *Journal of Experimental Psychology: General, 140*(3), 283–302.

24) **a visual approach called "mind mapping":** Buzan, T., & Buzan, B. (1996). *The mind map book: How to use radiant thinking to maximize your brain's untapped potential.* New York: Plume.

25) **this repository of long-lasting information:** Bahrick, H. P. (1984). Semantic memory content in permastore: Fifty years of memory for Spanish learned in school. *Journal of Experimental Psychology: General, 113*(1), 1–29. The figure on page 137 is the average of Spanish–English and English–Spanish tests given in his Table 6 and expressed relative to the scores of his Group 0 who took the test immediately after completing their last Spanish course.

26) **permastore memories vary in strength.** Memories with intermediate strength will sometimes be able to be recalled and other times not, as discussed by Bahrick, Hall, & Baker (2013).

27) **long-lasting memories have been found:** Bahrick, H. P., Bahrick, P. O., & Wittlinger, R. P. (1975). Fifty years of memory for names and faces: A cross-sectional approach. *Journal of Experimental Psychology: General, 104*(1), 54–75. Bahrick, H. P., & Hall, L. K. (1991). Lifetime maintenance of high school mathematics content. *Journal of Experimental Psychology: General, 120*(1), 20–33. Schmidt, H. G., Peeck, V. H., Paas, F., & van Breukelen, G. J. P. (2000). Remembering the street names of one's childhood neighbourhood: A study of very long-term retention. *Memory, 8*(1), 37–49.

28) **memory for high school classmates:** Bahrick, Bahrick, & Wittlinger (1975).

10장

01) **a place in the *Guinness Book of World Records:*** Retrieved June 25, 2014, from *www.guinnessworldrecords.com/world-records/1/most-pi-places-memorised*. Other mnemonists have claimed to have broken Chao Lu's record, but the claims have not been accepted by the Guinness organization at this time.

02) **Chao Lu was inspired:** Estimates of the value of pi were proposed many times, even as far back as 1650 B.C. Zu Chongzhi earned special note because he computed a particularly accurate version to seven decimal digits in A.D. 480. It remained the best estimate of pi for 800 years. The quotation from Chao Lu was retrieved on June 25, 2014, from *www.newsgd.com/culture/peopleandlife/200611280032.htm*.

03) **Chao Lu planned to recite 90,000 digits:** Retrieved June 25, 2014, from *www.pi-world-ranking-list.com/lists/details/luchaointerview.html*. His preparation is described by Hu, Y., Ericsson, K. A., Yang, D., & Lu, C. (2009). Superior self-paced memorization of digits in spite of a normal digit span: The structure of a memorist's skill. *Journal of Experimental Psychology: Learning, Memory, and Cognition*, *35*(6), 1426–1442.

04) **he cooperated with Chinese and American psychologists:** Hu, Ericsson, Yang, & Lu (2009), and Hu, Y., & Ericsson, K. A. (2012). Memorization and recall of very long lists accounted for within the Long-Term Working Memory framework. *Cognitive Psychology*, *64*(4), 235–266.

05) **The Number-Shape System:** Most of my number–shape examples come from Buzan, T. (1991). *Use your perfect memory: Dramatic new techniques for improving your memory* (3rd ed.), p. 52. New York: Plume; and O'Brien, D. (2005). *How to develop a brilliant memory week by week*, p. 42. London: Duncan Baird.

06) **Allan Paivio traced its early form:** Paivio, A. (1971). *Imagery and verbal processes*, p. 168. New York: Holt, Rinehart & Winston.

07) **To get a feel for the code:** The answers: 95, 72, 68, 55.

08) **Now try your hand at finding words:** Some possibilities: 41, rod, or rat or radio; 19, tub or dope or teepee; 47, rock or rug or rag; 35, mule or mail or mole.

09) **"a beautiful naked blonde":** Lorayne, H., & Lucas, J. (1974). *The memory book*, p. 105. Briarcliff Manor, NY: Stein & Day.

10) **Researchers have found that the major system:** Patton, G. W., D'Agaro, W. R., & Gaudette, M. D. (1991). The effect of subject-generated and experimenter-supplied code words on the phonetic mnemonic system. *Applied Cognitive Psychology, 5*(2), 135–148.

11) **Mnemonist and memory researcher Kenneth Higbee:** Higbee, K. L. (1997). Novices, apprentices, and mnemonists: Acquiring expertise with the phonetic mnemonic. *Applied Cognitive Psychology, 11*(2), 147–161.

12) **Francis Bellezza, a researcher at Ohio University:** Bellezza, F. S., Six, L. S., & Phillips, D. S. (1992). A mnemonic for remembering long strings of digits. *Bulletin of the Psychonomic Society, 30*(4), 271–274.

13) **Ben Pridmore, a top British mnemonist, remembers numbers:** Pridmore's system is described at *http://mnemotechnics.org/wiki/Ben_System,* retrieved on June 25, 2014. He was the overall winner at the 2008 World Memory Championship based on ten events. Memorizing 1,800 numbers in an hour is currently his best performance in that event.

14) **Say O'Brien wants to remember:** O'Brien calls his person–action approach the "Dominic System" and describes it in O'Brien (2005).

15) **The approach Chao Lu took:** Hu & Ericsson (2012); also see Hu et al. (2009).

16) **Satan may relish coffee pie:** Memory trainer Francis Fauvel-Gouraud seems to be the originator of this mnemonic. Fauvel-Gouraud, F. (1845). *Phreno-mnemotechny: Or, The art of memory*, p. 120. New York: Wiley and Putnam. Retrieved from *books.google.com/books*.

17) **the set of code words I use:** My code words were largely derived from those presented by Higbee, K. (2001). *Your memory: How it works and how to improve it* (2nd ed.), pp. 219–222. New York: Da Capo Press; and Bellezza, F. (1982).

Improve your memory skills, pp. 119–123. Englewood Cliffs, NJ: Prentice-Hall. The newer online word generators for the Major System are even better sources.

11장

01) **the Starbucks acronym:** Duhigg, C. (2012). *The power of habit: Why we do what we do in life and business*, p. 145. New York: Random House.

02) **These perceptual skill are every bit as important:** Causer, J., Janelle, C. M., Vickers, J. N., & Williams, A. M. (2004). Perceptual expertise: What can be retained? (pp. 306–324). In N. J. Hodges & A. M. Williams (Eds.), *Skill acquisition in sport*. New York: Routledge.

03) **Psychologists describe the behavior as automatic:** Moors, A., & De Houwer, J. (2006). Automaticity: A theoretical and conceptual analysis. *Psychological Bulletin*, *132*(2), 297–326.

04) **Some skills are more about mental operations:** Rosenbaum, D. A., Carlson, R. A., & Gilmore, R. O. (2001). Acquisition of intellectual and perceptual-motor skills. *Annual Review of Psychology*, *52*, 453–470.

05) **has studied top performers:** Ericsson, K. A., & Lehmann, A. C. (1996). Expert and exceptional performance: Evidence of maximal adaptation to task constraints. *Annual Review of Psychology*, *47*, 273–305.

06) **Ericsson called this "deliberate practice":** Ericsson, K. A. (2006). The influence of experience and deliberate practice on the development of superior expert performance. In K. A. Ericsson, N. Charness, P. J. Feltovich, & R. R. Hoffman (Eds.), *The Cambridge handbook of expertise and expert performance* (pp. 683–703). New York: Cambridge University Press.

07) **An important part of deliberate practice is problem solving:** Ericsson, K. A. (2003). The acquisition of expert performance as problem solving: Construction and modification of mediating mechanisms through deliberate practice.

In J. E. Davidson & R. J. Sternberg (Eds.), *The psychology of problem solving* (pp. 31–83). New York: Cambridge University Press.

08) **elite achievers typically invest ten years:** Ericsson, K. A., Krampe, R. T., & Tesch-Römer, C. (1993). The role of deliberate practice in the acquisition of expert performance. *Psychological Review, 100*(3), 363–406.

09) **Here is a successful Olympian:** Orlick, T., & Partington, J. (1988). Mental links to excellence. *The Sport Psychologist, 2*(2), 112.

10) **At the 2014 Sochi Winter Games:** Clarey, C. (2014, February 22). Olympians use imagery as mental training. *The New York Times*. Retrieved from *www.nytimes.com/2014/02/23/sports/olympics/olympians-use-imagery-as-mental-training.html.*

11) **Earlier studies of Olympic contenders:** Murphy, S. M. (1994). Imagery interventions in sport. *Medicine and Science in Sports and Exercise, 26*(4), 486–494. Ungerleider, S., & Golding, J. M. (1991). Mental practice among Olympic athletes. *Perceptual and Motor Skills, 72*(3, Pt. 1), 1007–1017.

12) **a well-researched principle in psychology:** Driskell, J. E., Copper, C., & Moran, A. (1994). Does mental practice enhance performance? *Journal of Applied Psychology, 79*(4), 481–492. Suinn, R. M. (1997). Mental practice in sport psychology: Where have we been, where do we go? *Clinical Psychology: Science and Practice, 4*(3), 189–207. Schuster, C., Hilfiker, R., Amft, O., Scheidhauer, A., Andrews, B., Butler, J., et al. (2011). Best practice for motor imagery: A systematic literature review on motor imagery training elements in five different disciplines. *BMC Medicine, 9*(75), 1–35.

13) **works best when your imagined performance:** Smith, D., Wright, C., Allsopp, A., & Westhead, H. (2007). It's all in the mind: PETTLEP-based imagery and sports performance. *Journal of Applied Sport Psychology, 19*(1), 80–92.

14) **I recommend that you prepare a written script:** For suggestions on preparing scripts, see Williams, S. E., Cooley, S. J., Newell, E., Weibull, F., & Cumming,

J. (2013). Seeing the difference: Developing effective imagery scripts for athletes. *Journal of Sport Psychology in Action*, *4*(2), 109–121.

15) **keep in mind that it is itself a skill:** Gould, D., Voelker, D. K., Damarjian, N., & Greenleaf, C. (2014). Imagery training for peak performance. In J. L. Van Raalte & B. W. Brewer (Eds.), *Exploring sport and exercise psychology* (3rd ed.), pp. 55–82. Washington, DC: American Psychological Association.

16) **British researcher Ian Glendon:** Glendon, A. I., McKenna, S. P., Hunt, K., & Blaylock, S. S. (1988). Variables affecting cardiopulmonary resuscitation skill decay. *Journal of Occupational Psychology*, *61*(3), 243–255.

17) **a loss of competence over time:** Sabol, A., & Wisher, R. A. (2001). Retention and reaquisition of military skills. *Military Operations Research*, *6*(N1), 59–80. Arthur, W. J., Bennett, W. J., Stanush, P. L., & McNelly, T. L. (1998). Factors that influence skill decay and retention: A quantitative review and analysis. *Human Performance*, *11*(1), 57–101.

18) **The Red Cross recommends:** Retrieved June 25, 2014 from *www.redcrossrefresher.com/q/first-aid-cpr-and-aed/choices*.

19) **The great pianist Ignacy Paderewski:** The quote is from Francis, C. (2009). *Wisdom well said*, p. 331. El Prado, NM: Levine Mesa Press.

20) **A typical F-15 pilot:** Levy, C. P. (2006). *A comparison study of F-15C fighter squadron ready aircrew program flying hour scheduling vs. the Rand Corporation's flying hour scheduling linear program (AFIT/IOA/ENS/06-04)*. Wright-Patterson Air Force Base, OH: Air Force Institute of Technology.

12장

01) **"I am thirty-four years old":** Parker, E. S., Cahill, L., & McGaugh, J. L. (2006). A case of unusual autobiographical remembering. *Neurocase*, *12*(1), 35.

02) **write down the date that Easter fell on:** She made one mistake listing the twenty-four Easters by giving a date that was two days off. Two years later,

she was asked without warning to repeat the task. This time she was correct on all the dates and gave very similar memories for each of the days. When she was shown her earlier responses, she immediately pointed out the incorrect date (Parker et al., 2006).

03) **McGaugh and his team carefully studied many:** LePort, A. K. R., Mattfeld, A. T., Dickinson-Anson, H., Fallon, J. H., Stark, C. E. L., Kruggel, F., Cahill, L., & McGaugh, J. L. (2012). Behavioral and neuroanatomical investigation of Highly Superior Autobiographical Memory (HSAM). *Neurobiology of Learning and Memory, 98*(1), 78–92.

04) **Gillian Cohen and Dorothy Faulkner:** Cohen, G., & Faulkner, D. (1988). Life span changes in autobiographical memory. In M. M. Gruneberg, P. E. Morris, & R. N. Sykes (Eds.), *Practical aspects of memory: Current research and issues, Vol. 1: Memory in everyday life.* (pp. 277–282). Oxford, U.K.: John Wiley & Sons. Additional details are provided by Williams, H. L., Conway, M. A., & Cohen, G. (2008). Autobiographical memory. In G. Cohen & M. A. Conway (Eds.), *Memory in the real world* (3rd ed.), pp. 21–90. New York: Psychology Press.

05) **David Pillemer and his colleagues:** Pillemer, D. B., Goldsmith, L. R., Panter, A. T., & White, S. H. (1988). Very long-term memories of the first year in college. *Journal of Experimental Psychology: Learning, Memory, and Cognition, 14*(4), 709–715. The figure on page 173 is based on their Figure 1.

06) **"I was woken up by a thundering noise":** Berntsen, D., & Thomsen, D. K. (2005). Personal memories for remote historical events: Accuracy and clarity of flashbulb memories related to World War II. *Journal of Experimental Psychology: General, 134*(2), 257.

07) **This was a flashbulb event worldwide:** Curci, A., & Luminet, O. (2006). Follow-up of a cross-national comparison on flashbulb and event memory for the September 11th attacks. *Memory, 14*(3), 329–344.

08) **"Another curious aspect of medieval justice":** Bishop, M. (2001). *The Middle Ages*, p. 217. Boston: Mariner Books.

09) **by hitting one another:** Bishop (2001, p. 116).

10) **Emotional memories are usually relatively accurate:** Reisberg, D., & Heuer, F. (2004). Memory for emotional events. In D. Reisberg & P. Hertel (Eds.), *Memory and emotion* (pp. 3–41). New York: Oxford University Press.

11) **Lia Kvavilashvili and her colleagues:** Kvavilashvili, L., Mirani, J., Schlagman, S., Foley, K., & Kornbrot, D. E. (2009). Consistency of flashbulb memories of September 11 over long delays: Implications for consolidation and wrong time slice hypotheses. *Journal of Memory and Language, 61*(4), 556–572.

12) **an impressive body of research shows:** Talarico, J. M., & Rubin, D. C. (2009). Flashbulb memories result from ordinary memory processes and extraordinary event characteristics. In O. Luminet & A. Curci (Eds.), *Flashbulb memories: New issues and new perspectives* (pp. 79–97). New York: Psychology Press.

13) **This "bump" is illustrated in the graph:** Redrawn from Figure 2 in Rubin, D. C. (2002). Autobiographical memory across the lifespan. In P. Graf & N. Onta (Eds.), *Lifespan development of human memory* (pp. 159–184). Cambridge, MA: MIT Press.

14) **The bump is probably due to:** Rubin (2002, pp. 173–174).

15) **it's that their memories don't last:** Bauer, P. (2012). The life I once remembered: The waxing and waning of early memories. In D. Berntsen & D. C. Rubin (Eds.), *Understanding autobiographical memory* (pp. 205–225). New York: Cambridge University Press.

16) **Part of the reason is brain development:** Bauer, P. J. (2007). *Remembering the times of our lives: Memory in infancy and beyond*. Mahwah, NJ: Lawrence Erlbaum.

17) **Children have to learn how:** Nelson, K., & Fivush, R. (2004). The emergence of autobiographical memory: A social cultural developmental theory. *Psychological Review, 111*(2), 486–511.

18) **By the time they are eight or nine:** Bauer (2012, p. 208).

19) **The life stories they are beginning to formulate:** Habermas, T., & Bluck, S. (2000). Getting a life: The emergence of the life story in adolescence. *Psychological Bulletin, 126*(5), 748–769.

20) **Researchers call collections of memories:** Thomsen, D. K. (2009). There is more to life stories than memories. *Memory, 17*(4), 445–457.

21) **Martin Conway, a prominent researcher:** Conway, M. A., & Pleydell-Pearce, C. W. (2000). The construction of autobiographical memories in the self-memory system. *Psychological Review, 107*(2), 261–288.

22) **Four scientific articles have now appeared:** Parker et al. (2006). LePort et al. (2012). Ally, B. A., Hussey, E. P., & Donahue, M. J. (2013). A case of hyperthymesia: Rethinking the role of the amygdala in autobiographical memory. *Neurocase, 19*(2), 166–181. Patihis, L., Frenda, S. J., LePort, A. K. R., Petersen, N., Nichols, R. M., Stark, C. E. L., McGaugh, J. L., & Loftus, E. F. (2013). False memories in highly superior autobiographical memory individuals. *Proceedings of the National Academy of Sciences, 110*(52), 20947–20952. Also see comments on a case in Baddeley, A. D. (2012). Reflections on autobiographical memory. In D. Berntsen & D. C. Rubin (Eds.), *Understanding autobiographical memory* (pp. 81–82). New York: Cambridge University Press.

23) **Jill Price recalls that December 19, 1980:** Price, J. (2008). *The woman who can't forget: The extraordinary story of living with the most remarkable memory known to science—A memoir*, pp. 27–28. New York: Free Press.

24) **a marked tendency toward obsessiveness:** LePort et al. (2012).

25) **One woman, Louise Owen:** Finkelstein, S. (Producer). (2010, December 19). Endless memory. Parts 1 and 2. *60 Minutes*. New York: CBS.

26) **In between these extremes:** Cornoldi, C., De Beni, R., & Helstrup, T. (2007). Memory sensitivity in autobiographical memory. In S. Magnussen & T. Helstrup (Eds.), *Everyday memory*. (pp. 183–199). New York: Routledge. Merriam, S. B. (1993). Butler's life review: How universal is it? *International Journal of Aging and Human Development, 37*(3), 163–175.

27) **women engage in autobiographical remembering:** Grysman, A., & Hudson, J. A. (2013). Gender differences in autobiographical memory: Developmental and methodological considerations. *Developmental Review, 33*(3), 239–272.

28) **not all autobiographical remembering is healthy:** O'Rourke, N., Cappeliez, P., & Claxton, A. (2011). Functions of reminiscence and the psychological well-being of young-old and older adults over time. *Aging and Mental Health, 15*(2), 272–281.

29) **Constructive reminiscing:** Westerhof, G. J., & Bohlmeijer, E. T. (2014). Celebrating fifty years of research and applications in reminiscence and life review: State of the art and new directions. *Journal of Aging Studies, 29*, 107–114.

30) **"In my sophomore year":** Pillemer, D. B. (2001). Momentous events and the life story. *Review of General Psychology, 5*(2), 130.

31) **"It was embarrassing, not making that team":** Pillemer (2001, p. 127).

32) **majority of autobiographical memories will be positive:** Walker, W. R., Skowronski, J. J., & Thompson, C. P. (2003). Life is pleasant—and memory helps to keep it that way! *Review of General Psychology, 7*(2), 203–210.

33) **under the guidance of a psychotherapist:** Hallford, D., & Mellor, D. (2013). Reminiscence-based therapies for depression: Should they be used only with older adults? *Clinical Psychology: Science and Practice, 20*(4), 452–468.

34) **the three-step process:** Henner, M. (2012). *Total memory makeover: Uncover your past, take charge of your future*, pp. 3–5. New York: Gallery Books.

35) **Marilu Henner suggests identifying life-story chapters:** Henner (2012, pp. 140–143).

36) **In one study of middle-aged people:** Thomsen, D. K., Olesen, M. H., Schnieber,

A., & Tønnesvang, J. (2014). The emotional content of life stories: Positivity bias and relation to personality. *Cognition and Emotion, 28*(2), 260–277.

37) **Studies have identified jewelry:** Habermas, T., & Paha, C. (2002). Souvenirs and other personal objects: Reminding of past events and significant others in the transition to university. In J. D. Webster & B. K. Haight (Eds.), *Critical advances in reminiscence work: From theory to application* (pp. 123–139). New York: Springer.

38) **they are avid collectors:** LePort et al. (2012).

39) **Memory expert Dominic O'Brien:** O'Brien, D. (2000). *Learn to remember: Practical techniques and exercises to improve your memory*, p. 144. San Francisco: Chronicle Books.

40) **The way you picture memories:** Rice, H. J. (2010). Seeing where we're at: A review of visual perspective and memory retrieval. In J. H. Mace (Ed.), *The act of remembering: Toward an understanding of how we recall the past* (pp. 228–258). West Sussex, UK: Wiley-Blackwell.

41) **"I see myself dancing at a party":** Berntsen, D., & Rubin, D. C. (2006). Emotion and vantage point in autobiographical memory. *Cognition and Emotion, 20*(8), 1193.

42) **Forcing a memory:** Vella, N. C., & Moulds, M. L. (2014). The impact of shifting vantage perspective when recalling and imagining positive events. *Memory, 22*(3), 256–264.

43) **Henner identified four ways:** Henner (2012, pp. 87–90).

44) **"I know that part of the reason":** Henner (2012, p. 24).

45) **Habits are a special kind of memory:** Graybiel, A. M. (2008). Habits, rituals, and the evaluative brain. *Annual Review of Neuroscience, 31*, 359–387. Wood,

W., & Neal, D. T. (2007). A new look at habits and the habit-goal interface. *Psychological Review, 114*(4), 843–863.

46) **"autobiographical state of mind"**: Henner (2012, p. 177).

47) **Habits are established by repeating:** The key operation is pairing the cue and the behavior over and over. The positive outcome motivates the sequence so that it occurs often enough to form the habit. Once the habit is firmly in place, the positive outcome is believed to be unnecessary (Wood & Neal, 2007).

48) **"try to think of bad memories"**: Henner (2012, pp. 38–39).

49) **In one study, students undertook to develop:** Lally, P., van Jaarsveld, C. H. M., Potts, H. W. W., & Wardle, J. (2010). How are habits formed: Modelling habit formation in the real world. *European Journal of Social Psychology, 40*(6), 998–1009.

13장

01) **you needn't worry that you might confuse:** Massen, C., & Vaterrodt-Plünnecke, B. (2006). The role of proactive interference in mnemonic techniques. *Memory, 14*(2), 189–196.

02) **The peg word strategy excels in two areas:** These two key functions of mnemonics are discussed by Bellezza, F. S. (1996). Mnemonic methods to enhance storage and retrieval. In E. L. Bjork & R. A. Bjork (Eds.), *Memory* (pp. 345–380). San Diego, CA: Academic Press.

03) **peg words get high marks:** Worthen, J. B., & Hunt, R. R. (2011). *Mnemonology: Mnemonics for the 21st century*. New York: Psychology Press.

04) **Other well-known acronyms:** Evans, R. L. (2007). *Every good boy deserves fudge: The book of mnemonic devices*. New York: Perigee.

05) **"Poorly Canned Sausages"**: Anonymous. (1972). *A dictionary of mnemonics*, p. 27. London: Eyre Methuen.

06) **Planning on serious partying?:** Anonymous. (1972, p. 26). Follow this advice at your own risk!

07) **memory researcher David Rubin pointed out:** Rubin, D. C. (1995). *Memory in oral traditions: The cognitive psychology of epic, ballads, and counting-out rhymes*. New York: Oxford University Press.

08) **memorize the entire *Aeneid*:** Carruthers, M. (2008). *The book of memory: A study of memory in medieval culture* (2nd ed.), p. 21. New York: Cambridge University Press.

09) **committed the entire *Quran* to memory:** Luo, M. (2006, August 16). Memorizing the way to heaven, verse by verse. *The New York Times*. Retrieved from *www.nytimes.com/2006/08/16/nyregion/16koran.html.*

10) **"Starting with envelope/airplane":** Lorayne, H. (2007). *Ageless memory: Simple secrets for keeping your brain young*, p. 41. New York: Black Dog & Leventhal.

11) **On the mnemonic scorecard:** Bellezza (1996).

12) **In one study, college students:** Bower, G. H., & Clark, M. C. (1969). Narrative stories as mediators for serial learning. *Psychonomic Science, 14*(4), 181–182. Also see Worthen & Hunt (2011, pp. 72–73).

13) **tested after periods longer than a few days:** Boltwood, C. E., & Blick, K. A. (1970). The delineation and application of three mnemonic techniques. *Psychonomic Science, 20*(6), 339–341.

14) **shown to work with older adults:** Drevenstedt, J., & Bellezza, F. S. (1993). Memory for self-generated narration in the elderly. *Psychology and Aging, 8*(2), 187–196.

14장

01) **Reports say he seldom took notes:** Leibovich, M. (2005, January 5). Pressure

cooker. *The Washington Post*. Retrieved from *www.washingtonpost.com/wp-dyn/content/article/2006/03/28/AR2006032800445.html.*

02) **A 2005 *Washington Post* story:** Leibovich (2005).

03) **Simonides, also known as "the honey tongued":** Yates, F. A. (1996). *The art of memory*, p. 42. London: Pimlico.

04) **There were no chapter titles:** Small, J. P. (1997). *Wax tablets of the mind: Cognitive studies of memory and literacy in classical antiquity*, pp. 11–25. London: Routledge.

05) **Memory scholar Mary Carruthers believes:** Carruthers, M. (1998). *The craft of thought: Meditation, rhetoric, and the making of images, 400–1200*, p. 9. New York: Cambridge University Press.

06) **The great Catholic theologian Thomas Aquinas:** Yates (1966, pp. 81–90) describes how Thomas restated the principles of the Method of Loci for the medieval period. Memory skill as a step on the path to moral perfection is discussed by Carruthers, M. (2008). *The book of memory: A study of memory in medieval culture* (2nd ed.), p. 88. New York: Cambridge University Press. Thomas's own memory skill is described by Carruthers (2008, pp. 3–9).

07) **"to roam across a hundred thousand memory images":** Spence, J. D. (1985). *The memory palace of Matteo Ricci*, p. 9. New York: Penguin Books.

08) **It is a personification of "grammar":** This is Plate 7a in Yates (1966). Other depictions of grammar for mnemonic purposes were also in play at this time as variations on the Method of Loci. Interesting examples of "towers of grammar" are examined by Mittelberg, I. (2002). The visual memory of grammar: Iconographical and metaphorical insights. Retrieved July 2, 2014, from *www.metaphorik.de/en/journal/02/visual-memory-grammar-iconographical-and-metaphorical-insights.html.*

09) **Rhetoric, on the other hand:** Spence (1985, p. 8).

10) **"I told them they should write down":** Spence (1985, p. 139).

11) **They just did not find Ricci's memory techniques helpful:** Ricci's instructions also suffered from some cultural disconnects with Chinese readers as discussed by Hsia, R. P. (2010). *A Jesuit in the forbidden city: Matteo Ricci 1552–1610*. Oxford, UK: Oxford University Press.

12) **Contemporary studies show:** Custers, E. J. F. M. (2010). Long-term retention of basic science knowledge: A review study. *Advances in Health Sciences Education, 15*(1), 109–128.

13) **forces were in play that led to its decline:** Yates (1966). Rossi, P. (2000). *Logic and the art of memory: The quest for a universal language* (S. Clucas, Trans.). Chicago: University of Chicago Press.

14) **When I take care of one of these tasks:** Once I have no more use for a memory cue at a specific location, it just goes away. Andrew Card experienced the same when he took a memory cue to his disposal. It is an interesting phenomenon researchers have studied as "directed forgetting." Baddeley, A., Eysenck, M. W., & Anderson, M. C. (2009). *Memory*, pp. 221–224. New York: Psychology Press.

15) **My approach is similar to one:** My list generally follows Lorayne, H., & Lucas, J. (1974). *The memory book*, p. 137. Briarcliff Manor, NY: Stein & Day. These mnemonists use a peg word system to remember the deck of cards, not a memory palace. I find the memory palace is easier to manage.

16) **use more complex coding systems:** Foer, J. (2011). *Moonwalking with Einstein: The art and science of remembering everything*, pp. 165–167. New York: Penguin Press. O'Brien, D. (2005). *How to develop a brilliant memory week by week*, pp. 149–151. London: Duncan Baird. O'Brien also explains how he set up a memory palace to hold 2,808 cards.

17) **medieval monks believed:** Carruthers (1998, pp. 173–174).

15장

01) **Carol Dweck, a researcher at Stanford**: Dweck, C. (2006). *Mindset: The new psychology of success*. New York: Random House.

02) **a study by Dweck and Claudia Mueller:** Mueller, C. M., & Dweck, C. S. (1998). Praise for intelligence can undermine children's motivation and performance. *Journal of Personality and Social Psychology*, *75*(1), 33–52.

03) **compares the number of problems children solved:** My figure shows data averaged across Studies 1, 3, and 5 from Mueller & Dweck (1998) as presented in her Figure 2.

04) **A recent review summarized:** Burnette, J. L., O'Boyle, E. H., VanEpps, E. M., Pollack, J. M., & Finkel, E. J. (2013). Mind-sets matter: A meta-analytic review of implicit theories and self-regulation. *Psychological Bulletin*, *139*(3), 655–701.

05) **the widespread stereotype that advancing age:** Chasteen, A. L., Kang, S. A., Remedios, J. D. (2012). Aging and stereotype threat: Development, process and interventions. In M. Inzlicht & T. Schmader (Eds.), *Stereotype threat: Theory, process and applications* (pp. 202–216). New York: Oxford University Press. Hess, T. M., & Emery, L. (2012). Memory in context: The impact of age-related goals on performance. In M. Naveh-Benjamin & N. Ohta (Eds.), *Memory and aging: Current issues and future directions* (pp. 183–214). New York: Psychology Press.

06) **conducted by Catherine Haslam:** Haslam, C., Morton, T. A., Haslam, S. A., Varnes, L., Graham, R., & Gamaz, L. (2012). "When the age is in, the wit is out": Age-related self-categorization and deficit expectations reduce performance on clinical tests used in dementia assessment. *Psychology and Aging*, *27*(3), 778–784.

07) **the impact of stereotypes on cognitive performance:** Inzlicht, M., & Schmader, T. (2012). *Stereotype threat: Theory, process, and application*. New York: Oxford University Press.

08) **Those who thought of themselves as old:** Stereotype effects arise in several ways. Sometimes they can be similar to "choking" under pressure, but with the elderly it appears more often to be a loss of motivation. Hess, T. M., Hinson, J. T., & Hodges, E. A. (2009). Moderators of and mechanisms underlying stereotype threat effects on older adults' memory performance. *Experimental Aging Research*, *35*(2), 153–177.

09) **encouraged to adopt a growth mindset:** Hong, Y., Coleman, J., Chan, G., Wong, R. Y. M., Chiu, C., et al. (2004). Predicting intergroup bias: The interactive effects of implicit theory and social identity. *Personality and Social Psychology Bulletin*, *30*(8), 1035–1047.

10) **Researchers Jason Plaks and Allison Chasteen:** Plaks, J. E., & Chasteen, A. L. (2013). Entity versus incremental theories predict older adults' memory performance. *Psychology and Aging*, *28*(4), 948–957.

11) **can help anyone who has low expectations:** A paper discussing this point from the perspective of neurologically impaired individuals is Kit, K. A., Tuokko, H. A., & Mateer, C. A. (2008). A review of the stereotype threat literature and its application in a neurological population. *Neuropsychology Review*, *18*(2), 132–148.

12) **Carol Dweck has identified two different forms:** Dweck, C. S. (1986). Motivational processes affecting learning. *American Psychologist*, *41*(10), 1040–1048. Also see Hastings, E. C., & West, R. L. (2011). Goal orientation and self-efficacy in relation to memory in adulthood. *Aging, Neuropsychology, and Cognition*, *18*(4), 471–493. Stout, J. G., & Dasgupta, N. (2013). Mastering one's destiny: Mastery goals promote challenge and success despite social identity threat. *Personality and Social Psychology Bulletin*, *39*(6), 748–762.

찾아보기

ㄹ

ㅁ

ㅂ

ㅅ

ㅇ

ㅈ

ㅊ

ㅋ

ㅌ

ㅍ

ㅎ

저자 소개

❖ ROBERT MADIGAN, PhD

로버트 매디건 박사는 알래스카 앵커리지 대학의 심리학 명예교수로 재직 시 상을 받은 유명한 교수이다. 매디건 박사는 대학과 지역사회에서 30년 이상 기억을 가르쳤다. 아내와 앵커리지 살고 있다.

역자 소개

❖ 박은선

서강대학교에서 생명과학을 전공하고 미국 School of Art Institute of Chicago에서 미술치료학 석사학위를 받음. 이화여자대학교에서 상담심리학으로 박사학위를 받은 뒤 명지대학교 예술심리치료학과 교수로 재직 중.

· **[저서]** 미술치료 임상실습 지침서(2010년, 하나의학사)

기억연구소:
효과적인 기억사용법

초판인쇄일 2019년 5월 22일
초판발행일 2019년 5월 30일

지 은 이 ROBERT MADIGAN, PHD
옮 긴 이 박 은 선
펴 낸 이 소 정 영
펴 낸 곳 韓國출판 하나醫學社

주 소 서울특별시 서대문구 거북골로 7-7(홍은동) 하나빌딩 1층
등 록 번 호 제25100-2013-000061호(1988. 4. 1)
전 화 (02)730-2555, 2556
팩 스 (02)730-2557
홈 페 이 지 www.hanampc.co.kr
E-mail hanampc1@naver.com

정가 20,000원

◆ 역자와의 합의로 인지생략
◆ 잘못된 책은 구입처에서 교환하여 드립니다.
ISBN 979-11-85696-71-3 03180